REDLINE WIRTSCHAFT
bei verlag moderne industrie

Janelle Barlow/Claus Møller

Eine Beschwerde ist ein Geschenk

Der Kunde als Consultant

REDLINE WIRTSCHAFT
bei verlag moderne industrie

Janelle Barlow / Claus Møller
Eine Beschwerde ist ein Geschenk
Der Kunde als Consultant
Frankfurt: Redline Wirtschaft bei moderne industrie, 2003
ISBN 3-478-81313-1

http://www.redline-wirtschaft.de

Aus dem Amerikanischen von Wilhelm H. Bitterer
Originaltitel: „A Complaint Is a Gift“,
erschienen bei Berrett-Koehler Publishers, Inc. San Francisco

Umschlag: INIT, Büro für Gestaltung, Bielefeld
Coverabbildung: getty images, München

Druck: Ebner & Spiegel, Ulm
Printed in Germany

Dieses Buch ist all jenen Lesern gewidmet,
die sich über die verschiedenen Fassungen dieses Textes
beschwert und damit den Autoren ein unschätzbares
Geschenk gemacht haben.

Danksagung

Wir müssen uns bei vielen Leuten für den Input, den sie uns gegeben haben, und für ihre Toleranz bedanken. Erstens möchten wir uns bei TMI-Kunden (früher bekannt als Time-Manager, International) – Seminarteilnehmern und Klienten – bedanken, die uns eine Menge über Beschwerden beibrachten. Zweitens sind wir all jenen Leuten zu Dank verpflichtet, die die verschiedenen Fassungen dieser Arbeit lasen und Feedback einbrachten. Mit eingeschlossen Jeffrey Mishlove (für seine beträchtlichen redaktionellen Bemühungen), Elcee Villa (für ihre vielen Ideen und Beispiele), Jan Løve (für seine fortwährende Unterstützung), Sally Ann Hudson, Allan Milham, Deborah Hayden, Leslie Wood, Judith Davison, Chris Lane, Jim Driscoll, Lis Touborg und Mary Ann Wetzork. Ebenso schulden wir den Mitarbeitern bei Berrett-Koehler Dank, insbesondere Steven Piersanti, der seine Beschwerden auf höchst deliziöse Art und Weise darbot. Amy Wilner, unsere Lektorin, leistete großartige Arbeit, unser unbeholfenes Englisch in eine lesbare Form zu bringen. Wir bedanken uns auch bei Rita Rosenkranz, unserer Geschäftsführerin, welche nicht nur Beiträge für dieses Buch lieferte, sondern auch von Anbeginn an an das Projekt glaubte. Schlußendlich bitten wir jene Leute um Vergebung, zu denen wir im Verlauf des letzten Jahres, während dieses Buch geschrieben wurde, nein sagen mußten. Ihr Verständnis wissen wir besonders zu schätzen.

Inhalt

Vorwort

Eine effektive Behandlung von Beschwerden und eine rasche Serviceerneuerung sind für viele Firmen die beste Gelegenheit, zu zeigen, was sie den Kunden wirklich zu bieten imstande sind. In Branchen, die anfällig für Erschütterungen sind und in denen viele Firmen ähnliche Dienstleistungen anbieten, sind gerade Situationen, die eine spontane Reaktion verlangen, das überzeugendste Instrument, um den Kunden deutlich vor Augen zu führen, daß wir tatsächlich um ihre Bedürfnisse bemüht sind.

Dienstleistungen anzubieten ist eine wesentlich andere Herausforderung als die Herstellung eines Produktes; in der Dienstleistungsbranche ist der Kunde Teil des „Produktionsprozesses". Während sich niemand, am allerwenigsten z. B. ein Mitarbeiter einer Luftlinie, erlauben darf, Fehlerquellen in seine Arbeitsroutine mit einzubeziehen, verlangt die konsequente und persönliche Kundenbetreuung eine Reihe von unterschiedlichen Dienstleistungen.

Mit anderen Worten, Kundenservice ist eine emotionale, subjektive Erfahrung. Dieselbe Dienstleistung kann von zwei verschiedenen Kunden entweder als exzellent oder als völlig untragbar beurteilt werden. Ermutigend dabei ist, daß die überwiegende Mehrheit unserer Kunden möchte, daß wir Erfolg haben, und wer spielt nicht gerne eine Rolle in einer Erfolgsstory. Wir müssen nur unsere Mitarbeiter von dieser Tatsache überzeugen und ihnen die positive Unterstützung und Aufmunterung bieten, die sie brauchen, um tagaus, tagein guten Service zu bieten, auch in jenen Fällen, in denen die Abwicklung kompliziert ist und zum Teil außerhalb unseres direkten Einflußbereiches liegt.

Letztlich befindet sich der Schlüssel zu einer guten Kundenbetreuung in der Struktur und Organisation des Unternehmens und nicht bloß an seiner vordersten Front. Die Aufrechterhaltung eines gleichbleibend guten Servicelevels ist ein ausgesprochener „Inside Job“. Ich selbst konnte reichlich einschlägige Erfahrung sammeln, als ich Gelegenheit hatte, mit den Autoren von „Eine Beschwerde ist ein Geschenk“ im Rahmen ihrer TMI Trainings- und Kommunikationsprogramme zu arbeiten, die einen praxisorientierten und auch bequemen Zugang bieten. Durch diese Programme sind wir bei British Airways zu der Erkenntnis gelangt, daß die Art, wie wir unsere Kunden behandeln, direkt beeinflußt wird durch den Umgang, den wir Mitarbeiter untereinander pflegen, und daß ferner guter Kundenservice von zwei Faktoren bestimmt ist: rasche Serviceerneuerung einerseits und effektive Bearbeitung von Beschwerden andererseits. Zu den größten Stärken der Autoren zählt die Fähigkeit, ihre Botschaft einer möglichst großen Zahl von Leuten verständlich und interessant darzubieten. Ich glaube, daß dieses Buch die Botschaft mit großer Reichweite vermitteln und sie einem breiten Publikum zugänglich machen wird.

Sir Colin Marshall
Präsident von British Airways

EINFÜHRUNG

Der Kunde ist am Wort

Beschwerden haben noch nie eine positive Bedeutung gehabt. Das englische Wort „complaint“ leitet sich von dem lateinischen Verb „plangere“ ab, das soviel bedeutet wie „schlagen“, bzw. metaphorisch „an die Brust schlagen“. Heute bedeutet der englische Ausdruck „complaint“ das Äußern von Schmerz, Verdruß oder Ärgernis. Er bedeutet ebenso Krankheit oder Leiden und im juristischen Sinn ein Gerichtsverfahren bzw. eine offizielle Anklageerhebung. Als Slangbezeichnung meint er Wortklauberei, Aufregung verursachen oder auch jammern, kreischen, etwas verpfuschen, laut weinen, seufzen und stöhnen, quengeln, herumnörgeln, jemandem das Leben schwermachen, etwas auszusetzen haben, meckern, wimmern und sich ärgern.

Kein Wunder also, daß niemand gerne Beschwerden erhält. Richtig, es ist außerdem die Methode, mit deren Hilfe uns der Kunde zu verstehen gibt, wie wir unsere Unternehmen zu führen haben!

Nachdem wir hart für eine Dienstleistung oder ein Produkt gearbeitet haben, erlaubt sich der Kunde, uns wissen zu lassen, daß unsere Anstrengungen nicht seinen Zwecken dienen bzw. seinen Anforderungen nicht genügen. Müssen wir uns solche Stellungnahmen, eine solche Provokation, gefallen lassen? Jawohl. Das ist genau der Punkt. Um es mit Marshall McLuhans Worten zu sagen, die Reklamation, die Beschwerde, kann ein „Mittel“ sein. Kunden können seufzen und stöhnen – scheinbar grundlos –, aber die „Botschaft", die sie vermitteln, ist eine lebenswichtige Information für jedes Unternehmen.

In diesem Buch betrachten wir Kundenbeschwerden als „Geschenk". Sie stellen einen Feedbackmechanismus dar, der Organisationen rasch und kostensparend hilft, Produkte bzw. Dienstleistung und/oder Marktfokussierung so zu verändern, daß dem Bedarf der Kunden – die immerhin die Rechnung bezahlen – entsprochen wird. Schließlich betreiben wir unser Geschäft der Kunden wegen. Für alle Unternehmen ist es an der Zeit, das Handling von Kundenbeschwerden als ein strategisches Instrument zu betrachten – eine Gelegenheit, etwas Neues über unsere Produkte oder Dienstleistungen zu erfahren – und Beschwerden eher als eine Marketingstrategie denn eine Belästigung oder einen bloßen Kostenaufwand anzusehen.

Ohne Kunden gibt es schlicht und einfach keine Unternehmen. Es sieht allerdings so aus, als hätte man die Kunden als solche erst in letzter Zeit entdeckt. Erst in den vergangenen 10 bis 15 Jahren haben wir begonnen, über Kunden in allen möglichen Zusammenhängen zu diskutieren. Heute werfen Geschäftsleute und ganz besonders Consultants mit Begriffen um sich wie Full-Service, kundendynamischer Markt, Kundenzufriedenheitsindex, kundenorientierte Firmenkultur, kundenzentrierter Vertrieb, Kundenbetreuung, Kundenempfindlichkeit, interne und externe Kunden, Kundenorientierung und sogar „weiche" und „harte" Kundenkontakte.

Man erkannte, daß Kundenbeschwerden eines der wichtigsten Mittel sind, um mit Kunden direkten Kontakt aufzunehmen. Kurse für Serviceerneuerung („Service Recovery") – Wie kann ich unzufriedene Kunden zurückgewinnen? – sind gegenwärtig überall auf der Welt die meistbesuchten Seminare. In der Dienstleistungsbranche von heute sind Servicekonzept und Servicequalität untrennbar miteinander verbunden. Wir führten eine Computerabfrage über alle Artikel durch, die sich seit 1981 in Wirtschaftszeitschriften mit Kundenbeschwerden befaßten, und entdeckten einen rasanten Anstieg an einschlägigen Artikeln, was ein geradezu explodierendes Interesse an diesem Thema signalisiert.

Kurve: Anzahl der Artikel zum Thema Kundenbeschwerden von 1981 bis 1995

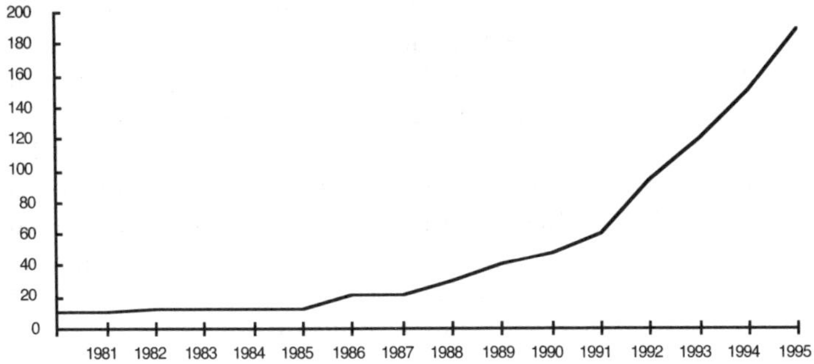

Auch der Begriff „Kunde“ ist umfassender geworden. Unter „Kunde“ versteht man nicht nur den zahlenden Kunden, sondern jeden, der Waren oder Dienstleistungen empfängt, einschließlich der Krankenhauspatienten, Studenten und Benützer öffentlicher Verkehrsmittel. Der Begriff meint nunmehr auch die Mitarbeiter innerhalb des Unternehmens, wie Arbeitskollegen und Vorgesetzte. Er läßt sich sogar auf Freunde und Familienmitglieder anwenden.

Die Bedeutung ist klar. „Kunden“ sind in den Mittelpunkt der Diskussion gerückt. Man kann auch sagen, Kunden stehen in der Unternehmenshierarchie mittlerweile ganz oben. Jedes einzelne Managementbuch über Service und Qualitätssicherung wiederholt immer wieder: Wir betreiben unser Geschäft der Kunden wegen.

Trotzdem vergessen wir dies nur allzu leicht. Es sieht fast so aus, als redeten wir wohl gescheit darüber, könnten aber die Theorie nie in die Praxis umsetzen. Dutzende Kundenbefragungen zeigen, daß im Hinblick auf eine Betreuung der Kunden nach dem Kauf oder mitunter auch vorher enorm viel verbessert werden kann. Kunden müssen häufig Unannehmlichkeiten in Kauf nehmen. Angestellte, Produkte, Servicestrategie und Verfahrensabläufe verhindern eine positive Erfahrung.

Wenn Unternehmen wirklich daran interessiert sind, eine kundenorientierte Kultur zu entwickeln, die Kundenbetreuung zu verbessern bzw. einen umfassenden Kundendienst zu bieten, dann muß sich das Augenmerk auf diese Unzufriedenheit der Kunden richten. Einer der direktesten und wichtigsten Wege, wie Kunden ihrer Unzufriedenheit über eine Firma Ausdruck verleihen, ist eine Methode, die wir als Kundenbeschwerde bezeichnen. Leider ist man nicht von Anfang an auf den Begriff „Kunden-Feedback" gekommen.

In der Tat sehen die meisten Branchen Beschwerden als Beweis für einen Fehler ihrerseits an, den sie lieber nicht eingestehen wollen, oder als Bestätigung ihres Mißtrauens, daß Kunden darauf aus sind, etwas umsonst zu bekommen. Wie auch immer man in Firmen Beanstandungen empfindet oder erfährt, die Tendenz geht dahin, Fehler einfach zu eliminieren. Viele Firmen setzen sich regelrecht das Ziel, die Anzahl der eingehenden Beschwerden zu reduzieren.

Dies erinnert uns an die Zeiten, als Streßmanagement gewöhnlich als Streßreduzierung begriffen wurde. In der Mitte der siebziger Jahre wurde angenommen, daß der Streß verringert, wenn nicht sogar vollständig beseitigt werden sollte. Leute, die die Dinge etwas komplexer betrachten, stellten sehr schnell fest, daß Streß auch eine positive Seite hat, und daß sie den Streß nur managen mußten. Heute spricht so gut wie jeder über Streßmanagement anstatt über Streßreduzierung.

Dasselbe Konzept kann auf die Kundenbeschwerden angewendet werden. Statt daß man sich dazu verleiten läßt, über Beschwerdereduzierung nachzudenken, müßte man – außer in sehr speziellen Fällen – eher über Beschwerdemanagement oder Beschwerdenhandling sprechen. Für Kunden sind Beanstandungen der kürzeste und effektivste Weg, den Firmen mitzuteilen, daß Verbesserungen möglich sind. Und wenn in einem wettbewerbintensiven wirtschaftlichen Umfeld solche Verbesserungen nicht stattfinden, werden die Kunden sich an andere Unternehmen wenden.

Wer auf Beschwerden achtet, handelt wie die frühen Amerikaner, die das Ohr an den Boden legten, um den fernen Hufschlag zu hören. Das Vorhandensein oder Fehlen von Geräuschen gab ihnen wertvolle Hinweise darauf, was als nächstens zu tun sei – und niemand dachte daran, auf diese Informationsquelle zu verzichten.

Dieses Buch richtet sich an jene, die mit Kunden zu tun haben und von deren Feedback profitieren wollen. Wir sind der Ansicht, daß sich zuerst einmal ein völliger Wandel in der Einstellung vollziehen muß, wenn eine kundenorientierte Firmenkultur nicht nur diskutiert, sondern auch realisiert werden soll. Erst wenn sich die Unternehmen dazu durchringen können, Kundenbeschwerden als ein Geschenk zu betrachten, wird sich ihnen ein völlig neuer Weg für die Interaktion mit dem Kunden erschließen, von dem beide Seiten profitieren können. *Unser Ziel ist es zu zeigen, wie Kundenbeschwerden als ein strategisches Instrument zur Umsatzsteigerung genutzt werden können.*

Das Buch „Eine Beschwerde ist ein Geschenk“ ist in drei Abschnitte gegliedert. Der erste Abschnitt „Beschwerden: Eine Rettungsleine zum Kunden“ untersucht die Philosophie, auf deren Grundlage wir unsere Einstellung zu den beschwerdeführenden Kunden ändern können, und führt vor Augen, wie wichtig es ist, „auf Kunden zu hören“. Die Rolle von Beschwerden als ein strategisches Instrument zur besseren Aktivierung des Geschäfts wird dargestellt. Dieser Abschnitt untersucht auch, warum die meisten unzufriedenen Kunden sich kaum beschweren (die überwiegende Mehrheit beschwert sich nie), und schildert, was Kunden sagen, tun und wünschen, wenn sie nicht zufriedengestellt werden. Der zweite Abschnitt: „Das Umsetzen der ‚Beschwerde-ist-gleich-Geschenk-Strategie‘ in die Praxis“, konzentriert sich mehr auf die technischen Aspekte. Wir beginnen mit einem achtstufigen Geschenk-Konzept, mit dessen Hilfe wir Sprache, Interaktion und Vorgehensweise in Übereinstimmung bringen mit der Überzeugung, daß eine Beschwerde ein Geschenk ist. Im Hinblick auf das Problem des schwierigen Kunden werden spezifische Vorschläge angeführt, wie solche „aggressionsbereiten“ Kunden in „Partner“ verwandelt werden können. Beschwerdebriefe werden als eine spezielle Kategorie von Beschwerden behandelt. Schließlich betrachten wir noch die Rolle des Feedback in unseren persönlichen Beziehungen. Eine der besten Methoden, Kundenwünsche zu entdecken, ist, sich ihre Kritik anzuhören. Eine der besten Methoden, persönliche Beziehungen zu verbessern, ist, zu erkennen, wann wir jemanden verärgert haben, und darauf so zu reagieren, daß eine Lösung des Konflikts herbeigeführt wird. Freunde und Familie würden uns im allgemeinen entweder direkt oder indirekt zu verstehen geben, wenn sie in irgendeiner Hinsicht mit uns unzufrieden sind. Ein spontanes Gespräch, das den Grund ihrer Unzufriedenheit beseitigt, sozusagen ein Beschwerdemanagement, kann eine Beziehung harmonisch gestalten und sogar noch festigen. Es scheint angebracht, sich die verschiedenen Möglichkeiten eines Feedbacks stets offenzuhalten. Wenn wir unseren Partnern zu verstehen geben, daß wir keine Nörgeleien hören wollen, werden sie zwar vermutlich den Mund halten, aber darum nicht zufriedener mit uns sein. Genauso würden sich die Kunden vielleicht wortlos von uns abwenden.

Der dritte Abschnitt dieses Buches: „Wie Sie Ihr Unternehmen beschwerdefreundlich machen“ beginnt mit einer Untersuchung, wie man mehr Kunden-Feedback erhält, indem man eine Beschwerdeführung insbesondere auch durch eine gebührenfreie Telefonnummer erleichtert. Im Anschluß daran untersuchen wir, wie man eine beschwerdefreundliche Geschäftspolitik entwickelt, die Voraussetzung für eine kundenfreundliche Firmenkultur ist. In einem beschwerdefreundlichen Klima haben auch Mitarbeiter Gelegenheit, sich zu beschweren und angehört zu werden. Das Buch skizziert zum Schluß einen siebenstufigen Umsetzungsprozeß, in dessen Verlauf eine Organisationen durch Konzentration auf das Handling von Beschwerden kundenbezogener wird.

Am Schluß eines jeden Kapitels ist ein Fragenkatalog angeführt, der über Beschwerden und deren Handling in Ihrem Unternehmen Aufschluß geben soll. Die einzelnen Fragen können auch bei internen Besprechungen Denkanstöße liefern, das Verständnis von Kundenbeschwerden erleichtern helfen oder auch als Teil eines Trainingsprogramms zur Verbesserung des Beschwerden-Handlings angewendet werden. An Hand aktueller Fallbeispiele werden Organisationen vorgestellt, die Kundenbeschwerden erfolgreich bearbeitet und gemanagt haben. Wir empfehlen Ihnen, sich die erfolgreichsten Praktiken von anderen Unternehmen und sogar anderen Branchen zum Vorbild zu nehmen. Carl Sewell, der die außergewöhnlich erfolgreiche Firma Sewell Village Cadillac in Dallas, Texas leitet, gibt offen zu, daß er seine besten Ideen von anderen Unternehmen erhalten hat. Er rät deshalb: „Wenn eine Geschäftsidee an einem bestimmten Ort Erfolg hat, können Sie ziemlich sicher sein, daß sie auch an einem anderen Ort erfolgreich sein wird. Menschen unterscheiden sich nämlich nicht so stark voneinander.“ Das finden wir auch.

Der Leser wird eine Fülle von Beispielen für Beschwerden finden – jede einzelne der realen Geschäftswelt entnommen. Wenn es sich um Firmen mit mangelhaftem Beschwerde-Management handelt, werden deren Namen nicht genannt. In solchen Fällen existiert das Unternehmen entweder nicht mehr, oder die Beschwerde ist allgemein bekannt. Es war dies eine strategische Entscheidung. Es ist verlockend, aus einem einzigen Beispiel zu schließen, daß eine Firma einen schlechten Service oder schlechte Produkte bietet. *Jedem* Unternehmen kann von Zeit zu Zeit ein Mißgeschick widerfahren. Wir wollen nicht, daß unsere Leser den Eindruck gewinnen, ein bestimmtes Unternehmen sei schlecht, nur weil jemand einmal Grund zu einer Beschwerde hatte.

Schließlich enthält dieses Buch sowohl Anekdoten wie auch Forschungsergebnisse. Der Leser wird schnell erkennen, daß die Art und Weise, Beschwerden kundzutun, äußerst vielfältig ist. Aber alle Untersuchungen weisen in dieselbe Richtung – im allgemeinen beschweren sich unzufriedene Kunden nicht, und wenn sie es doch tun, so wird dieses Feedback nur zu oft falsch beantwortet und unangemessen bearbeitet. Wenn wir Beschwerden als Geschenk behandeln wollen, müssen wir unser Verhalten und unsere Denkweise ganz erheblich ändern.

TEIL I

Beschwerden: Eine Rettungsleine zum Kunden

Wenn Kunden mit Produkten und Service unzufrieden sind, haben sie zwei Möglichkeiten: entweder sie äußern sich dazu, oder sie entfernen sich wortlos. Im letzteren Fall geben sie einem Unternehmen praktisch keine Möglichkeit, den Grund ihrer Unzufriedenheit zu entdecken. Kunden aber, die sich beschweren, stehen immer noch mit uns in Kontakt und geben uns somit die Möglichkeit, sie zufriedenzustellen und als Kunden zurückzugewinnen. Sie werden dann wahrscheinlich weiter unsere Produkte kaufen. Auch wenn wir ein negatives Feedback nur sehr ungern erhalten, müssen wir Beschwerden seitens unserer Kunden dennoch als Geschenk betrachten.

Wenn wir nun unseren Blickwinkel ändern und Beschwerden als Geschenke ansehen, können wir solche Informationen schneller für unsere eigene Geschäftsentwicklung nutzen. Kundenbeschwerden sind eine der am häufigsten verfügbaren Quellen für Konsumverhalten und Marktanalysen, die aber noch immer zu wenig nutzbar gemacht werden. Als solche können sie das Fundament für Unternehmensqualität und Serviceerneuerungsprogramme bilden. Das bedeutet sehr viel!

Um beschwerdeführende Kunden besser verstehen zu können, untersucht Teil I dieses Buches das Verhalten und die Erwartungen unzufriedener Kunden. Mit dem Verständnis kommt auch die Akzeptanz. Wir müssen Kunden, die sich beschweren, zuvorkommend behandeln und sie dazu bringen, sich mit ihrem Feedback an uns zu wenden.

1

Die „Beschwerde-ist-gleich-Geschenk“-Philosophie

„Diese Kunden sind schlau, Sie versuchen, uns mit Tricks soweit zu bringen, daß wir ihnen die Sachen schenken.“

„Dieser Kunde ist ein Lump. Manche Leute schrecken vor nichts zurück.“

„Sehen diese Leute denn nicht, daß ich beschäftigt bin?“

„Wenn sie nur die Gebrauchsanweisung gelesen hätten, bevor sie sich beschweren kommen.“

„Können diese Leute denn an nichts ein gutes Haar lassen?“

„Alles, was sie können, ist, sich zu beschweren – und noch dazu über so lächerliche Dinge.“

Stellen Sie sich einen Freund vor, den Sie seit Jahren nicht gesehen haben und der Sie zu Ihrem Geburtstag mit einem schönen Geschenk überrascht. Sie würden sich wahrscheinlich sofort nach der Begrüßung bedanken. „Danke, daß du gekommen bist und danke für das schöne Geschenk.“ Mit all Ihren verbalen und nonverbalen Ausdrucksmitteln würden Sie Freude signalisieren, daß Sie Ihren Freund sehen und ein Geschenk bekommen haben.

Was, wenn Sie das Päckchen öffneten und ein Buch in Händen

hielten, das genau Ihren Interessen entspricht? „Danke. Ich freue mich wirklich sehr. Ich wollte dieses Buch immer schon lesen. Wie nett von dir, daß du das für mich gekauft hast. Wie hast du das nur gewußt?“ Okay, vielleicht nicht so übertrieben, aber so in etwa würden Sie reagieren.

Nun stellen Sie sich eine Kundin vor, die Sie anruft, um sich zu beschweren. „Mein Name ist Sally Smith, und ich bestellte zwei Blusen, eine braune und eine blaue. Ich bekam aber zwei blaue zugesandt. Wie kann so etwas überhaupt passieren? Ich habe mein Bestellformular sehr genau überprüft.“ Würden Sie sagen: „Danke, daß Sie mich darauf aufmerksam gemacht haben. Wir wissen dies sehr zu schätzen.“ Wahrscheinlich nicht.

Wenn wir aber ein Geburtstagsgeschenk erhalten, sagen wir ohne zu zögern danke. Warum verhalten wir uns so? Weil hier ein Freund ist, der sich Zeit genommen hat, uns ein Geschenk zu besorgen, und uns mit etwas überrascht hat, das wir uns schon lange gewünscht haben. Wie steht es nun mit beschwerdeführenden Kunden? Sind das Freunde oder etwa Feinde? Was möchten sie bewirken?

Beschwerdeführende Kunden geben uns Gelegenheit, herauszufinden, welche Probleme sie haben, damit wir ihnen behilflich sein können, so daß sie sich ermutigt sehen, weiterhin unsere Kunden zu bleiben, unseren Service in Anspruch zu nehmen und unsere Produkte zu kaufen. Es ist gerade so, als würden sie uns ein „Buch“ (d. h. ein Geschenk) geben mit dem Titel „Eine Chance zu überleben: Hören Sie mir zu, und Sie bleiben im Geschäft.“ Sie würden keinesfalls sagen: „Verschwinden Sie! Ich habe schon ein Buch und will kein weiteres mehr lesen. Ich bin zu beschäftigt.“

Viele Firmenrepräsentanten würden der Kundin, die zwei blaue Blusen anstatt, wie bestellt, eine braune und eine blaue erhalten hat, in etwa so antworten: „Wie ist Ihr Name? Wie schreibt man das? Ihre Adresse? Wann haben Sie bestellt? Haben Sie die Bestellnummer? Haben Sie bar bezahlt oder bargeldlos? Sind Sie sicher, daß Sie nicht doch zwei blaue Blusen bestellt haben? Wissen Sie, mit wem Sie gesprochen haben?“ Die Repräsentanten würden alles auf den Expedit und den Transport schieben und sagen: „Ich habe keine Ahnung, wie so etwas passieren kann, aber es passiert oft!“ Wenn die Kunden sehr viel Glück haben, werden sie eine Entschuldigung hören, aber nur sehr wenige Kundendienstvertreter werden danke sagen.

Was wäre wohl, wenn jemand Ihnen zum Geburtstag ein Buch schenkte und Sie ihn fragten: „Wo hast du das gekauft? Hast du bar bezahlt? Hast du den vollen Preis bezahlt oder hast du es bei einem Diskonter gekauft? Wie schwer ist es? Wie viele Seiten hat es? Hast du es selbst gelesen? Warum gibst du es mir, wenn du es nicht selbst gelesen hast? Aufgrund einer dummen Bestseller-Liste möchtest du, daß ich meine Zeit mit dem Lesen dieser Schwarte verschwende?“ So unfreundlich würden Sie niemals auf dieses Geschenk reagieren. Sie würden sagen: „Danke.“ Und Sie würden es auch meinen.

Wie können wir in uns die Überzeugung festigen, daß eine Beschwerde ein Geschenk ist?

Was ist eine Beschwerde?

Sehr einfach ausgedrückt ist eine Beschwerde die Feststellung einer enttäuschten Erwartung. Es ist auch – und das ist wahrscheinlich wichtiger – eine Gelegenheit, die sich Firmen bietet, um einen unzufriedenen Kunden zufriedenzustellen, indem sie einen Mangel in der Serviceleistung oder einen Fehler im Produkt behebt. In dieser Hinsicht ist eine Beschwerde ein Geschenk, das ein Kunde dem Unternehmen überreicht. Die Firma wird profitieren, wenn sie dieses Geschenkpaket vorsichtig öffnet und den Inhalt genau begutachtet.

Oberflächlich betrachtet, kann sich ein Kunde beschweren, daß sein kürzlich gekaufter Pullover beim Waschen eingegangen ist, die Farben ausgelaufen sind und nun eine Waschmaschinenfüllung weißer Wäsche ruiniert ist. Eigentlich aber gibt der Kunde dem Laden, in dem er den Pullover gekauft hat, Gelegenheit zu reagieren. Auf diese Art wird er weiter seine Bekleidung in demselben Laden kaufen.

Oberflächlich betrachtet, kann sich eine Kundin beschweren, weil der Kofferraum ihres neuen Luxusautos nicht richtig schließt. Eigentlich aber sagt sie, daß sie ihr nächstes Auto beim gleichen Verkäufer kaufen würde, wenn er dieses kleine Problem zu ihrer Zufriedenheit löst. Diese Kundin testet ihren Autoverkäufer.

Oberflächlich betrachtet, beschwert sich eine Kundin bei ihrem Geflügelhändler, daß der gekaufte Truthahn keine Innereien enthält, was sie erst am Tag des Erntedankfestes entdeckte, als der Laden schon gesperrt hatte. Eigentlich aber möchte die Kundin gerne wissen, ob dem Geflügelhändler ihr Wort genügt, und wie der Laden sie für ihre Enttäuschung entschädigen wird.

Oberflächlich betrachtet, teilen Kunden ihrem Versicherungsvertreter in unmißverständlichen Worten mit, daß sie die Versicherungsgesellschaft auf eine schlichte telefonische Anfrage hin tagelang auf einen Rückruf warten ließ. Eigentlich aber warnen die Kunden ihren Vertreter, daß sie sich an eine Konkurrenzfirma wenden könnten, wenn ihre Polizze zur Verlängerung anstünde.

Was meinen Sie, was die meisten Repräsentanten des Kundendienstes hören – die oberflächliche Beschwerde oder die eigentliche Aussage dahinter? Wir behaupten, daß unglücklicherweise viel zu viele nur die unmittelbare, oberflächliche Botschaft hören. Und dies führt zu falschen Reaktionen auf die Beschwerde und Kundenverlusten.

Wenn die Mitarbeiter eines Unternehmens den Kunden offen und unvoreingenommen zuhören, werden sie die Erfahrung machen, daß Beschwerden Geschenke sein können. Leider hören die meisten Leute Beschwerden nur ungern. Wir wehren uns innerlich vehement dagegen. In einer tiefen Schicht unseres Bewußtseins, wie wir später noch zeigen werden, empfinden wir Beschwerden des Kunden als persönliche Beleidigung. Sie wenden sich einfach an eine andere Firma.

Warum wir Beschwerden nicht ausstehen können

Oberflächlich betrachtet, scheint es nur zu verständlich, warum Beschwerden eine schlechte Reputation haben. Jemand tut kund, daß ihm dies oder jenes nicht gefällt. Wer möchte das schon hören? Beschwerden sind, psychologisch gesprochen, die Zuordnung eines negativen Attributs. Laienhaft ausgedrückt, die Zuordnung tadelnswerten Verhaltens.

Wenn etwas Positives geschieht, haben viele Menschen die Tendenz, es auf sich selbst zu beziehen, oder schreiben es ihrem eigenen Verhalten zu. Zum Beispiel: Eine Kundin, die gerade ein Kleid kauft, wird wahrscheinlich sich selbst loben, daß sie dieses schöne Stück gefunden hat, noch dazu, wenn sie Komplimente dafür empfängt. Sie wird die Komplimente auch dann auf sich beziehen, wenn der Verkäufer das Kleidungsstück ausgewählt hat, es zur Käuferin gebracht und sie gedrängt hat, es zu kaufen.

Etwas völlig anderes geschieht jedoch, wenn ein Fehler passiert. Die meisten von uns beschuldigen andere Leute oder ein ganzes System, wenn sich die Dinge nicht zu unseren Gunsten entwickeln. Für den Kunden bedeutet es gewöhnlich, daß Angestellte, besonders diejenigen, die unmittelbar greifbar sind, beschuldigt werden, wenn ein Produkt- oder Serviceversagen ersichtlich ist. Angestellte machen das gleiche. Wenn Sie Beschwerden hören, neigen sie dazu, den Kunden die Schuld zuzuschieben. Die meisten Angestellten begreifen aber, daß es eine inakzeptable Reaktion ist, den Kunden für den Produktdefekt oder das Serviceversagen zu beschuldigen. Daher verbergen die Angestellten ihre Gefühle und versuchen, mit mehr oder weniger akzeptablen Theorien zu erklären, warum die Dinge falsch gelaufen sind. Eine übliche Erklärung ist, daß die Organisation und ihre Geschäftspolitik daran schuld sind. Der Angestellte sagt etwa zu den Kunden: „Ich würde Ihnen wirklich gerne helfen, aber ich kann nichts tun. Unsere Zielsetzung ...“

Leider hat der Kunde nichts von einer solchen Erklärung, denn sein Problem ist damit nicht gelöst. Auch hält sie den Kunden nicht davon ab, die Angestellten zu beschuldigen. Sogar wenn die Angestellten andeuten, daß sie mit einer „Geschäftspolitik“, die alles andere denn kundenfreundlich ist, nicht einverstanden sind, fällt es den meisten Kunden schwer, das Verhalten der Angestellten von der Firmenpolitik zu trennen. Der Mentor der modernen Merkmaltheorie (Attribution Theory), Fritz Heider, stellt fest, daß die meisten von uns eher die Schuld einem Individuum als den Umständen zuordnen, die das Produkt- oder Serviceversagen insgesamt bewirkt haben.[1] Wenn zum Beispiel ein Dienstleister sagt: „Ich weiß, daß es lächerlich klingt, aber ich brauche ...", wird der Kunde denken: „Wenn es lächerlich ist, warum dann noch darauf bestehen?" Beschwerdeführende Kunden tendieren dazu, dem Dienstleister die Schuld zu geben, wenn die Dinge falsch laufen, ohne Rücksicht auf die tiefere Ursache oder besondere Umstände. Und wer möchte schon der letzte sein, an dem die Schuld haften bleibt, auch wenn es nicht offen ausgesprochen wird?

Um Beschwerden als Geschenk anzusehen, müssen wir zuerst die Vorstellung akzeptieren, daß Kunden immer ein Beschwerderecht haben, auch wenn wir annehmen, daß ihre Beschwerden unangebracht und grundlos sind oder Unannehmlichkeiten verursachen. Ein Produzent von Fischangeln, Takel- und Tauwerk, Orvis, Inc., in Vermont, drückt es folgendermaßen aus: „Der Kunde hat immer recht, auch wenn Sie verdammt genau wissen, daß er unrecht hat." Stew Leonard's, eine Warenhauskette in Connecticut, hat zwei oftzitierte Regeln auf fast zwei Meter hohen Granittafeln eingemeißelt: „Regel 1: Der Kunde hat immer recht. Regel 2: Wenn der Kunde einmal nicht recht hat, gilt automatisch Regel 1." *Wir verstehen dies als einen Teil der Kaufvereinbarung mit den Kunden, daß sie das Recht mit einkaufen, zu dem Erworbenen ihre Meinung äußern zu dürfen, auch dann, wenn sie das gekaufte Produkt nicht verwenden können, wenn es ihren Ansprüchen nicht gerecht wird, wenn es nicht dem Standard entspricht oder wenn sie sich anders entschlossen haben.*

Um eine Beschwerde als ein Geschenk zu verstehen, müssen wir unser Denken und Handeln von Grund auf ändern im Hinblick auf die Rolle, die das Beschwerdewesen in einer modernen Geschäftsbeziehung spielt. Dazu muß der Inhalt der Beschwerde losgelöst werden von dem Gefühl des Beschuldigtwerdens, was wiederum bedeutet, daß wir die inneren Antriebskräfte enttäuschter Menschen verstehen müssen und gleichzeitig zu überdenken haben, wie Beschwerden unseren Geschäftszielen von Nutzen sein können.

Beschwerdeführende Kunden sind immer noch Kunden

Kunden, die sich die Zeit für eine Beschwerde nehmen, haben immer noch einiges Vertrauen in die Organisation. *Kunden, die sich beschweren, sind immer noch Kunden.* In den meisten Fällen ist es weniger mühsam für sie, sich an die Konkurrenz zu wenden. Daher zeigen jene, die sich beschweren, immer noch eine gewisse Loyalität.

Erkundigen Sie sich bei Raytek, Inc., ob Beschwerden ein Geschenk sind. Drei Jahre, nachdem diese Firma die Hälfte ihrer Arbeitskräfte entlassen und unprofitable Produkte eliminiert hatte, initiierte sie 1986 ein Qualitätssicherungsprogramm. Viele Kunden hatten sich über schlechte Verarbeitungsqualität, unpünktliche Lieferungen und inkorrekte Rechnungen beschwert. Raytek richtete ein System ein – dies wird später in diesem Buch besprochen werden –, um von jeder Warenrücksendung etwas zu lernen.[2] Als Ergebnis konnte Raytek die kostspieligen Warenrücksendungen zum größten Teil reduzieren.

Erkundigen Sie sich bei der Savings Bank of Manchester, Connecticut, ob Beschwerden ein Geschenk sind. Kundenbeschwerden ermöglichten es der Bank, jenen Bereich zu identifizieren, wo sich betrügerische Machenschaften häuften. Als Ergebnis wurden Kriminelle gefaßt, die sich eines manipulierten Zahlungsautomaten*) bedienten, um an die Kontonummern der Bankkunden zu kommen und deren Konten zu plündern.[3]

Erkundigen Sie sich bei Wayne-Dalton, dem Hersteller von Türen und Sicherheitsgrills, ob Beschwerden ein Geschenk sind. Die Firma stellte sich nach Kundenbeschwerden über beschädigte Türen auf ein neues Verpackungssystem um. Die Kunden beschädigten die Türen zwar selbst, sie beschwerten sich aber dennoch. Durch die

*) Anm. d. Übersetzers: Der amerikanische Ausdruck: „Automated teller machine" (ATM) bezeichnet einen Terminal zur Selbstbedienung der Bankkunden, der nicht nur die Ausgabe von Bargeld, sondern auch andere Funktionen, wie z. B. Überweisungen, Dauerauftragsänderungen usw. anbietet.

neue, teurere Verpackung wurde die Anzahl der Beschwerden reduziert. Die Besonderheit dabei war, daß das neue Verpackungssystem letztendlich zu einer Nettoreduktion der Produktionskosten für Wayne-Dalton führte.[4]

Erkundigen Sie sich bei Quick Park, Inc., einer Firma, die Parkplätze in mehreren Städten in den USA verwaltet, ob Beschwerden ein Geschenk sein können. Nach Berücksichtigung von Kundenbeschwerden, wonach der Ausfahrtsvorgang zu viel Zeit in Anspruch nähme, führte Quick Park verschiedene Änderungen ein, die die Abfertigung der ausfahrenden Autos beschleunigte – der Erfolg waren zufriedene Kunden und Ersparnisse von fast $ 500 000 für Quick Park.[5]

Erkundigen Sie sich bei Frigidaire Co., ob Beschwerden ein Geschenk sind. Frigidaire führte ein Konturverpackungssystem ein, das die Kundenbeschwerden über beschädigte Teile überflüssig machte. Frigidaire profitierte davon um so mehr, als das Verpackungssystem das Verpacken zehnmal einfacher machte und damit Platz in der Fertigungshalle einsparte.[6]

Erkundigen Sie sich bei den Firmen, die Selbstbau-Möbel anbieten, ob Beschwerden ein Geschenk sind. Durch Auswerten von Kundengesprächen und die Entwicklung einer neuen Technologie zur Beschleunigung von Montage und Vorfertigung, meldete der Einzelhandel weniger Kundenbeschwerden und, was am wichtigsten ist, weniger Artikelrücksendungen.[7]

Versetzen Sie sich in die Position der Kunden

Wenn Sie Beschwerden vom Standpunkt der Kunden aus sehen, wird es Ihnen eher gelingen, Beschwerden als ein Geschenk zu betrachten. Stellen Sie sich vor, alles, was der Kunde auszusetzen hat, ist Ihnen selbst widerfahren. Was würden Sie denken und empfinden? Wie würden Sie reagieren? Was würden Sie von dieser Organisation erwarten? Was würde Sie, Ihrer Meinung nach, zufriedenstellen? Welche Reaktion würden Sie für notwendig erachten, um mit gutem Gefühl nach der Beschwerde aus der Firma hinauszugehen?

Gibt es Kunden, die versuchen, die Firma übers Ohr zu hauen? Kein Zweifel, es gibt sie. Firmen können aber nicht alle Kunden wie Diebe behandeln, um sich vor den wenigen, die es wirklich sind, zu schützen. Man schätzt, daß annähernd 1 bis 1 1/2 Prozent der Kunden systematisch versuchen, zu betrügen.[8] Die meisten Firmen reagieren darauf, indem sie diese Art des Verhaltens als Teil der Geschäftskosten mit einkalkulieren. Wenn jemand versucht, eine Firma durch übertriebene Beanstandungen zu übervorteilen, dann sind andere Kunden, die den Zwischenfall beobachten, möglicherweise beeindruckt, wenn der Mitarbeiter dem Kunden trotzdem nicht das Gefühl gibt, schuld zu sein, auch wenn er dazu allen Grund hätte. Das wird den Beobachtern der Szene die Scheu davor nehmen, sich gegebenenfalls auch zu beschweren.

Eine asiatische Fluglinie führte kürzlich ein Kundendiensttraining für ihre Beschwerdeabteilung durch. Es wurde ein Berater beauftragt, der den Vorschlag machte, Passagieren, die sich der Mühe unterziehen, einen Beschwerdebrief über den Service an Bord zu schreiben, einen Gutschein für deren nächsten Flug zu senden. Die Geschäftsleitung war zunächst entsetzt: „Die Passagiere werden uns ausnützen. Sie werden Beschwerdebriefe schreiben, nur um den Gutschein zu erhalten."

Der Berater forderte die Airline auf, die Situation mit den Augen eines Kunden zu sehen, die echte Reklamationen zu melden haben. Erstens wird die breite Öffentlichkeit nie etwas über die Vorgehensweise der Airline, Gutscheine auszustellen, erfahren, so daß die Furcht, ganze Horden von Passagieren würden unter falschem Vorwand schreiben, nur um in den Genuß der Gutscheine zu kommen, grundlos ist. Zweitens, wenn Sie Gutscheine ausstellen, werden die Passagiere sie wahrscheinlich in Anspruch nehmen, was bedeutet, daß sie wieder Kunden werden. Dann hat die Airline die Chance, guten Service zu bieten, den Streit mit jenen Passagieren beizulegen und sie als loyale Kunden zu behalten.

In dem Moment, in dem Einzelpersonen oder Firmen auch nur andeuten, daß sie Kunden mit Mißtrauen begegnen, werden die Kunden zurückschlagen. Oder noch ärger, sie werden wütend davongehen, ohne Firmenangestellten gegenüber ein Wort zu verlieren, und dann ihren Bekannten davon erzählen – wobei die Firma keine Chance mehr hat, sich selbst zu verteidigen.

Es gibt auch Leute, die wenig Fingerspitzengefühl haben und sich auf recht ungehobelte Art beschweren. Die Mitarbeiter der Kundendienstabteilung werden dann nervös und wirken vielleicht grob, zornig oder sogar dumm. Ein Kundendienstmitarbeiter muß lernen, sich auf den Inhalt der Beschwerde zu konzentrieren und nicht auf die Art, wie sie vorgebracht wird. Das verlangt ihm sicher viel ab, aber wenn man Beschwerden als ein Geschenk ansieht, spielt es keine Rolle, wie ein Geschenk verpackt ist.

Ein Mann in Spokane, Washington, kam kürzlich mit seiner Beschwerde in die Zeitung. Er betrat, nachlässig gekleidet, die Bank, löste einen Scheck ein und verlangte beim Schalter die Einlösung seines Gutscheins für freies Parken. Das war ein Service, den die Bank anbot. Die Schalterbeamtin musterte ihn von oben bis unten und entschied sich dann dafür, das Ausfahrtticket zu verweigern. Sie erklärte dem Mann, daß der Auftrag, den die Bank für ihn abgewickelt habe, freies Parken nicht inkludiere. Der Kunde beschwerte sich über diese willkürliche Entscheidung und verlangte, den Geschäftsführer zu sprechen. Die Schalterbeamtin holte den Geschäftsführer. Beide musterten den Mann abschätzig und erklärten ihm, daß ihm freies Parken nicht zustünde. Daraufhin verlangte er seine gesamten Einlagen von der Bank zurück. Es stellte sich heraus, daß er fast eine Million Dollar auf einem einfach verzinsten Konto hatte. Er nahm das Geld und deponierte es bei der Konkurrenzbank. Aus der Bank verlautete daraufhin, zur Entlastung des Hauses, daß man neue Maßstäbe im Hinblick auf den Kundenservice überdenken wolle.

Fallstudie: British Airways umwirbt seine Kunden

Während der Amtszeit Margaret Thatchers entschied die britische Regierung, verschiedene Schlüsselbetriebe des Landes zu privatisieren. In dieser Zeit war British Airways (BA) so ineffizient und hatte bezüglich des Kundendienstes einen so schlechten Ruf, daß die Regierung sich gezwungen sah, eine Wertsteigerung durchzusetzen, bevor das Aktienkapital für die Öffentlichkeit zum Kauf angeboten werden konnte.

Sir Colin Marshall wurde mit dem Umstrukturierungsprozeß beauftragt. Marshall erkannte sofort, daß eine Änderung der Firmengrundeinstellung für die Airline der kritische Punkt war. In den siebziger und frühen achtziger Jahren war das BA-Personal berühmt dafür gewesen, daß es eine Haltung an den Tag legte, als erweise es der Öffentlichkeit einen Gefallen, wenn sie mit BA-Flugzeugen fliegen dürfe. Die Mitarbeiter zögerten nicht, diese Einstellung in der Öffentlichkeit zu bekunden, nicht allein durch das, was sie sagten, sondern auch durch die Art, wie sie es sagten. Zudem spielten in jenen Tagen die Gewerkschaften eine maßgebliche Rolle, indem sie eine bürokratische Firmenkultur forcierten.

Eine der ersten Maßnahmen, die Marshall realisierte, war es, die TMI-Company in Großbritannien (eine Teilorganisation der dänischen Trainings- und Consulting-Firma, die Jan Carlzon zur Seite stand, Scandinavian Airlines wieder in die Gewinnzone zu bringen) ins Haus zu bitten. TMI entwarf ein Programm, das von allen 36 500 BA-Beschäftigten forderte, ihre Einstellung zum Kunden sowie ihren Umgang mit Kunden und Mitarbeitern in einem neuen Licht zu sehen. Das Programm trug den Titel „Putting People First" und war der zentrale Faktor im Rahmen eines firmenweiten Umwandlungsprozesses.

Während der nächsten 18 Monate besuchten alle BA-Angestellten das zweitägige „Putting People First"-Seminar. Sir Colin Marshall hielt bei über 60 Prozent aller Seminare den Einleitungsvortrag. Er flog manchmal mit der Concorde zwischen den USA und Großbritannien hin und her, nur um ein paar Worte zu den Teilnehmern zu sprechen.

Seit 1983, als das Trainingsprogramm zum ersten Mal ablief, ließ BA weitere interne Seminare wie „To Be the Best", „Winning of Customers" und „A Day in the Life" mit der Absicht nachfolgen, alle Abteilungen über die Arbeit der restlichen BA-Abteilungen zu informieren und die Botschaft der perfekten Kundenbetreuung zu bekräftigen. Heute wird BA als Beispiel eines führenden Dienstleistungs-Unternehmens angesehen, das des öfteren von anderen um Rat gebeten wird – ein weiter Weg von der einstigen schlechten Reputation.

Nachdem sich BA auf die Haltung der Mitarbeiter konzentriert hatte, begann BA zu untersuchen, welche Rolle Beschwerden im Hinblick auf die Erhaltung langfristiger Kundenkontakte spielten. Als erstes installierte Marshall in Heathrow Videozellen, so daß verärgerte Kunden sofort zu einer Videozelle gehen und sich bei Marshall persönlich beschweren konnten.

Danach führte BA für $ 6,7 Millionen Investitionskosten ein Computersystem ein, welches Kundenpräferenzen analysierte unter dem Aspekt, wie ein Kundenkontakt sozusagen auf Lebenszeit entwickelt werden konnte. Das System wird liebevoll Caress*) genannt. Dazu meint BA: „Gewöhnlich versuchten wir, Beschwerden zu ignorieren. Wir machten es den beschwerdeführenden Kunden so schwer wie möglich und bestanden bei Telefonanrufen darauf, daß sie die Beschwerde schriftlich einreichten. Wir handelten dabei nach einem internen Katalog von Regeln, der es uns gestattete, den Kunden mitzuteilen, sie hätten eine BA-Richtlinie, die sie nicht einmal kannten, mißachtet.[9]

Aufgrund eigener Kundenanalysen gibt BA an, daß 67 Prozent der beschwerdeführenden Kunden wieder mit der Airline fliegen wollen, wenn ihre Beschwerden sachdienlich behandelt werden. Wenn man bedenkt, daß ein Passagier der Business Class während seines aktiven Berufslebens einer Luftlinie durchschnittlich an die $ 150 000 bringt, ist alles gut investiert, was eine raschere Behandlung von Kundenbeschwerden ermöglicht. Vor dem Caress-Programm stapelten sich bei BA die Beschwerde-Unterlagen. Jetzt werden sie zugleich mit allen relevanten Reisebelegen wie Tickets, Gepäckscheine und Boarding Cards in den Computer eingescannt. Caress gliedert die Beschwerden je nach Relevanz in Travel Class, Androhung rechtlicher Schritte oder VIP-Status.

*) Anm. d. Übersetzers: engl. to caress = schmeicheln, freundlich behandeln

Caress erstellt Vorschläge zur angemessenen Entschädigung für jede Beschwerden-Kategorie; aber Mitarbeiter, die mit Beschwerden befaßt sind, können einen System-Override machen, wenn sie das Gefühl haben, daß eine andere Entschädigung zuerkannt werden soll. Im Normalfall dauerte die Beantwortung einer Beschwerde ca. einen Monat. Jetzt werden von BA 80 Prozent der einlangenden Fälle in nur drei Tagen erledigt! Umfragen, die BA durchführte, zeigen bei den Fällen, die zur Zufriedenheit des Kunden erledigt wurden, einen Anstieg von 40 Prozent auf 65 Prozent. Während die Zufriedenheit gesteigert werden konnte, gingen die Schadenersatzleistungen für verärgerte Kunden zurück.

Caress kann auch die allgemeinen Beschwerden, die BA erhält, kategorisieren. Über die Hälfte betreffen Sitzplatzzuweisung, Essensqualität, Boardingverweigerung, Raucher-/Nichtraucherkonflikte, Verwaltungsaufwand um das Ticket herum, Verspätungen, Gepäckhandling, Serviceversagen und Eincheck-Service. Jetzt versucht BA diese besonderen Aspekte schon im vorhinein zu vermeiden.

BA schätzt das Caress-System so sehr, daß die Luftlinie an den Firmenstandorten von sechs Großkunden im Testversuch Terminals aufgestellt hat, damit Geschäftsreisende direkt bei BA reklamieren können, nachdem sie in ihre Büros zurückgekehrt sind.

Zusätzlich zu Caress initiierte BA eine Serie anderer Kundenfeedback-Strategien. Darin sind Kundenbefragungen in größtmöglicher Anzahl mit eingeschlossen. Heute ist die Airline eine der erfolgreichsten und profitabelsten der Welt, weil sie Kundenbeschwerden als eine Quelle wertvoller Geschäftsinformationen erkannte.

Fragen zur Diskussion

- Wie beurteilt Ihre Firma Kundenbeschwerden? Wie sprechen Sie über beschwerdeführende Kunden?
- Erblicken die Mitarbeiter in Beschwerden eine Möglichkeit, unzufriedene Kunden zufriedenzustellen?
- Neigen die Mitarbeiter dazu, die Firmenpolitik dafür verantwortlich zu machen, daß sie den Ansprüchen des Kunden nicht gerecht werden konnten?
- Welche spezifische Lehren haben Sie aus Kundenbeschwerden gezogen?
- Über welche spezifische Strategien verfügt Ihre Firma, um Kunden zu Beschwerden zu ermuntern und anschließend daraus zu lernen?

2

Der größte Nutzen in der Marktforschung

Kunden sind nur allzu leicht verscheucht. Es gibt zahlreiche Methoden dafür, und einige Firmen haben sie alle durchprobiert. Zwei der häufigsten sind: 1. Beschwerden zu ignorieren und 2. Beschwerden unzureichend zu bearbeiten. Dennoch können entsprechend gut bearbeitete Beschwerden eine starke Bindung zwischen Kunden und Organisationen erzeugen.

„Sie müssen sofort diesen Saal räumen", schrie uns das Hotelpersonal an. Am Ende eines außerordentlich erfolgreichen TMI-Seminars*) in San Francisco waren wir gerade dabei, die Teilnehmer zu verabschieden, letzte Fragen zu klären und Produktverkäufe abzuschließen. Das Hotelpersonal hatte anderes vor. Der Saal war am Abend für eine andere Veranstaltung vorgesehen, und die Leute wollten uns pünktlich um 17.30 Uhr aus dem Saal haben.

Ohne um Erlaubnis zu fragen, sammelte das Hotelpersonal deshalb unsere Unterlagen ein und deponierte sie kurzerhand auf dem

*) TMI ist die International Training and Consultancy Company, von Claus Møller 1975 gegründet, für die Janelle Barlow als International Learning Consultant tätig ist.

Korridor. Wir mußten Umsatzeinbußen hinnehmen, einen Imageverlust bei unseren Kunden, und blieben allein zurück mit unserem Ärger und Frust über ein Hotel, das uns bis dahin zwei Tage lang einen außerordentlichen Service geboten hatte.

Wir beschwerten uns sogleich lauthals. Zweifelsohne wurden wir vom Hotelpersonal als „schwierige Kunden" eingestuft, aber schließlich hatte man unsere Ansprüche auch nicht erfüllt. Am folgenden Tag schrieb die Leiterin der TMI-Logistikabteilung dem Direktor des Hotels einen geharnischten Brief, in dem sie den Vorfall schilderte und ihm mitteilte, daß wir für unsere Seminare niemals wieder dieses Hotel auswählen würden.

Zwei Tage später wurde im TMI-Büro ein großer Strauß Rosen für die Leiterin der Logistikabteilung abgegeben. Die Mitarbeiter neckten sie scherzhaft wegen ihres heimlichen Verehrers, der ziemlich verzweifelt sein mußte, wenn er soviel Geld für Blumen ausgab. Als sie die beiliegende Karte las, stand darauf der Name des bewußten Hoteldirektors. Kurz darauf rief er an, entschuldigte sich für die schreckliche Behandlung, die uns widerfahren war, und betonte, daß er die Geschäftsbeziehung mit unserer Firma keinesfalls verlieren möchte.

Er versprach, die benötigten Räume kostenlos zur Verfügung zu stellen, sollte TMI wieder in seinem Hotel ein Seminar abhalten. Im Anschluß an dieses Telefonat schrieb er auch einen Brief, worin er seine mündliche Zusage bekräftigte und uns garantierte, daß das Hotel in Zukunft die Termine nie wieder so knapp hintereinander festsetzen würde.

Seither haben TMI-Angestellte verschiedentlich vorgeschlagen, für unsere Seminare andere Hotels zu versuchen, aber die Leiterin der Logistikabteilung buchte unerschütterlich in diesem einen Hotel, das uns anfänglich so schlecht behandelt und dann eine so wunderbare Wende vollzogen hatte.

Da Seminare komplexe Produkte sind, haben die Hotels, die TMI dafür auswählt, notwendigerweise auch am Erfolg unserer Veranstaltungen teil. Im Grunde genommen ziehen wir für zwei Tage ein, und es kommt zu Hunderten Begegnungen mit Dutzenden von

Hotelangestellten. Die Wahrscheinlichkeit, daß etwas verlorengeht, ist sehr hoch. Seit dem rüden Hinauswurf haben wir zwar auch andere Probleme mit diesem Hotel gehabt, aber das Hotelpersonal verhielt sich stets vorbildlich bei der Lösung jeglichen Mißgeschickes – sogar dann, wenn es unsere Schuld war! Dieser Hoteldirektor hat daraus die Lehre gezogen, daß beschwerdeführende Kunden, die man gut behandelt, zu Verbündeten am Markt werden. Sie helfen Unternehmen dabei, Schwachstellen aufzuspüren, die den Kunden Probleme verursachen.

Beschwerden definieren Kundenwünsche

Kundenbeschwerden geben den Organisationen einen Hinweis, wie sie Service und Produkte verbessern können. Wie IBM-Repräsentant John Davis es ausdrückt: „Der Verkaufstrick ist der Aufbau einer ständigen Verbindung vom Bewußtsein des Kunden zum Ohr des Verkäufers. Wenn Sie hier Schritt halten, können Sie Ihre Vorgehensweise anpassen und bleiben der Konkurrenz einen Schritt voraus.“[1] John McKitterick von General Electric geht sogar noch einen Schritt weiter und stellt fest: „... daß die Hauptaufgabe des Marketings ... nicht so sehr darin liegt, den Kunden geschickt dazu zu bringen, im Interesse der Firma zu handeln, als vielmehr darin, die Erfordernisse des Kunden zu erkennen und dann das Unternehmen darauf auszurichten, diesen Erfordernissen zu entsprechen.“[2]

Wenn Unternehmen imstande sind, Kundenerwartungen und Kundenbedürfnisse zu erkennen, werden die Kunden im allgemeinen bereitwillig mehr für ein Produkt bezahlen. Die Firma wiederum wird für die Entwicklung neuer, kundengerechter Produkte mehr Kapital einsetzen. Gewinnen Sie Kunden neu, und ihre neuerlichen Käufe werden die Vertriebskosten pro Einheit senken!

Denken Sie an L. L. Bean, die erfolgreiche Versandfirma für Freizeitbekleidung. Kürzlich plante sie, ihre Lagerkapazität zu erweitern und ihre Kataloge an zahlungskräftigere Kunden auszusenden. Nach Analysierung ihrer Warenrücksendungsrate – diese war auf 14 Prozent pro Jahr hinaufgeschnellt – entschied die Firma, die Expansionspläne zu stoppen, ihre Anstrengungen umzuleiten und die vorhandenen Kunden zufriedener zu machen, anstatt sich nach neuen umzusehen. Warenrückgaben betrachtet man bei L. L. Bean klugerweise als Indikator für Kundenunzufriedenheit, und sie verdienen auch Aufmerksamkeit, weil sie das Marktgeschehen widerspiegeln.

Eine bessere Kenntnis der Kundenbedürfnisse kann ebenfalls zu höheren Absätzen und größeren Marktanteilen führen. Der Vizepräsident und Generalmanager von Chris Craft, Bob MacNeill, glaubte daran. Er erlebte unmittelbar, wie seine Firma ihre Produkte verbesserte, indem sie auf Kundenbeschwerden reagierte.[4] Manchmal aber, meint MacNeill, muß das Unternehmen den Kunden einen Anstoß geben, damit sie ihre Beschwerden auch äußern. Einige Bootseigner melden, daß sie ihre Unzufriedenheit nicht artikulieren, weil sie sich nicht sicher sind, wonach sie eigentlich fragen sollten, oder sie fürchten, daß ihre Beschwerde von dem Bootshändler als Belästigung empfunden wird. Andere Bootseigner haben kein Vertrauen in das Fachwissen der Händler, die die Boote verkaufen. Auch meinen sie, daß ohnehin jeder diese Probleme hat. Daher ermunterte Bob MacNeill seine Vertreter hinauszugehen, um mit den Bootseignern, wenn diese auf ihren Booten waren, zusammenzuarbeiten und an Ort und Stelle aktiv deren Beschwerden einer Lösung zuzuführen.

Immer wieder, wenn Firmen ein offenes Ohr für ihre Kunden haben, lernen sie, wie Produkte und Service beschaffen sein müssen, um den Kundenwünschen zu entsprechen. Sie lernen auch, wie interne Abläufe zur Erzielung eines schnelleren und exakteren Produktionsverfahrens reorganisiert werden und welche Voraussetzungen geschaffen werden müssen, um Kundenwünschen besser zu entsprechen.

General Tire, Inc. in Akron, Ohio, erfuhr nach einer gezielten Befragung, daß 65 Prozent der Einzelhändler mehr General Tire Produkte ankaufen würden, wenn sie Kundenaufträge über einen einzigen Auftragsempfänger abwickeln könnten. Dies gab ständig Anlaß zu Verärgerung, und General Tire erfuhr davon nur, indem es seine

Spitzenhändler direkt nach eingelangten Beschwerden befragte. Diesen Informationen entsprechend, wurde bei General Tire eine komplette Reorganisation durchgeführt, in deren Verlauf man auch Betriebskosten einsparte und die Kundenbetreuung in erstaunlicher Weise verbesserte, wie General-Tire-Kunden bestätigten.

Wesbar, ein Produzent von Wohnwagenzubehör in West Bend, Wisconsin, führte eine Umfrage durch und bekam anschließend von seinen Kunden massive Beschwerden über die Produktqualität zu hören. Als Resultat entwickelte Wesbar eine Auswahl verbesserter Produkte, die zur Standardausstattung für zwei Dutzend der größeren Wohnwagenhersteller wurden. Bis heute sagen die Käufer, daß diese Produkte einzigartig auf dem Markt wären.[6] Eines dieser ursprünglichen Produkte, die neu entwickelt wurden, war eine Zwei-Dollar-Glühbirne für das hintere Ende eines Wohnwagenanhängers gewesen, die ständig ausfiel. Scott Johnson, Vizepräsident des Marketingsektors merkt dazu an: „Als Produzent, der an Wohnwagenhersteller und Vertreiber verkauft, die ihrerseits Verkäufer beliefern, sind wir ein wenig von dem tatsächlichen Endverbraucher unserer Produkte isoliert.“[7] Wesbar mußte beträchtliche Anstrengungen unternehmen, um über diese Beschwerden Kenntnis zu erhalten.

In vielen Fällen ist es unmöglich, sich die Informationen, die eine Firma durch ihre Kunden bekommt, auf einem anderen Weg zu beschaffen. Auch wenn die Ursachen für Beschwerden mehrere Ebenen vom Konsumenten entfernt liegen, wie im Fall von Wesbar, können die Firmen aus spezifischen Servicelücken und Produktdefekten lernen. Den Firmen wird Gelegenheit gegeben, ihr Engagement für die Kunden gezielt unter Beweis zu stellen, sogar dann, wenn die Beschwerde geringfügig erscheint. Nick und John Hoty von Hoty Enterprises, Ohio, lernten durch die Berücksichtigung von Kundenbeschwerden, daß gepflegte Aufenthaltsräume am schnellsten dazu führen, daß man „glückliche und auch zahlungsfreudige Kunden hat, die wiederum weitere Kunden bringen“.[8]

Wenn sich Kunden mit Beschwerden direkt an die Firmen wenden, so ist das die effizienteste und billigste Möglichkeit, um Informationen über Kundenwünsche hinsichtlich Produkt und Service zu erhalten. Andere, teurere und weniger direkte Methoden, mit Kunden in Verbindung zu treten, beinhalten die Untersuchung von Kundenerwartungen in parallelen Branchen; die Durchführung von Transaktions-Studien, wie Stichprobenbefragung von Käufern oder externen Wirtschaftsprüfern oder umfassende Analysen von Kundenerwartungen.

Große Firmen können sich Kommissionshandelsanalysen leisten, wie sie oben angeführt sind; kleine Firmen müssen sich auf ihre Kunden verlassen, um zu erfahren, was sie über Produkte und Service denken.

In den meisten Fällen werden die Kunden keine innovativen Ideen entwickeln, die den Firmen neue Absatzmärkte eröffnen könnten. Sie werden der Firma Ford kaum vorschlagen, einen neuen Minivan auf den Markt zu bringen. Sie werden Sony auch nicht ermuntern, den Walkman einzuführen. Innovation obliegt den Forschungs- und Entwicklungsabteilungen einer jeden Firma. Ein Kunden-Feedback kann aber helfen, Produktkonzepte auf bestimmte Kundenkreise abzustimmen. Darüber hinaus werden Unternehmen unter Umständen Kundenerwartungen so lange nicht verstehen, bis ein Produkt- oder Servicefehler passiert. Beschwerdeführende Kunden signalisieren der Firma, was nicht funktioniert, nachdem das Produkt eingeführt ist, bzw. wenn es verkauft oder gewartet wird.

Für Unternehmen, die auf schnell wechselnde Marktbedingungen reagieren müssen, ist es hilfreich, wenn sie auf Kundenbeschwerden achten und darauf schnell reagieren, um sich möglichst eng an die Kundenerwartungen zu halten. Bedarfsartikelläden verkaufen z. B. Einzelposten, die nur für einige Monate im Angebot verbleiben. Kundenbeschwerden („Warum führen Sie nicht ...?“) vermitteln einer Firma sehr schnell einen Wandel der Marktinteressen. Andere, weniger auf kurzfristige Trends angewiesene Unternehmen haben dies auch gelernt. Die Marktforschung kann geradezu unbeweglich sein im Vergleich zum komplexen, dynamischen und mitteilsamen Marktgeschehen.

Coca-Cola wurde 1985 fast in die Luft gejagt durch Beschwerden wegen seiner 1-800-Get-Coke-Linie, als es das „New Coke“ anstelle des heutigen Coke Classic einführte. Die Firma reagierte auf die aufgebrachte Öffentlichkeit sofort, besänftigte ihre enttäuschten Kunden und konnte einen riesigen finanziellen Verlust noch abwenden. Wenn eine Firma ihre Marketingstudien beachtet, kann es sein, daß sie nur einen Teil der Angelegenheit hört bzw. zur Kenntnis nimmt. Schließlich hatte auch Coca-Cola das „New Coke“-Konzept gründlich analysiert.

Marketing-Experten beobachten, was sie für wichtig halten, besonders dann, wenn ihr wichtigstes Instrument für die Kundenbefragung der typische Konsumentenbefragungsbogen ist. Hotels befragen ihre Gäste über die Reinlichkeit der Zimmer und die Freundlichkeit des Personals. Die Gäste setzen diese Dinge voraus. Was sie zufrieden macht, könnten etwa feste, nicht durchgelegene Matratzen in ruhigen Zimmern oder auch helle Glühbirnen in der Lampe neben dem Bett sein, so daß sich die Gäste besser „in den Schlaf lesen“ können. Leider fragen Hotels fast nie nach Glühbirnen oder ausgebeulten Matratzen bzw. ruhigen Zimmern. Wenn aber die Hotels auf Beschwerden hören und die Gäste sogar dazu animieren, dann erfahren sie wahrscheinlich etwas über zu schwache Glühbirnen, ausgebeulte Matratzen, einen lauten Aufzug oder Warenautomaten, die man durch dünne Wände hört. Die Marktanalyse kann Ergebnisse dieser Art zu Tage fördern, wenn sie sorgfältig durchgeführt wurde, Beschwerden aber treffen den Kern.

Zusätzlich können Manager nicht nur über Personalprobleme in den Filialen alarmiert werden, sondern auch über Produktdefekte, Unzulänglichkeiten im Service, schlecht organisierte Abläufe und Personalprobleme in vorderster Front. Gewöhnlich sind es die Kunden, die als erste erkennen, wenn eine Firma durch ihr Personal schlecht repräsentiert wird. Tatsächlich können Manager, die nur auf die Angestellten achten, unter Umständen nie etwas über unzufriedene Kunden erfahren, da Angestellte sich in der Regel besser benehmen, wenn ein Manager in der Nähe ist.

Der Wert eines Kunden auf Lebenszeit

Es ist nicht leicht, sich loyale Kunden zu schaffen, unloyale aber sehr wohl. Die meisten Statistiken auf diesem Gebiet zeigen auf, daß Kunden eher ein weiteres Mal einkaufen werden, wenn sie annehmen, daß Beschwerden erwünscht sind und bearbeitet werden.[9] Dazu kommt, daß man Langzeitkunden nicht nur leichter etwas verkaufen kann, sondern daß sie auch leichter zu bedienen sind, da sie genau wissen, was sie wollen. Sie kennen die Produkte der Firma, deren Mitarbeiter und deren Verkaufspolitik.

Jemand könnte nun annehmen, daß Kunden, die billige Leistungen einkaufen, keine besonderen Investitionen wert sind. Hier liegt aber, längerfristig gedacht, der kritische Punkt. Der Besuch einer chemischen Reinigung z.B. wird nicht mehr als 10 oder 15 Dollar ausmachen. Umgelegt auf die gesamte Kaufkraft auf Lebenszeit jedoch wendet ein Kunde sehr leicht $ 30 000 für die chemische Reinigung auf. Das sagt aber noch nichts über die Anzahl der Freunde und Verwandten aus, die ein zufriedener Kunde einer Reinigungsfirma, die sich bemüht zeigt, bringen kann. Domino's Pizza etwa hat ausgerechnet, daß ein regelmäßiger Kunde über einen Zeitraum von 10 Jahren mehr als $ 5 000 wert ist. Bain and Co., eine Consulting-Gruppe in Boston, schätzt auf Grund eigener Analysen, daß der Profit von 25 auf 95 Prozent gesteigert werden kann – wenn man die Kundenverlustrate um nur fünf Prozent senkt.[10] Was also ist leichter, als Kunden durch Verbesserung des Beschwerden-Handlings an sich zu binden.

Sicherlich läßt sich durch Kundenanalyse feststellen, daß viel mehr als fünf Prozent der Kunden durch unzureichendes Beschwerden-Handling verlorengehen.[11] Eine IBM-Studie kommt zu dem Ergebnis, daß nicht einmal die Hälfte der Kunden, deren Probleme nicht gelöst wurden, noch einmal bei derselben Firma kaufen wollen. Wenn andererseits die Kunden das Gefühl haben, daß ihre Probleme entgegenkommend gelöst wurden, wollen fast alle dem Betrieb eine weitere Chance geben.[12]

Einige Leute bezeichnen den Mehr-Verkauf an bereits vorhandene Kunden als „Kundenanteil", während der Begriff „Marktanteil"

Verkäufe an so viele Kunden wie nur möglich meint.[13] Bei den meisten Firmen verteilen sich zwei Drittel der Verkäufe auf bereits vorhandene Kunden.[14] Im allgemeinen wissen die Firmen, wer ihre Kunden sind, oder stehen über die Filialen in unmittelbarem Kontakt mit ihnen. Es ist deshalb also häufig leichter, direkter und weniger teuer, an vorhandene Kunden zu verkaufen, auch wenn man dadurch stärker gebunden ist.

Mit jedem Jahr, das man einen Kunden behält, repräsentiert er mehr Ertrag, da sich die Vertriebsunkosten gegenüber den langfristigen Verkaufszahlen amortisieren.[15] Denken Sie z. B. an Kreditkarten-Kunden. Für die Akquisition eines einzigen Kontos entstehen der Firma Kosten in der Höhe von $ 100. Über zehn Jahre belaufen sich die Kosten auf $ 10 pro Jahr. Banken berichten außerdem, daß ein Kreditkartenbesitzer um so eher seine Rechnungen bezahlt, je länger er bei ein und derselben Bank ist. Ebenso gilt, daß sich Verlust- und Säumigkeitsraten bei der Kundenretention mit sinkenden Marktkosten pro Einheit verbessern.[16]

Robert LaBant, dienstältester Vizepräsident von IBM North American, Verkauf und Marketing, weist darauf hin, daß für IBM: „... sich jede Prozentpunktabweichung des Kundenzufriedenheitsniveaus in einen Gewinn oder Verlust von $ 500 Millionen in den Verkäufen über fünf Jahre umsetzt." Er führt weiter aus, daß die Entwicklung neuer Absatzbereiche für IBM drei- bis fünfmal soviel kostet wie der Verkauf an den schon bestehenden Kundenstock.[17]

Kunden, die sich nicht beschweren, müssen in die Beschwerdenstatistik aufgenommen werden

Obwohl Beschwerden einem Unternehmen Aufschluß über seine Position auf dem Markt geben können, wollen viele Firmen die Kundenbeschwerden nicht zur Kenntnis nehmen. Kunden, die ihre Beschwerden nicht äußern, werden in ihrer Statistik ignoriert. Wenn die immer wieder zitierte Statistik, wonach sich 26 von 27 Dienstleistungskunden nicht beschweren, wenn die Dinge falsch laufen,[18] stimmt, dann müssen Dienstleistungsbetriebe, um die genaue Gesamtsumme der unzufriedenen Kunden zu ermitteln, die Anzahl der erhaltenen Beschwerden mit 27 multiplizieren. Einhundert offizielle Beschwerden entsprechen einem Potential von 2 700 unzufriedenen Kunden in der Dienstleistungsbranche.

Einer unserer Klienten, eine Großbank, teilte uns prahlerisch mit, daß sie kürzlich nur 100 Beschwerden während eines bestimmten Monats erhalten habe. Diese Bank sieht wahrscheinlich nur die Spitze des Eisbergs. Die meisten Kunden werden sich kaum über einen schlechten Bankservice beschweren. Sie werden sich in langen Warteschlangen anstellen, ihrem Ärger gegenüber anderen Bankkunden Luft machen, aber dem Schalterbeamten nichts davon sagen. Sie werden gequält seufzen, in ihre Autos steigen, einen ATM suchen, wo sie Bargeld abheben wollen, nur um zu entdecken, daß der Automat außer Betrieb ist. Die Bank wird wahrscheinlich nie etwas über den Unmut erfahren, der dadurch bei diesen Kunden hervorgerufen wurde. Die Kunden können z. B. die Art und Weise als unangenehm empfinden, wie der Schalterbeamte ihren Ausweis prüft, sie werden aber kaum einen Manager dieser Bank darüber informieren. Sie werden es auch nicht schätzen, wenn sie ihre Kreditkostenrechnung auf dem Postwege so spät zugestellt bekommen, daß kaum genug Zeit bleibt, dieselben ohne Verzugszinsen zu begleichen. Die meisten Kunden werden nicht einmal etwas sagen, wenn sie ihren Kreditkartenvertrag kündigen. Kunden, die ihre Beschwerden äußern, machen uns damit ein Geschenk. Vergessen wir nicht, daß uns die meisten unzufriedenen Kunden nichts hinterlassen – am wenigsten ihre Kundentreue.

Die Gefahr, die darin liegt, Kundenbeschwerden reduzieren zu wollen

Wichtiger, als die Anzahl von Kundenbeschwerden zu reduzieren, ist es für Organisationen, ihre Mitarbeiter zu ermutigen, daß sie Beschwerden verfolgen, denn dadurch lassen sich Kundenwünsche definieren. Eine Delegation von Führungskräften aus der Automobilindustrie begann anläßlich eines Besuchs der Toyota-Fertigungsanlage in Japan das Deming-Qualitätssicherungsprogramm, welches Toyota anwendet, zu diskutieren. Dabei soll einer der Manager zu den Amerikanern gesagt haben: „Das Problem mit euch Amerikanern ist, daß ihr Beschwerden als Problem betrachtet. Ihr wollt Beschwerden unterdrücken. Wir ermuntern Kunden zu Beschwerden. Ihr versucht, Systeme so aufzubauen, daß Beschwerden nicht auftauchen. Wir versuchen, so viele Beschwerden wie möglich zu bekommen. Wie sonst kann man etwas von den Kunden lernen?" fragte er die verwirrten Manager der amerikanischen Autofirma.

Wenn es das Ziel einer Firma ist, dieses Jahr weniger Beschwerden als letztes Jahr zu erhalten, läßt sich dies sehr leicht erreichen. Die Mitarbeiter werden die Botschaft verstehen und einfach keine Beschwerden an das Management weiterleiten. Wie oft haben Sie eine schriftliche Beschwerde an der Reception eines Hotels abgegeben und sich gefragt, ob Ihre Beschwerde an den Generalmanager weitergeleitet werden würde? Beide Autoren haben sich schon die Mühe gemacht, Gästefragebogen von Hotels auszufüllen und dabei auch anzukreuzen, daß sie gerne eine Antwort auf ihre Beschwerde hätten – ohne je eine Reaktion zu erhalten. Entweder war es extrem schlechtes Beschwerden-Handling, oder die Beschwerde wurde niemals an die Direktion weitergeleitet.

Firmen sollten sehr sorgfältig ans Werk gehen, wenn sie Beschwerden reduzieren möchten. Dieses Unterfangen kann sehr teuer werden. Eine Hotelkette bekam eine Vielzahl mündlich vorgebrachter Beschwerden, die Reinlichkeit betreffend. Um die Beschwerden besser kontrollieren zu können, führte der Generaldirektor Gästefragebogen ein, die in den Hotels auflagen, und stellte eine gebührenfreie Telefonleitung zur Verfügung. Die ausgefüllten Gästefragebogen wurden von jedem Hotelmanager gesammelt und jeden Monat an die Zentrale gesandt. Diese Vorgangsweise ermöglichte den Hotelmanagern eine sofortige Reaktion auf das Problem der Reinlichkeit und ersparte weiter die Postgebühren. Die Reduzierung der Beschwerden war an ein Prämiensystem gebunden. Nachdem das neue System einige Zeit aufrecht war, hatte der Manager von einem der schmutzigsten Hotels eine der niedrigsten Beschwerdenraten. Als man ihn fragte, wie er das angestellt habe, gab er zur Antwort: „Ich sende zwar die Fragebogen weiter, aber ich schau sie zuerst genau durch. Warum den Ast absägen, auf dem man sitzt?" Einige Zeit später wurde dieses Hotel, das Prämien für die wenigsten Beschwerden erhalten hatte, vom Gesundheitsamt geschlossen. In der Zwischenzeit waren andere Hotels dieser Kette dem Beispiel des cleveren Managers gefolgt, der wußte, was mit Beschwerden zu geschehen hat.[19]

Eine Aufzugfirma ließ für ihre Kunden eine gebührenfreie Telefonnummer einrichten, damit sie nicht den örtlichen Techniker riefen. Dies sollte der Firmenzentrale ermöglichen, den Service zu verfolgen und, so hoffte man, zu weniger Beschwerden führen. Die ortsansässigen Techniker tüftelten sehr schnell einen Weg aus, um dieses System zu umgehen. Sie erzählten ihren größeren Kunden, daß mit dem Anruf der gebührenfreien Telefonnummer das angebotene Service sich verlangsamen würde, und brachten die Kunden soweit, daß sie den Techniker direkt anriefen. Sehr rasch hatte die Zentrale der Aufzugfirma ein komplett falsches Bild der Dienstleistung und der Beschwerdenanzahl.[20]

In einigen Fällen kann eine Reduzierung der Beschwerden einen positiven Trend signalisieren. In solchen besonderen Fällen vergleicht die Firma die Anzahl der eingegangenen Beschwerden hinsichtlich bestimmter Einzelheiten. Beispielsweise erfreuten sich Brooks Brothers, Inc. bis 1980 einer guten Reputation für die Produktion von hochqualitativer Bekleidung. Dann wechselte das Management dreimal. Die letzten Eigentümer, Marks and Spencer, setzten neue Maßnahmen in punkto Qualitätsverbesserung. Dies führte zu einer Reduzierung der spezifischen Beschwerden über die Güterqualität von 25 auf 5 Prozent. Das ist im statistischen Sinne signifikant.[21] Aber noch immer wissen Brooks Brothers nur, daß die Beschwerdenrate sinkt; diese Zahlen sagen aber nicht genau aus, wie die Kunden die Produkte insgesamt bewerten.

Southern Pacific Transportation Co. bietet ein anderes positives Beispiel, wie man die einzelnen Faktoren rund um Beschwerden bemessen kann. Die Firma stoppte die Bearbeitungszeit von Kundenbeschwerden und meldet nun eine Bearbeitungsrate von 96,5 Prozent innerhalb von 24 Stunden.[22] Der Fabrikant Avery Dennison hat die Bearbeitungszeit von Kundenbeschwerden von 20 Tagen auf lediglich eine Woche verringert.[23] Diese Firmen gehen den beschwerdeführenden Kunden nicht aus dem Weg, indem sie versuchen, die Anzahl der Beschwerden zu reduzieren; sie werden statt dessen genauer bei der Bewertung ihrer Reaktion auf beschwerdeführende Kunden.

Flexible Unternehmen geben Kunden Gelegenheit, sich zu beschweren

Da sich Kunden nur zögernd beschweren (siehe ausführlich nächstes Kapitel), müssen Firmen sich ganz besonders anstrengen, um zu erfahren, was der Markt von ihnen hält. Motorola, einer der ersten Gewinner des Malcolm Baldrige National Quality Award, hält jeden Monat ganztägige Konferenzen ab (manchmal von sieben Uhr früh bis Mitternacht), um Anfragen bezüglich technischer Leistungen (technical action requests – TAR) bzw. das, was die meisten von uns als Probleme bezeichnen würden, zu diskutieren. Bei diesen Konferenzen darf nur über Probleme, aber über nichts Positives diskutiert werden.

Auch Kunden von Motorola sind zu diesen Konferenzen eingeladen, um Beschwerden vorzubringen. Manchmal müssen sie ermutigt werden, massiv Kritik zu üben. Motorolas Vizepräsident für Qualitätssicherung und Kundendienst teilt mit, daß die Anwesenheit von Kunden diese TAR-Meetings ganz sicher lebhaft gestaltet. Die Kunden äußern bei diesen Konferenzen Beschwerden, die sie weder dem Motorola-Außendienst noch dem Verkaufspersonal mitteilen wollen.[24] Bei diesen Motorola-TAR-Konferenzen darf niemand Entschuldigungen oder Alibis vorbringen. Trotz dieser enormen Bemühungen, von Kunden zu lernen, wird die Firma immer noch feststellen, daß sie von den Kunden nicht genug erfährt.

Manchmal bleiben Beschwerden einem Unternehmen auf Grund seiner inneren Struktur verborgen. Daher muß die Firmenleitung sehr kreativ sein, damit sie, auf welche Weise auch immer, von Kundenbeschwerden überhaupt Kenntnis erhält. Beispielsweise gliedern einige Vergnügungsparks gewisse kritische Bereiche ihres Geschäftes aus. Viele schlossen Subverträge für ihre Lebensmittellieferungen ab, so daß die Parkeigner selbst sich besser auf das Parkmanagement konzentrieren konnten. Infolgedessen verringerten sich die Beschwerden über die Lebensmittel, oder zumindest verringerten sich die dem Parkmanagement gemeldeten Beschwerden darüber.[25] Aus der Perspektive der Vergnügungspark-Besucher aber liegt der ungenießbare Hot Dog oder der unfreundliche Service nicht im Verantwortungsbereich des beauftragten Restaurants, sondern in demjenigen des Parkmanagements selbst. Die Parkbesucher wissen wahrscheinlich nicht, daß das Restaurant nicht direkt durch den Park gemanagt wird. Andererseits kann der Park nichts über den nachlässigen Service wissen und ist daher nicht imstande, das Problem zu lösen.

Einige Firmen führen Kundenzufriedenheitsumfragen durch, um mehr über versteckte Beschwerden zu erfahren. Das ist bis zu einem gewissen Grad eine gute Maßnahme. Wer aber wird bei solchen Umfragen erfaßt? Es ist der bestehende Kundenstock. Die Firma befragt nur jene, die noch immer Kunden sind. Solange das Unternehmen nicht wirklich gezielt jeden einzelnen Kunden befragt, werden dabei nur solche Kunden erfaßt, die immer noch bei der Firma einkaufen. Kundenzufriedenheitsumfragen sind also im allgemeinen keine repräsentativen Umfragen über unzufriedene Kunden. Sie können Ihnen einige Hinweise geben, aber Sie müssen diejenigen Kunden ausfindig machen, die zu anderen Firmen gewechselt haben, und den Grund für diesen Wechsel in Erfahrung bringen. Dann kann die Firma einige echte Geschenke entdecken.

Nehmen Sie als Beispiel die First Chicago Bank, die in sehr effizienter Weise die Beschwerden der Kunden verfolgte, welche die Bank bereits verlassen hatten. First Chicago gelangen ausführliche Befragungen von mehr als zwei Drittel von 300 ihrer früheren Kunden. Was Oscar Foster, Vizepräsident der Abteilung Qualitätsmanagement dabei erfuhr, überraschte ihn sehr. Diese ehemaligen Kunden verließen ihre Bank, weil sie sich nicht mit entsprechender Wertschätzung behandelt fühlten. Auf Grund dieser Informationen entwickelte First Chicago ein Service-Maßnahmen- und Trainingssystem, um den Kunden die gewünschte Behandlung angedeihen zu lassen. Wenn Sie vor der Eingangshalle einer Bank stehen und die herauskommenden Leute fragen, welchen Zinsfuß die Bank am heutigen Tag bietet, würden die meisten Kunden darauf keine Antwort wissen. Aber ganz sicher würden sie Ihnen mitteilen können, wie sie in der Bank behandelt wurden. Foster meint dazu: „Banker neigen zur Ansicht, daß sich Kunden wegen zu hoher Zinsen verabschieden. Überraschenderweise war die Höhe der Zinsen kein Maßstab für die Kundenzufriedenheit.“[26] Eine Erkenntnis, die auf der Hand zu liegen scheint, aber die First Chicago gelangte erst durch eine genaue Untersuchung der Beschwerden derjenigen Kunden, die sie an andere Banken verloren hatte, zu dieser Einsicht![27]

Wenn Firmen nur die üblichen Kundenbeschwerden berücksichtigen und nicht auch jene Kunden erreichen, die sich nicht beschweren, erhalten sie keinen repräsentativen Querschnitt der Kundenzufriedenheit. Leute, die sich beschweren, sind nicht charakteristisch für die Gesamtbevölkerung. In den USA sind die meisten Kunden, die sich beschweren, weiß und männlich, mit hohem Bildungsgrad und überdurchschnittlichem Verdienst.[28] Diese Kunden können mit ziemlicher Sicherheit nicht alle in einer bestimmten Firma einkaufen.

Mundpropaganda und Beschwerdeverhalten

Firmen sind verständlicherweise daran interessiert, wie die Öffentlichkeit über sie spricht. Die Mundpropaganda kann einem Unternehmen bzw. einem Produkt zum Durchbruch verhelfen oder es total ruinieren; und jeder Kunde, der unzufrieden ein Geschäft verläßt, ist eine potentielle Gefahr auf dem Markt. Beschwerden können für oder gegen Ihre Firma arbeiten. Das kann unter Berücksichtigung der Mundpropaganda folgendermaßen geschehen:

- ➪ Menschen vertrauen einer freundlichen Empfehlung wahrscheinlich mehr als der positiven Aussage einer professionellen Werbung.
- ➪ Effizientes Beschwerden-Handling kann eine wirksame Quelle positiver Mundpropaganda sein.
- ➪ Je unzufriedener Kunden werden, desto wahrscheinlicher werden sie mündlich ihrer Unzufriedenheit Ausdruck verleihen.

Menschen vertrauen einer freundlichen Rekommandierung wahrscheinlich mehr als der Promotion eines Werbetreibenden.

Eine General-Electric-Studie kam zu dem Ergebnis, daß Empfehlungen von Leuten, die die Kunden kennen, doppelt soviel Gewicht haben wie Werbeaussagen.[29] Sie haben sicher schon gesehen, wie ein Verkauf nicht zustande gekommen ist, weil eine Person neben einem Käufer sagte, sotto voce: „Ich würde das nicht kaufen. Ich habe selbst einen, der leicht kaputtgeht ... (oder die Farben laufen aus ... oder nach einmaligem Tragen merkt man, daß die Qualität schlecht ist ... oder das funktioniert nicht so, wie sie einem einreden wollen ... oder Sie bekommen einen billigeren woanders)." Der Kunde wird aber wahrscheinlich kaufen, wenn die nebenstehende Person empfiehlt: „Oh, ich habe einen von denen, und er ist ganz ausgezeichnet. Sie werden sehr zufrieden sein. Die Qualität ist sehr gut. Nehmen Sie ihn einfach, und Sie werden merken, daß Sie eines der besten Geschäfte seit langem gemacht haben."

Jedes schlechte Wort, das über eine Firma verbreitet wird, macht es viel schwerer, den Imageverlust durch Werbemaßnahmen zu überwinden. Leute sind viel eher willens, auf den Rat eines guten Freundes zu hören, als einer Multi-Millionen-Dollar-Werbekampagne Glauben zu schenken. Negative Mundpropaganda kann sich sogar auf ganze Branchen auswirken, und das mit oft dramatischen Folgen.

Denken Sie an die Versicherungsindustrie. Ihr Image befindet sich derzeit im größten Tief aller Zeiten. Einer Gallup-Umfrage zufolge sind zwei Drittel der befragten Konsumenten der Meinung, daß die Versicherungsgesellschaften bei Autoversicherungen, Haushaltsversicherungen und kaufmännischen Polizzen überhöhte Tarife verrechnen. Gallup fand ferner heraus, daß erstaunliche 61 Prozent der Amerikaner annehmen, daß die Gewinne in der Versicherungsbranche höher sind als in anderen Industrien und daß die Gesellschaften ihre Bilanzen frisieren, um die ausufernden Gewinne zu kaschieren.[30] Das nennt man schlechte Presse. Jeder zurückgewiesene Antrag im Zuge vieler Naturkatastrophen (Hurrikans, Feuer, Erdbeben und Überschwemmungen), bringt Dutzende von Leuten zur Überzeugung, daß sie erbärmlich behandelt werden.

Wenn man diese Überzeugung über eine Versicherungsgesellschaft hat, hilft es nichts, daß Ihnen via TV immer wieder mitgeteilt wird, Sie seien in guten Händen. Sie würden es ohnehin nicht glauben. Gerald Stephens, ein Versicherungsspezialist, findet harte Worte für seine eigene Branche: „Konzentriert man sich auf die Mindestversicherung, betrachten viele Führungskräfte von Versicherungen Kunden als Widersacher, Nummern, die man manipulieren kann, anstatt sie als wertvolle Aktivposten zu sehen. Unsere Branche reagiert auf Kritik nicht, indem sie das wirkliche Problem in Angriff nimmt, sondern indem sie versucht, das System und die Kosten zu verteidigen, was aber wenig Sinn macht. Wir alle wissen, daß Kundenbeschwerden legitim sind. Wir weigern uns, Tatsachen anzuerkennen, oder, noch schlimmer, wir versuchen, sie zu widerlegen."[31]

Schlechte Nachrede beeinflußt nicht nur die öffentliche Meinung, sondern kann auch in den Abendnachrichten wiedergegeben werden, so daß es für den Kunden leicht ist, sich an vergangene Probleme zu erinnern. Im Jahre 1994 wurde Zeitungslesern und TV-Zuschauern auf der ganzen Welt das Umbaudebakel des Kreuzfahrtschiffes „Queen Elisabeth II" (QE2) präsentiert; mit all den Lecks, „Niagaras" genannt, und den Asbestfaserplatten, die ganze Abteilungen unbenutzbar machten. Statt die Verantwortung für diese schlecht ausgeführten Reparaturen zu übernehmen, behauptete der Schiffseigner John Olsen, Vorsitzender von Cunard, daß die Passagiere, die von London nach New York reisten, ihre Leidensgeschichten übertrieben. Er nannte die Passagiere tatsächlich „Lamentierer".[32] Zu seinem Unglück – und zum Vergnügen der Medien – kamen die Passagiere mit Videos und Fotografien, die im TV gezeigt wurden, als Beweis dafür, wie schlecht die Reparaturarbeiten durchgeführt wurden, und wie unfair Cunard war, die Namen der Passagiere zu veröffentlichen. Obwohl die Überholungsarbeiten nun korrekt abgeschlossen sind, haftet der QE2 die Reputation an – die auch die Medien nicht in Vergessenheit geraten lassen –, jenes Schiff zu sein, das seinen Passagieren „Ferien in der Hölle" bescherte und dessen Eigner Cunard sich anschließend weigerte, die Verantwortung für das Debakel zu übernehmen.

Effizientes Beschwerden-Handling kann eine wirksame Quelle positiver Mundpropaganda sein

Über das Nordstrom Warenhaus wurde wahrscheinlich mehr Positives geschrieben als über irgendeine andere größere Warenhauskette in der amerikanischen Geschichte. Eine bekannte und oft erzählte Geschichte über Nordstrom ist der „Fall der abgefahrenen Reifen". Demnach betrat ein älterer Herr eine Nordstromfiliale und ersuchte um Refundierung seiner Reifen, die offensichtlich gebraucht und abgefahren waren. Ohne eine Frage zu stellen, erzählt man sich, gab Nordstrom dem Mann freundlich das Geld zurück. Nordstrom verkauft aber keine Reifen. (Es ist schwer, dem Wahrheitsgehalt dieser Geschichte nachzugehen. Eine andere Version berichtet von einer älteren Dame, die um Refundierung ihrer Reifen ersuchte. Nordstrom selbst dementiert weder, noch bestätigt es diese Erzählung. Nichtsdestotrotz kursiert die Geschichte weiter als Musterbeispiel guten Kundendienstes. Überprüfbare Fälle der berühmten Nordstrom-Refundierung gibt es ebenfalls, was die Geschichte mit den abgefahrenen Reifen nur noch bekräftigt. So beobachtete jüngst ein TV-Magazin mit versteckter Kamera beispielsweise die Geldrückgabe für ein Hemd, das ganz woanders gekauft worden war.)

Verschiedene Leute haben mit der Geschichte mit den abgefahrenen Reifen Schwierigkeiten, weil sie annehmen, dies würde die Kunden ermuntern, eine Firma zu betrügen. Sie können in gewissen Fällen recht haben. Sicherlich würde Nordstrom mit der „Keine-

Fragen-Politik" nicht fortfahren, wenn Hunderte Leute von der Straße mit abgefahrenen Reifen kämen und Geld dafür zurückverlangten. Aber bedenken Sie, was ein solches Beispiel von Mundpropaganda wert ist. Wenn Nordstrom sogar Refundierung für ein Produkt leistet, das es gar nicht verkauft, wie günstig müssen erst seine Garantien für die Nordstrom-Produkte selbst sein. Dieser „Fall mit den abgefahrenen Reifen" ist auf der ersten Seite verschiedener Zeitungen einschließlich Wall Street Journal, USA Today und New York Times erschienen. Er wurde in Dutzenden Büchern angeführt und in wahrscheinlich Hunderten Vorträgen über Kundendienst vor Tausenden Leuten auf der ganzen Welt erwähnt. Wie viel würden wohl die Werbekosten ausmachen? Ist es überhaupt möglich, eine so positive PR-Arbeit zu quantifizieren?

Die Leute werden zu glühenden Nordstrom-Verfechtern und bezeichnen sich selbst sogar als „Nordies". Nordstrom-Kunden geben mehr Geld aus, zahlen höhere Preise und erzählen jedem, den sie kennen, daß sie bei Nordstrom einkaufen. In den frühen neunziger Jahren verkaufte Nordstrom mehr Waren pro Quadratmeter als jedes andere Warenhaus in den Vereinigten Staaten. Nordstrom macht durch seine Garantien und unbürokratischen Refundierungen die höheren Preise mehr als wett. Als Nordstrom erstmals die Warenhauskette auf die Umgebung von Seattle auszudehnen begann, sagten mehrere Gurus schon das Ableben des großen Hochpreis-Warenhauses voraus. Aber Nordstrom stand fast augenblicklich mit hohen Gewinnen und erstaunlicher Kundenloyalität an der Spitze der Warenhäuser. Die Kunden kommen zu Nordstrom in der Erwartung eines außergewöhnlichen Services. Wenn die Kunden erhalten, was sie wollen, und ihren Beschwerden sofort nachgegangen wird, ist es fast in jeder Branche möglich, erfolgreich zu sein.

Je unzufriedener Kunden werden, desto wahrscheinlicher werden sie mündlich ihrer Unzufriedenheit Ausdruck verleihen

Dies muß uns der gesunde Menschenverstand sagen: Wenn sich Kunden verärgert entfernen, ohne ihre Beschwerden zu äußern, die daher auch nicht bearbeitet werden können,[33] so bleibt einer Firma nicht mehr viel, was sie tun kann, um eine negative Mundpropaganda zu stoppen. Machen es aber die Firmen den Kunden leicht, sich zu beschweren, und werden diese Beschwerden auch sofort bearbeitet, so läßt sich die negative Mundpropaganda verringern und positive Mundpropaganda erzeugen. Es sieht fast so aus, als ob Kunden nur einfach mit jemandem über ihre Probleme sprechen wollten. Wenn sie aber der Firma nichts erzählen können, werden sie eine andere Zuhörerschaft finden.[34] Im Fall von Nordstrom erwarten wir von der Öffentlichkeit, daß sie weniger negative Dinge über das Warenhaus sagen wird, weil es zur Reputation von Nordstroms gehört, nach der Devise zu handeln: „Wir nehmen die Ware zurück und stellen keine Fragen." Mit anderen Worten: Bringen Sie uns Ihre Beschwerden vor, wir möchten die Probleme lösen. Firmen gewinnen, wenn sie ihren Kunden demonstrieren, daß sie empfänglich für gerechtfertigte Beschwerden sind.

Firmen müssen sicherstellen, daß Probleme auf kleinem und mittlerem Niveau nicht zu einer großen Kundenunzufriedenheit anwachsen. Der beste Weg, das umzusetzen, ist, die Kunden zu Beschwerden zu ermuntern und diese Beschwerden dann effektiv zu bearbeiten.

Der negative Zyklus schlechten Beschwerden-Handlings

Ineffektive Serviceerneuerung und ineffiziente Beschwerdepolitik können eine negative Kettenreaktion hervorrufen, die genauso zu schlechterem Qualitätsservice und Produkten führen können wie ein erhöhtes Risiko auf dem Markt. Schlechtes Beschwerden-Handling beginnt mit unzufriedenen Kunden und endet in seiner zerstörerischsten Form mit gegenseitigen Schuldzuweisungen. Der Ablauf stellt sich folgendermaßen dar:

1. Kunden verlassen unzufrieden einen Laden. Sie werden „Botschafter auf einer Badwill-Tour", die ihre Unzufriedenheit allen Leuten, die sie kennen, mitteilen.

2. In der Öffentlichkeit erhält die Firma den Ruf, daß es sinnlos sei, sich bei ihr zu beschweren, weil nichts unternommen werde.

3. Kunden hören auf, sich zu beschweren, und die Firma verliert die Chance, den Service zu verbessern, oder Kundenwünsche zufriedenzustellen.

4. Die Produkt- und Servicequalität stagniert infolgedessen, was zu noch größerer Kundenunzufriedenheit führt.

5. Die Kunden, die bleiben, werden dies wegen der niedrigeren Preise tun, zu denen sich die Firma entschließen mußte, um wettbewerbsfähig zu sein. Die Kunden kaufen außerdem in der Überzeugung ein, daß die Produkte und der Service eine schlechte Qualität aufweisen.

6. Der Mitarbeiterstab bedient ungern schlechtgelaunte Kunden. Es kann sogar soweit kommen, daß Mitarbeiter Kunden beschimpfen. (Wir haben Flugbegleiter von Airlines, die kurz vor dem Konkurs stehen, sagen hören, als die Passagiere die Einstiegsrampe zum Flugzeug hinaufstiegen: „Hier kommt das Vieh.")

7. Die Mitarbeiter haben mehr und mehr das Gefühl „nur einen Job zu haben", und einen schlechten noch dazu. Diejenigen, die eine andere Stelle finden können, werden kündigen, wodurch die Firma nebenbei ihre Erfahrung und Fertigkeit verliert. Der restliche Mitarbeiterstab ist weniger motiviert und immer weniger imstande, Kundenvertrauen und Kundenloyalität zu gewinnen.

8. Dies wiederum führt zu weiteren Kundenverlusten. Die unzufriedenen Kunden werden jedem, dem sie begegnen, mitteilen, was sie über diese Firma denken. Für diese Werbung werden sie nicht einmal etwas verlangen. Auf solche Weise beginnt der Zyklus von neuem.

Viele Firmen bewerten nicht die tatsächlichen Kosten verlorener Kunden. Sie können Ihnen exakt sagen, was sie unternehmen, um Kunden zu gewinnen, und wie hoch der finanzielle Aufwand dafür ist; aber sie wissen nicht, wie viele Kunden sie verlieren, warum sie sie verlieren und wieviel es sie kostet.

Fallstudie: TNT Express Worldwide konzentriert sich auf Beschwerden

TNT Express Worldwide hat das Handling von Beschwerden zu einer Herausforderung gemacht. Die Firma hat ein weltweites Berichterstattungssystem, das ohne Ausnahme alle Fehler im Detail erfaßt. Dieser Berichterstattung folgt eine tiefgreifende wöchentliche Analyse, welche die Wurzel des Übels beleuchtet. Diese Analyse hilft, Schlüsselbereiche von Fehlfunktionen im Paketauslieferungssystem zu lokalisieren. TNT hat sich die weit und breit zitierte, von Technical Assistance Research Programs (TARP) durchgeführte Forschungsarbeit (TARP zitierten wir schon früher) zu eigen gemacht, wonach einer Beschwerde, die TNT erhält, in Wahrheit vermutlich 27 Beschwerden zugrunde liegen, die nicht geäußert werden. Adrian Hall, Direktor in Hongkong, ist der Meinung, daß die Erfassung aller Fehler – nicht nur die tatsächlichen Beschwerden – „sich auf noch mehr als 27 Fälle beziffern würden." Die einzelnen Manager formen die von TNT Express Worldwide identifizierten, nicht übereinstimmenden Makrodaten in einen Mikroausschnitt um und legen dann spezifische Aktionspunkte für die einzelnen TNT-Mitarbeiter fest.

Wie kam TNT auf diese Idee? TNT stellte eine „Dynamo"-Gruppe von Angestellten zusammen, die alles unternehmen, um Kunden zufriedenzustellen. TNT begann die Aktion mit dem Persönlichkeits-Motivations-Programm „Putting People First", um zu unterstreichen, daß es jedem TNT-Angestellten obliegt, auf beschwerdeführende Kunden in angemessener Art zu reagieren. Dann ermächtigte TNT den Mitarbeiterstab, die Beschwerden zu bearbeiten, und forderte sie auf, deren Anzahl wöchentlich zu verfolgen, ohne sie jedoch zu reduzieren.

Hall fragte einmal einen Angestellten, was sein Job sei. Der Angestellte antwortete: „Zustelljunge.“ Der Mann war 53 Jahre alt. Hall fragte sich, ob ein erwachsener Mann, der sich als Junge sah, imstande sei, den Bedürfnissen der Kunden gerecht zu werden. Also gab er dem Job einen anderen Namen; aus dem „Zustelljungen“ wurde ein „Qualitätsservice-Beauftragter“. Für diese neudefinierte Position wurden Leistungsziele zum Aufbau eines entsprechenden Selbstwertgefühls gesetzt. Ein Programm mit finanziellem Belohnungsschema für die Arbeitsqualität und -quantität wurde errichtet. Jedes Jahr testet Hall seine Qualitätsservice-Beauftragten, um zu entscheiden, ob sie für diesen Titel immer noch qualifiziert sind. Durch die Konzentration auf Beschwerdedaten verbesserte sich die TNT-Kundendienstleistung entscheidend. Termingebundene Zustellungen zeigten eine 96prozentige Verbesserung; die Pünktlichkeit der innerstädtischen Transporte verbesserten sich um 97 Prozent; Versäumnisse von Zustellungen verringerten sich um 78 Prozent; Zeitverluste während der Bearbeitung verringerten sich um 86 Prozent. Zusätzlich zu einer außergewöhnlichen Verringerung der Fehlzeiten war eine wesentliche Anzahl von Qualitätsservice-Beauftragten nicht nur stolz hinsichtlich ihres Auftretens, sondern auch hinsichtlich ihres Dienstes. Alles in allem hat TNT jetzt eine 96,4prozentige On-Time-Leistung für die Hunderttausenden von Paketen, die sie in Hongkong zustellen. Am aussagekräftigsten war wahrscheinlich TNTs Gewinn vor Steuern, der in einem Zeitraum von zwei Jahren um erstaunliche 81 Prozent stieg, seit das Programm eingerichtet worden war.

TNT ist ein leuchtendes Beispiel, wie man durch einfaches Anhören der Kunden eine Kette von Marktereignissen in Bewegung bringt.

Fragen zur Diskussion

- Behandeln Sie Kundenbeschwerden als Marktinformation?
- Welche Erfahrungen haben Sie mit Ihrer Firma bei Anhörung von Kundenbeschwerden gemacht?
- Wie steht es mit der Kundenstatistik Ihrer Firma? Zählen Sie Ihre Kundenbeschwerden?
- Vergleichen Sie diese Zahlen mit der Gesamtanzahl Ihrer Klienten?
- Welche Kosten entstehen Ihnen beim Akquirieren neuer Kunden?
- Wie viele Kunden haben Sie im vergangenen Jahr verloren? Wer sind diese Kunden?
- Welche Kaufkraft repräsentieren Ihre Kunden insgesamt, auf Lebenszeit berechnet?
- Wie sprechen Ihre Kunden über Sie auf dem Markt? Sind Sie in der Lage, dieses „öffentliche Gerede“ oder die „Mundpropaganda“ planmäßig zu managen?

3

Wie unzufriedene Kunden sprechen, handeln, und was sie erwarten

Einer von vier Kunden hat mit seinen Produkten Probleme. Wenn der Artikel einen relativ niedrigen Preis hat, wird sich nur einer von fünf der Mühe unterziehen, sich zu beschweren. Um es noch einmal zu sagen, in der Dienstleistungsindustrie insgesamt fand die am häufigsten zitierte und auf Kundenbeschwerden spezialisierte Forschungsgruppe Technical Assistance Research Programs (TARP) heraus, daß 26 von 27 Personen, die mit Service schlechte Erfahrungen gemacht haben, sich nicht beschweren.[1] *Die meisten Kunden haben das Gefühl, daß Beschwerden nur zusätzlichen Ärger bringen und reine Zeitverschwendung sind. Wenn Kunden mit dem Service, anstatt mit einem Produkt Probleme haben, ist die Wahrscheinlichkeit, daß sie sich beschweren, noch geringer. Die meisten Kunden wissen nicht, wie man sich über schlechten Service beschwert, oder sind der Meinung, daß es ohnehin nichts nützt.*[2]

Wenn Kunden sich nicht an die Firma wenden, bedeutet das etwa, daß sie sich nicht beschweren? Auf gar keinen Fall. Daß sich die Kunden nicht direkt bei Organisationen beschweren, bedeutet nicht, daß sie nicht lautstark ihrem Ärger Luft machen, sobald sie sich in einer ungezwungeneren Umgebung befinden. Und genau diese Statistik ist vielleicht die signifikanteste. Unzufriedene Kunden erzählen zwischen 8 und 10 Personen über den schlechten Service, der ihnen widerfahren ist. Einer von fünf gibt seine Erfahrungen an 20 Personen weiter.[3]

Möglicherweise ist der Leser über die Statistiken hinsichtlich der Kundenbeschwerden verwirrt. Statistiken sind nicht immer repräsentativ. Ein Teil der Varianz in der Statistik kann erklären, ob es sich um einen großen oder kleinen Kauf handelt, ob der Kunde eine Dienstleistung oder ein Produkt erworben hat, wieviel Konkurrenz das Produkt oder der Service hat, ob der Kunde ein inländisches Markenprodukt kaufte, wie es mit dem Unzufriedenheitsgrad des Kunden aussieht, welcher sozio-ökonomischen Gruppe er angehört, die relativen Kosten und Vorteile der Beschwerde, wie hoch die Bereitschaft des einzelnen Kunden zur Beschwerdeführung ist und welche Bedeutung der Kauf für den Kunden hat. Dies sind eine Menge Variablen, daher kann man von der Analyse nicht identische Zahlen erwarten. Wir empfehlen, anstatt sich mit einer spezifischen Reihe von Statistiken auseinanderzusetzen, zur Kenntnis zu nehmen, daß sich Jahre hindurch die gesamten Statistiken kaum geändert haben und daß diese nicht gut aussehen. Sie verweisen auf einen kontinuierlich hohen Grad an Kundenunzufriedenheit, welche die Kunden durchweg nicht offen äußern. In der Studie der „Harvard Business Review“ kommen die wissenschaftlichen Autoren zu folgendem Schluß: „Da wir nicht behaupten können, unsere Zahlen zeigten keinerlei Aufwärts- oder Abwärtstrend, sollte die Geschäftswelt über das Ausmaß an vernachlässigter Kundenunzufriedenheit, das offensichtlich auf dem Markt herrscht, beunruhigt sein.“[4]

Schlechte Nachrichten verbreiten sich schneller als gute

Unzufriedenheit ist ein populäreres Gesprächsthema als Zufriedenheit. Wenn Menschen beispielsweise bei der Bushaltestelle stehen und der Bus pünktlich ist, wird kaum einer den Service der lokalen Verkehrsbetriebe loben: „Sehen Sie sich das an! Das dritte Mal in dieser Woche pünktlich! Diese Leute sind wirklich gut!“

Aber wenn der Bus Verspätung hat, werden dieselben Leute, die hier zufällig nebeneinanderstehen, gemeinsam über die Ineffizienz und Unverläßlichkeit der öffentlichen Verwaltung murren. Das wird sie an jedes andere soziale Problem erinnern, über das man sich beschweren müsse – und keinem wird dies merkwürdig erscheinen. Außerdem ist es viel leichter, sich zu beschweren, wenn niemand etwas dagegen unternehmen kann.

Wir befinden uns heute in der einzigartigen Situation, bessere und direktere Kommunikationsmöglichkeiten für Konsumenten zu haben, die sich schlecht behandelt fühlen – über den Informations-Highway. Ist das wirklich so? America OnLine's „Wine and Dine Forum" fordert die Benutzer regelmäßig heraus, Beschwerden über Restaurants zu hinterlegen.[5] Die Leute geben bestimmte Restaurants an mit, wie sie sagen, schlechtem Essen und schlechter Bedienung. CompuServe besitzt eine Kategorie, genannt Consumer Forum (Konsumentenforum), die wiederum eine Unterkategorie für Kundenbeschwerden enthält. Kürzlich registrierte CompuServe die ziemlich typische Beschwerde eines Parisers, der sich bei Matsushita über ein Panasonicprodukt, ein Schnurlostelefon, beklagte, das seit dem Kauf im Januar 1994 nie funktionierte.[6] Der CompuServe-Teilnehmer schickte Kopien über seine vergeblichen Kommunikationsversuche mit Panasonic unter dem Titel „Panasonic Bad Service" um die ganze Welt. Unter anderem schrieb er im Januar 1995:

„Ich schickte folgenden Brief dreimal per Fax an Ihre Kundendienstabteilung und bekam keine Antwort. Kümmert sich in Ihrer Firma überhaupt niemand um die Kunden? Es sieht ganz so aus … Bitte versuchen Sie, das Problem rasch zu lösen und halten Sie mich auf dem laufenden entweder über Fax oder E-Mail (nicht mit der Post, da diese zu langsam ist). Wenn ich innerhalb von 10 Tagen nichts von Ihnen höre, werde ich mit Ihrer Zentralstelle in Japan Verbindung aufnehmen. Ebenso werde ich über die verfügbaren Mailing Lists auf den Internet Forums in CompuServe und die Konsumentenvereinigung bekanntgeben, wie Panasonic Matsushita seine Kunden behandelt … Ich selbst habe auch eine Firma, und ich würde nicht im Traum daran denken, meine Kunden so zu behandeln."[7]

Das Pentium-Chip-Problem von Intel Corporation wurde Mitte der neunziger Jahre zuerst über Internet erörtert, bevor es in den Medien Aufsehen erregte. Die unerwünschte Publicity wegen der Ignorierung eines kleinen Computerproblems, das durch den Pentium-Chip verursacht wurde, zwang Intel zu einem Rückzieher. Das vielgelesene Computer-Magazin „PC Week“ warf – als Intel noch auf uneinsichtiger Position verharrte – die Frage auf: „Während viel darüber diskutiert wird, ob das Internet überhaupt reif ist für die Geschäftswelt, sollten wir vielleicht die Frage stellen, ob die Geschäftswelt reif für das Internet ist.“[8] Gewöhnlich beschwerten sich Kunden auf eher disziplinierte, private Weise. Das ist vorbei.

Die Reichweite von Dienstleistungssystemen, wie das Internet, läßt Menschen auf früher nicht vorstellbare Weise miteinander kommunizieren: schnell, umfassend, weltweit und anonym. Ein neues Software-Paket auf dem Markt erstellt automatisch Beschwerdebriefe, die man online oder auf Hardcopy versenden kann. Alles, was der Benutzer tun muß, ist, einen Namen einzugeben und einige Fragen zu beantworten. Das Programm erstellt einen wütenden, klar verständlichen Beschwerdebrief aus einer ausgedehnten Datenbasis von Worten und Phrasen. Wenn man es benutzt, wird jedesmal ein völlig anderer Brief erstellt. Das Unheil, das durch einfaches Herumnörgeln während des Wartens auf den Bus entsteht, läßt sich nicht vergleichen mit dem Unheil, welches ein einziger wütender Konsument heute auf dem Informations-Highway anrichten kann. In der heutigen Welt der Videokameras, Datenautobahnen und sofortigen Kommunikation ist es wirklich unmöglich, etwas zu verbergen.

Der innere und äußere Kreis des Beschwerdeverhaltens

Wir haben beobachtet, daß Leute über gekaufte Produkte zu ihrem „inneren Kreis“ (Familie, nahe Freunde und Arbeitskollegen) auf andere Art sprechen, als sie es im „äußeren Kreis“ tun (zu Menschen etwa, die mit ihnen zufällig in einer Warteschlange stehen; Menschen, denen sie beim Mittagessen begegnen; Menschen, denen wir nie zuvor begegnet sind und die uns bei einem Meeting zuhören; Menschen, die im Flugzeug, in Bussen und in Zugabteilen neben uns zu sitzen kommen; oder Menschen, mit denen wir peripher verbunden sind). Beispielsweise führte Ford Motor Company eine im Magazin „Harper's" zitierte Umfrage durch, wonach Kunden, die ein Auto kaufen und dann mit ihrem Kauf unzufrieden sind, ihren Ärger im Durchschnitt 22 Personen mitteilen.[9] Das wird eine Kombination von Menschen des inneren und äußeren Kreises sein.

Die meisten Menschen werden jedem darüber berichten, der daran interessiert ist, etwas über schlechte Autos bzw. andere eben gekaufte Produkte oder auch schlechten Service zu hören. Die Leute werden sich mit Vergnügen an ihren Briefträger wenden und ihm von der „Niete" berichten, die sie eben erworben haben, auch wenn sie sonst kaum ein Wort mit ihm wechseln. Zusätzlich schmücken einige diesen Vorfall noch aus, um größeren Eindruck zu hinterlassen. „Können Sie sich das vorstellen! Ich war geschockt!" Wir haben Vortragende erlebt, die ihrer Zuhörerschaft zu Beginn ohne ein Wort der Einleitung erzählten, wie es kam, daß eine Airline ihr Gepäck verlor. Die Zuhörer werden das für einen gelungenen Einstieg halten.

Die Zuhörer werden diese Leidensgeschichten verständnisvoll anhören und von ihren eigenen Schreckensgeschichten berichten. Wenn jemand sein oder ihr Erlebnis gut schildert, werden die Zuhörer im Falle eines „Worst Case Scenario" sich umdrehen und dieses Erlebnis einer anderen Gruppe weitererzählen. Alle diese Leute werden für ein Produkt oder für dessen Firma zu „Badwill-Botschaftern", die teure Marketingstrategien ernsthaft gefährden. „Ja, das habe ich auch schon gehört. (Deshalb muß es wahr sein.)"

Einige gehen so weit, schlechte Konsumentenerfahrungen, die Jahrzehnte zurückliegen, damit in Zusammenhang zu bringen. In der Zwischenzeit kann die Firma neue Eigentümer bekommen und/oder den Kundendienst verbessert haben, aber die Öffentlichkeit spricht über die Firma, als ob sie noch immer so arbeiten würde, wie z. B. in den siebziger Jahren. Die Jaguar Automobile Company ist ein solcher Fall. Jaguar hatte einmal größere Reparaturprobleme, und diese „Reputation“ haftet der Firma in der Öffentlichkeit zum Teil immer noch an. Es hieß immer, wer einen Jaguar kaufen wolle, der möge besser gleich einen zweiten dazunehmen, für den Fall, daß der andere in der Werkstatt stehe. Wenn Sie sich jetzt die Reparatur-Statistik von Jaguar ansehen, werden Sie erkennen, daß dies nicht mehr zutrifft. Aber in der Öffentlichkeit hält sich diese Geschichte nach wie vor. „Es ist schon richtig, daß das ein elegantes Auto ist, aber seien Sie vorsichtig. Was ich für Geschichten über Reparaturzeiten und Rechnungen gehört habe!“

Im Gegensatz dazu werden diejenigen, die mit ihrem Autokauf zufrieden sind, nur acht Personen davon berichten. Diese werden wahrscheinlich Menschen des inneren Kreises des jeweiligen Käufers sein.

Die Leute erzählen lieber Freunden und der Familie über positive Käufe, weil jene, die ihnen nahestehen, sich über ihren Erfolg freuen werden. Zum Beispiel, wenn eine Familie ein neues Auto kauft und ein guter Freund kommt zu Besuch, werden sie in seiner Gesellschaft so entspannt sein, daß sie sagen: „Wir haben gerade ein neues Auto gekauft, du mußt es dir ansehen. Es fährt wie ein Traum. Die Farbe der Ledersitze ist wunderschön – und wir haben es besonders günstig bekommen.“ Das ist eine normale Interaktion zwischen Freunden. Die Freunde werden keinesfalls denken: „Was für ein Reinfall. Ich komme herüber, um mir ein Fußballspiel anzusehen, statt dessen möchten sie mir die Farbe ihrer Ledersitze zeigen.“ Wenn die neuen Autobesitzer mit der Person nicht sehr gut bekannt sind, ist es unwahrscheinlich, daß sie über ihr neues Auto so prahlen. Zufriedene neue Käufer würden sicher nicht den Briefträger aufhalten, um die Vorzüge des neu erworbenen Produkts zu lobpreisen.

Beschwerdeführende Kunden gehören zu den loyalsten Kunden

Die schon früher erwähnte Forschungsgruppe TARP fand ferner heraus, daß der Schaden begrenzt werden kann, wenn Firmen ihre Kunden dazu bringen, sich direkt bei ihnen zu beschweren. Kunden, die ihren Beschwerden Ausdruck verleihen, werden sehr wahrscheinlich wieder kaufen, auch dann, wenn ihre Beschwerde nicht zu ihrer Zufriedenheit bearbeitet wurde. TARP schließt daraus, daß Kunden, die sich nicht beschweren, in Wirklichkeit zu den unloyalsten Kunden zählen. Diejenigen, die sich beschweren, können die loyalsten Kunden werden.[10] Sie werden mit größerer Wahrscheinlichkeit ihrem inneren Kreis berichten, wie zufrieden sie sind, daß die Firma ihre Beschwerde bearbeitet hat, auch dann, wenn das Problem nicht wunschgemäß gelöst werden konnte. Wurde das Problem zufriedenstellend gelöst, werden diese Kunden mehr Leuten darüber erzählen, als wenn die Serviceleistung von allem Anfang an geklappt hätte. TARP fand heraus, daß die Kunden bei erfolgreicher Problemlösung fünf anderen davon berichten, während Kunden, die von Anfang an einen guten Service erhalten haben, nur drei anderen davon erzählen werden.[11]

Möglicherweise ist das die seltsamste Serie von Statistiken, die über das Beschwerdewesen erstellt wurde. Eine Firma hat in Wirklichkeit die Chance einer zunehmend positiven Mundpropaganda, wenn sie einen unzufriedenen Kunden entschädigt.

Die Beschwerde und das Prinzip der Reziprozität

Das Phänomen, daß Kunden eher positiv über gelöste Probleme sprechen, ist am besten durch das psychologische Prinzip der Reziprozität erklärt. Menschen revanchieren sich gerne für erwiesene Vergünstigungen, wenn ihnen etwas Gutes widerfahren ist: Du kratzt mir meinen Rücken, und ich kratze dir deinen. Das kann man auf das Kundenverhalten umlegen. Wenn ich ein Problem mit Ihrer Firma habe, und man erweist mir eine Liebenswürdigkeit, und sei es nur so etwas Einfaches wie ein Hamburger, werde ich mit größerer Wahrscheinlichkeit mehr bei Ihnen kaufen und anderen erzählen, was für eine großartige Firma das ist.

Manche Firmen sind derart erpicht darauf, Reziprozität zu schaffen, wenn sich ein Mißgeschick ereignet, daß sie ihre Kosten dabei gar nicht verfolgen. Firmen, die Niedrigpreisartikel verkaufen, können sich das leisten. Beispielsweise macht Azteca, eine mexikanische Restaurantkette in Seattle mit 29 Filialen, nicht einmal Anstalten zu ermitteln, welche Kosten die Firma dafür aufwendet, bei Beschwerden Produkte an den Konsumenten zu verschenken. Der Leiter des Trainingsbereiches, Frank Henderson, meint dazu: *„Es ist irrelevant im Vergleich zu dem Geld, das ich mir bei einem guten Klima erspare.* Es ist im Interesse der Gäste, wenn man den Mitarbeitern dabei eine gewisse Flexibilität zuerkennt.“[12]

Auch die Kunden stehen einer Erledigung ihrer Beschwerde positiv gegenüber, weil sie sich stark und einflußreich fühlen. Sie setzten sich zur Wehr, als sie unzufrieden waren, und nutzten ihre Kommunikationsfähigkeit, um ihr Leben in die Hand zu nehmen.

Die einzelnen Beschwerdeebenen

Eine der umfassendsten Forschungsarbeiten über das Verhalten unzufriedener Kunden wurde von der Western Reserve University durchgeführt.[13] Tausende Haushalte wurden kontaktiert, um zu erheben, in welchem der vier folgenden Bereiche eines der Familienmitglieder ein unliebsames Erlebnis gehabt hätte: Lebensmittelkauf, Autoreparaturen, ärztliche Behandlung und Bankservice. Von Hunderten genau befragten Haushalten konnten annähernd 30 Prozent eine schlechte Erfahrung angeben und brannten darauf, sie zu erzählen. Die Wissenschaftler fragten sodann, was die Leute gegen diese schlechten Erfahrungen unternommen hätten, und teilten die Antworten in drei Kategorien oder „Reaktionsebenen“.

Ebene 1: Der Kunde setzte sich zur Wehr und machte dem Verkäufer, Einzelhändler oder Lieferanten über seine Erfahrung Mitteilung (Beschwerden an die Firma).

Ebene 2: Die Kunden erzählten Bekannten über ihre Erfahrung und stoppten die Einkäufe bei der betreffenden Firma (Beschwerden an andere Leute).

Ebene 3: Die Kunden wandten sich an einen Dritten, wie einen Rechtsanwalt, um eine Klage einzuleiten, oder sie richteten einen Leserbrief an eine Zeitung bzw. eine formelle Beschwerde an eine entsprechende Agentur, wie Better Business Bureau (Beschwerden an einen Dritten).

Die interviewten Personen teilten sich, von unserer Sicht aus, auf vier Gruppen auf, und zwar in Kommunikative (37 Prozent), Passive (14 Prozent), Zornige (21 Prozent) und Aktivisten (28 Prozent).

➪ *Die Kommunikativen*

Die angenehmsten unter den unzufriedenen Kunden sind unserer Meinung nach die Kommunikativen, die das Unternehmen darüber informieren, wenn sie unzufrieden sind. Sie helfen der Firma dabei, Dienstleistungen und Produkte zu verbessern. Die Kommunikativen geben der Firma Bescheid, wenn ihnen etwas nicht gefällt. Im allgemeinen wenden sie sich nicht ab und erzählen auch niemandem über schlechte Erfahrungen mit einer Serviceleistung oder einem Produkt.

Kommunikative sind aktiv daran interessiert, eine Wiedergutmachung zu erlangen. Wenn die Firma ihre Beschwerde nicht ausreichend gut bearbeitet, kann es sein, daß sie sich zu Aktivisten wandeln. Ein Unternehmen muß danach trachten, alle unzufriedenen Kunden in Kommunikative zu verwandeln – um sie dann auch zufriedenzustellen. Sie sind für die Organisation von wirklichem Nutzen.

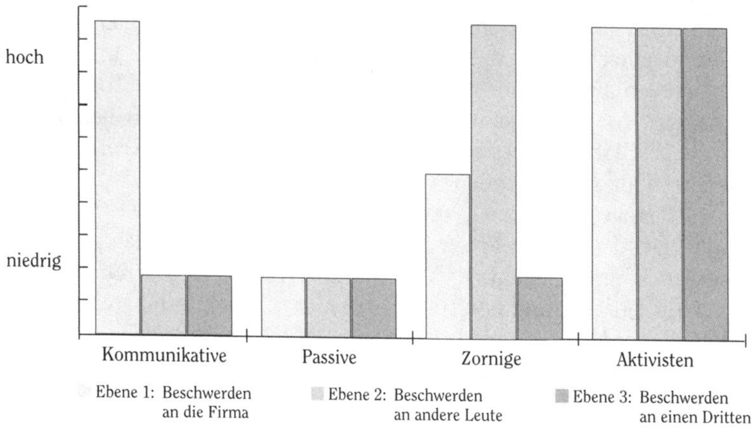

➪ *Die Passiven*

Viele Firmen setzen sich das Ziel, die Anzahl von Beschwerden zu verringern. Solche Firmen könnten die Passiven als die beste Gruppe der Kunden betrachten. Eine Firma kann dieser Gruppe von nichtbeschwerdeführenden Kunden schlechte Dienstleistungen oder Produkte bieten – sie werden immer wieder kommen, zumindest eine Zeitlang. Ferner werden sie dem Ruf der Firma nicht schaden, indem sie ihre Erfahrungen weitererzählen. Am wichtigsten ist, daß sie sich auch nicht bei der Firma beschweren. Die Angestellten können sich mit ihrem Service- und Produktangebot zufrieden fühlen, ohne Ansehung der Kundenzufriedenheit.

Bedauerlicherweise ist diese Gruppe aber auch keine positive Mundpropaganda. Da diese Kunden passiv sind, erzählen sie zwar nichts Negatives, sie werden aber ebensowenig regelrechte Stimmungsmacher abgeben. Wir wissen auch nicht, inwieweit man diese Menschen antreiben kann, von einer Ebene auf eine andere zu wechseln. Die Passiven können auch als Zaungäste apostrophiert werden, die warten, daß irgend etwas falsch läuft, bevor sie sich in Bewegung setzen. Vielleicht sind es Drittabschlagspieler, oder aber es mangelt ihnen an Reaktionsschnelligkeit. Es braucht eine Zeitlang, bis sie in Fahrt kommen; aber wenn sie es einmal sind, können sie der Reputation einer Firma großen Schaden zufügen oder den Zulieferer wechseln. Vielleicht sind sie in einer Kultur aufgewachsen, in der Beschwerden als ungehörig gelten. In Japan etwa wird die Tugend des „Gamen" (ohne Klage zu akzeptieren, was das Schicksal bereithält) hoch geschätzt. Leider werden Firmen nicht viel über diese Käufer erfahren, da sie die Tendenz haben, sich nicht zu äußern.

Passive teilen auch ihre Erkenntnisse darüber, wie Produkte und Dienstleistungen besser an die Bedürfnisse der Kunden angepaßt werden könnten, nicht. Firmen, die interessiert sind, Produkte mit höherer Qualität und besserem Service anzubieten, müssen sich eine besondere Strategie zurechtlegen, um diese Gruppe der Kunden dazu zu bringen, ungezwungen und offen über ihre Unzufriedenheit zu sprechen.

➪ *Die Zornigen*

Die Zornigen sind die gefährlichste der vier Gruppen. In vielen Fällen werden sie dem Dienstleister bzw. der Firma kein einziges Wort sagen. Statt dessen werden sie einer Menge Leute erzählen, welch schlechten Service man ihnen geboten hat, und werden ihre Einkäufe stoppen. Die Firma wird keine Gelegenheit haben, das Vertrauen der Kunden zurückzugewinnen, da diese niemals wieder dort kaufen werden. Ferner wird die Firma nie erfahren, was diesen Kunden passiert ist. Sie gehen einfach, und während sie ihre Geschäfte woanders tätigen, werden sie die ganze Zeit über herumerzählen, wie übel man ihnen mitgespielt hat.

In einigen Branchen häufen sich die Zornigen eher als in anderen. Einzelhandelsläden, die relativ billige Artikel verkaufen, werden kaum direkte Beschwerden hören. Es ist die Mühe nicht wert, sich über einen Ein- oder Zwei-Dollar-Artikel aufzuregen. Der früher zitierte TARP-Report fand heraus, daß 55 Prozent aller Reisenden, die mit Airlines, Hotels oder Mietwagenfirmen Probleme haben, Stillschweigen bewahren. Jean Otte, früher Vizepräsident des Quality Management bei National Car Rental, erklärt dies folgendermaßen: „Viele haben das Gefühl, daß Beschwerden nichts nützen. Die übrigen sind einfach zu beschäftigt oder scheuen eine Brüskierung."[14] Bringen Sie aber eine Gruppe von Leuten zusammen, die viel reisen, dann werden Sie sehr schnell erfahren, daß sie am liebsten darüber reden, was sie auf ihren Reisen so alles erleben.

Im allgemeinen ordnen Unternehmen die Kundenbeschwerden zwei Reaktionsgruppen zu: öffentlichen und privaten. Öffentliche Reaktionen sind Beschwerden an die Firma selbst und Beschwerden an Dritte; private Reaktionen sind Verhaltensweisen, wie Boykottierung der Firma oder einzelner Produkte bzw. negative Mundpropaganda. Die Forschung weist auf, daß viele Betriebe private Reaktionen als unbestimmte Verhaltensweisen der Kunden verstehen, und daß sie, daraus resultierend, von den Managern als unwichtig und vernachlässigbar abgetan werden.[15] In anderen Worten: Viele Betriebe ignorieren die Gruppe der Zornigen, während wir in diesem Buch die Zornigen als existenzgefährdend für jeden Betrieb ansehen.

➪ *Die Aktivisten*

Die Aktivisten sind potentiell vielleicht noch gefährlicher als die Zornigen, insbesondere wenn sie mit der Reaktion der Firma auf ihre erste Beschwerde nicht zufrieden sind und sich bemüßigt fühlen, es der Firma für diese Art von Service heimzuzahlen. Diese Leute sind auf mehr aus als bloße Wiedergutmachung, obwohl dies unzweifelhaft ein Teil ihrer Motivation ist. Sie wollen womöglich Revanche, während sie ihre mißlichen Erfahrungen mit der Firma überall herumerzählen und nie wieder dort einkaufen.

Eine Case Western Reserve University Studie ortete eine größere Anzahl von Aktivisten (28 Prozent) als andere Untersuchungen. Wir fragen uns, ob das daher rührt, daß unter den erfaßten Dienstleistungen dieser Studie auch Autoreparaturen aufscheinen. Kunden haben gelernt, bei den Dienststellen der Landesregierung Beschwerde einzureichen, wenn sie Probleme mit der Autoreparatur haben. Eine viel geläufigere Statistik über Aktivistenverhalten liegt näher bei 1 von 27, d. h. 3 Prozent.[16] Mit Ausnahme von Autoreparaturen beschweren sich die meisten Leute im Bereich ihres inneren und äußeren Kreises und sonst nirgendwo.

Kürzlich wurde ein bestimmter VW-Kleinbus in Martin County, Kalifornien gesehen, dessen Fahrer eine gesamte Seitenwand des Busses mit einem großen Plakat überdeckt hatte. In großen Buchstaben stand darauf zu lesen: „VW, das bei weitem schlechteste Auto", gefolgt von einer langen Aufzählung aller Defekte, die dieser Bus gehabt hatte. Unterhalb der Unterschrift war die Anzahl der Kundenbeschwerden, die an die betreffenden Autohersteller gegangen waren, aufgelistet. Die Kurve zeigte einen allmählichen Anstieg von Autohersteller zu Autohersteller und machte schließlich einen riesigen Sprung zu Volkswagen. Die Kopie einer Bewertung durch ein Automagazin, so stark vergrößert, daß sie aus der Entfernung gut lesbar war, verkündete, daß Volkswagen den übelsten Service aller Autohersteller habe. VW erhielt also viel kostenlose „Werbung".

Ebenfalls vor kurzem bekam ein Aktivist einen Fünf-Minuten-Spot in den „CBS Evening News" und zusätzliche Berichterstattung auf der ersten Seite des Wirtschaftsteils der „New York Times“ und Dutzender anderer bekannter US-Zeitungen, worin er sich über die Behandlung beschwerte, die ihm von einer inländischen Handelskette, Starbucks Coffee, zuteil worden war. Jeremy Dorosin aus Walnut Creek, Kalifornien, hatte zwei Espressomaschinen von einer Verkaufsstelle in Berkeley gekauft. Er behauptete, daß die Maschinen fehlerhaft seien. Dorosin begann seine Kampagne gegen Starbucks mit Inseraten im „Wall Street Journal“ mit der Frage: „Hat jemand Probleme mit Starbucks Coffee?“ Er unterzeichnete das Inserat mit: „Ein schlecht behandelter Kunde“ und ersuchte die anderen Kunden, eine gebührenfreie Telefonnummer anzurufen. Dorosin sagt, daß er zuerst von einem Starbucks-Kassier miserabel behandelt worden war, der sich weigerte, ihm ein halbes Pfund Kaffee kostenlos zu überreichen, wie es der Laden bei allen Kaffeemaschinenkäufern normalerweise macht. „Es war erniedrigend, in diesem Laden zu sein, umringt von anderen Kunden und auf eine solche Art behandelt zu werden“, meinte er. Starbucks hat mehrmals versucht, mit ihm ins reine zu kommen, aber Dorosin wurde anscheinend mit jedem Mal mehr zum Aktivisten, wenn Starbucks versuchte, ihn versöhnlich zu stimmen. In Dorosins Worten: „Das Schlichtungsangebot kam viel zu spät. Wahr ist vielmehr, daß Starbucks nicht das leiseste Verständnis für mich hatte. Ich wurde dort nicht ernst genommen. Und sie haben wir gar nichts geschickt, bis das zweite Inserat erschien.“ Dorosins jüngste Forderung war, daß Starbucks ein Zentrum für jugendliche Ausreißer in San Francisco einrichten solle. Er erklärte, daß er keinen Schadenersatz für sich selbst beanspruche. Ron Zemke, Präsident der Performance Research Associates und Coautor von „Delivering Knock Your Socks Off Service“,[17] rät: „Hätte ich bei Starbucks etwas zu sagen, wäre ich sofort mit einem Spaten in San Francisco, um die Baugrube für das Zentrum für jugendliche Ausreißer auszuheben.“ Ein Starbucks-Sprecher hat die Forderung Dorosins als „lächerlich“ bezeichnet und Dorosin selbst als einen „Egozentriker“ abgestempelt.[18] Dorosin selbst sagt, er sei keine streitsüchtige Person und habe niemals zuvor eine Kundenbeschwerde eingebracht, bis er auf Starbucks gestoßen sei.

Wenn eine Branche es duldet, daß Beschwerden unbeantwortet bleiben, bis eine große Anzahl von Leuten zu Aktivisten geworden ist, kann es passieren, daß behördliche Stellen eingreifen und Anklage erheben. Die Lebensversicherungsgesellschaften in Großbritannien sind mit dieser Situation konfrontiert. Die Kundenbeschwerden stiegen allein 1992 um 41 Prozent, und die Britische Regierung reagierte. Geldstrafen wurden für den Verkauf unkorrekter Polizzen und irreführender Inserate auferlegt. Darüber hinaus dürfen Banken sich nun auch auf den expandierenden Markt der Geldmarktanlage begeben, was sich direkt auf den Marktanteil der Versicherungsindustrie auswirkt.

Einige Branchen setzen Maßnahmen, um die Bildung von Aktivisten zu vermeiden. Zum Beispiel veranlaßte Louis Liscio, Präsident der Professional Automobile Technicians Association, seine Unternehmensgruppe, das notorisch schlechte Image der Autoreparatur- und Servicewerkstätten in Philadelphia zu verbessern. Er richtete erfolgreich eine Schlichtungsstelle ein, gegliedert in Bereiche für verschiedene Ersatzteile, um Kundenbeschwerden zu bearbeiten. Beschwerdeführende Kunden haben jetzt eine brancheninterne Anlaufstelle, wo sie sich in ihrer Angelegenheit hinwenden können.[20]

Wie Kunden zu Aktivisten werden

Zur Bildung von Aktivisten bedarf es einer gewissen Zeitspanne. Sie bewegen sich auch von einer Kategorie zu einer anderen. Das hängt davon ab, wie sie behandelt wurden, als sie ihre Beschwerde zuerst äußerten. Sie können auch von der Kategorie der Aktivisten zurück zur Kategorie der Kommunikativen wechseln, wenn sie zu ihrer Zufriedenheit behandelt wurden.

Als Gruppe sind Aktivisten Konsumenten, die ihrer Tendenz nach dem Marktgeschehen am meisten entfremdet sind. Ihre Art von Entfremdung kann als eine Weltanschauung beschrieben werden, bei der, wenn irgend etwas falsch läuft, normale Beschwerdekanäle nicht ausreichen und daher andere Methoden der Wiedergutmachung gewählt werden müssen. Die Konsumentenforschung zeigt, daß entfremdete Kunden im allgemeinen folgenden Feststellungen zustimmen:[21]

- Der Dienstleister kümmert sich nicht um seine Kunden.
- Einkaufen ist ein unerfreuliches Erlebnis.
- Händler vergessen die Kunden, sobald sie etwas gekauft haben.
- Der Kunde ist der unwichtigste Teil des Geschäftes.
- Der Kunde entscheidet nicht, welche Produkte zum Verkauf angeboten werden.

Obwohl Aktivisten dazu tendieren, sich dem Marktgeschehen zu entfremden, ist damit noch nicht erklärt, wie diese Kunden zu der Überzeugung gelangen, die üblichen Beschwerdenkanäle würden für sie nicht funktionieren. Beachten Sie folgendes Beispiel, welches den klassischen Fall eines Wandels von einem Redner zu einem Aktivisten repräsentiert.

Eine Fallstudie: Ein Aktivist entsteht

Julie, eine Freundin der Mitautorin, ging in San Francisco zu einer chemischen Reinigungsfirma in ihrer Nähe. Sie ersuchte die Reinigungsfirma, besonders auf die Schulterpolster ihres Pullovers zu achten, um sicherzustellen, daß sie nach der Rückgabe nicht verbeult wären. Ein Mitarbeiter der chemischen Reinigungsfirma versicherte ihr, daß sie so gut wie neu aussehen würden. Eine Woche später holte Julie ihren Pullover ab und brachte eine weiße Seidenbluse zur Reinigung. Als sie zu Hause war und das Päckchen öffnete, fand sie die Schulterpolster arg zerknautscht vor, so daß sich häßliche Ausbuchtungen an der Außenseite des Pullovers durchdrückten. Daraufhin ging sie wieder zu der Reinigung. Der Mann, der sie ursprünglich bedient hatte, war noch im Laden; er sagte ihr, er würde das Stück noch einmal, und zwar diesmal auf Firmenkosten, reinigen lassen. Als Julie eine Woche später ihre Kleidungsstücke abholte, merkte sie zu Hause, daß die Schulterpolster noch immer zerknautscht waren und die weiße Seidenbluse einige deutlich sichtbare rote Flecken an der Vorderseite aufwies. Wie Sie sich denken können, war Julie jetzt ziemlich verärgert. Sie ging sofort wieder zur chemischen Reinigung. Unglücklicherweise war der

Mann, mit dem sie zu tun gehabt hatte, nicht mehr hier. Sie schilderte ihr Erlebnis mit der Reinigung dem neuen Mitarbeiter. Dieser teilte ihr mit, daß jedesmal, wenn sie Kleidungsstücke mit Schulterpolstern reinigten, die Schulterpolster zerknautscht wären. „Mir ist genau das Gegenteil gesagt worden“, entgegnete Julie. Dann zeigte sie die Bluse mit den roten Flecken. Er fragte: „Wie können wir sicher sein, daß Sie die nicht selbst hineingemacht haben?“ Julie war zu diesem Zeitpunkt völlig außer Fassung. Als der Mann ihren Ärger sah, machte er sich erbötig, die Bluse noch einmal zu reinigen.

Versetzen Sie sich in Julies Lage. Würden Sie von der Reinigung verlangen, es noch einmal zu versuchen? Julie wollte mit der Reinigung nichts mehr zu tun haben. Sie hatte Zeit und Geld für dieses Unterfangen aufgewendet, und alles was sie davon hatte, waren zerknautschte Schulterpolster in ihrem jetzt zweimal gereinigten Pullover und rote Flecken auf ihrer weißen Seidenbluse. Zusätzlich hatte man ihre Aufrichtigkeit in Frage gestellt. Sie machte, was die meisten vernünftigen Menschen tun würden. Sie verlangte ihr Geld zurück.

Der Mann verweigerte das. Er sagte, daß nur die Leiterin der Reinigungsfirma Geld refundieren könne, und die würde erst kommenden Montag wieder im Laden sein. Jetzt hatte Julie das Wochenende, um sich darüber zu ärgern. Am Montagmorgen begegnete ihr die Firmenleiterin mit den gleichen Anschuldigungen wie der Angestellte und meinte außerdem, Julie müsse die Flecken selbst auf die Bluse gemacht haben.

Julie wurde wütend und verlangte wieder ihr Geld zurück. Die Managerin verweigerte dies. Julie drohte, sie werde den anderen Kunden im Laden erzählen, was sich ereignet hatte. Sie hatte die Schwelle zum Aktivismus überschritten. Die Leiterin erklärte, sie möge tun, was sie wolle. Und so machte sie ihre Drohung wahr. Julie stand im Laden und erzählte jedem, welche Art Behandlung ihr widerfahren war. Sie empfahl darauf eine andere chemische Reinigung. Mehrere Kunden nahmen ihre Kleidungsstücke wieder mit und gingen zu der anderen Firma.

Als dies die Leiterin sah, begann sie, vor allen umstehenden Kunden Julie anzuschreien. Sie forderte Julie auf, sich an sie zu wenden und nicht an die Kunden. Aber Julie war nicht zu bremsen. Sie fuhr fort, jedem, der das Lokal betrat, zu erzählen, was sich ereignet hatte. Die Leiterin erklärte Julie, sie sei nicht für das verantwortlich, was mit ihren Kleidungsstücken geschehen sei. Julie bemerkte darauf eine im Lokal angebrachte Hinweistafel, auf der stand: „Keine Verantwortung für verlorene Knöpfe, Verlust von Etiketten, Verlust von Gürtelschnallen etc." Julie fuhr daraufhin die Leiterin an, sie möge ihren Laden am besten „Für nichts verantwortlich" nennen. Die Kunden hatten an Julies Aufstand ihr Vergnügen. Ohne Zweifel würden sie an diesem Tag jedem diesen Vorfall schildern.

Die Leiterin drohte schwach, die Polizei zu rufen. Julie ermunterte sie, sie möge das doch tun. Schlußendlich ging Julie in ein kleines Restaurant neben der Reinigungsfirma, um das Better Business Bureau anzurufen. Sie war nun zu einer voll engagierten Aktivistin geworden. Die Serviererin in dem Restaurant hörte, was da vor sich ging, und erzählte Julie, daß der Lokalbesitzer die gleichen Probleme mit der chemischen Reinigung gehabt hätte. So sagten die beiden jedem, der gerade beim Essen war, auf diese Weise, daß er nur ja nicht diese betreffende chemische Reinigung benutzen sollte.

Julie rief anschließend „Call to Action" an, eine populäre Radiosendung in San Francisco (von der Station KCBS), die ähnliche Fälle vor einem öffentlichen Forum präsentiert. Die Leiterin der chemischen Reinigung verteidigte sich bei KCBS, daß sie das Geld nicht retournieren könne, da die Summe zu klein wäre! Ein zweiter Anruf von „Call to Action" hatte zur Folge, daß die Managerin sich wieder weigerte, das Geld zu refundieren, da sie jetzt durch den Umsatzentgang, der augenscheinlich groß war, verärgert sei.

In dieser Situation gab Julie der Firma mehrere Chancen, die Situation zu reparieren oder zu lösen. Was wäre wohl die beste Entschädigung gewesen? Ein guter Weg, diese Frage zu beantworten, ist, sich in die Situation Julies zu versetzen und zu fragen, was sie wohl zufriedengestellt hätte. Denken Sie wie ein Kunde, so lautet ein populärer Slogan. Welche Vorgehensweise der Reinigungsfirma hätte

Sie nach den zerknautschten Schulterpolstern und der fleckigen Bluse positiv gestimmt?

Die Filiale könnte sich bedankt haben, daß Julie der Reinigung einen Auftrag erteilt und Gelegenheit geboten hatte, sie als Kundin zufriedenzustellen. Sicherlich hätte es eine aufrichtige Entschuldigung für die erlittene Unannehmlichkeit genauso getan. Die Reinigungsfirma müßte sich daran erinnern, daß dies eine Kundin ist, die zurückgewonnen werden kann. Man müßte ihr nur zeigen, daß sie geschätzt wird und man willens ist, sein Bestes zu tun, um sie für die Unannehmlichkeiten zu entschädigen.

Julie hätte dann eine Stammkundin bei dieser Reinigungsfirma werden können. Statt Dritte über Beanstandungen zu informieren, hätte sie womöglich den Wunsch verspürt, anderen über ihre positiven Erfahrungen zu erzählen. Statt dessen schilderte sie Hunderten ihre schlechte Erfahrung.

Was verlangen Kunden im Falle einer Beschwerde?

Erinnern Sie sich noch an das Reziprozitätsprinzip, das wir in diesem Kapitel erörtert haben? Wenn Sie etwas für jemanden tun, wird er oder sie wahrscheinlich nach dem Reziprozitätsprinzip handeln (etwas für Sie tun). Die meisten Kunden möchten nur das erhalten, was ihnen verweigert wurde, und vielleicht noch eine Entschuldigung. Wenn also eine Firma Ihnen darüber hinaus ein Zeichen von Reue überreicht, werden Sie wahrscheinlich reziprok handeln und weiterhin bei der Firma einkaufen bzw. positive Reklame für die Firma machen. In der Hotelindustrie haben Forschungsarbeiten ergeben, daß die Art, wie Beschwerden behandelt werden, ausschlaggebend dafür ist, ob jemand noch einmal in diesem Hotel übernachtet.[22] Wie bereits erwähnt, können Kunden, deren Beanstandungen mit Erfolg bearbeitet werden, noch viel loyaler dem Hotel gegenüber sein, als wenn sie nie ein Problem gehabt hätten. Zahlreiche Studien gelangen zu dem Resultat, daß Firmen sich in ihrer Fähigkeit, in dieses Reziprozitätsverhältnis einzutreten – mit anderen Worten, den Kunden zum Wiederkauf zu bewegen –, deutlich unterscheiden (zwischen 40 und 80 Prozent).[23] Firmen können dieses Reziprozitätsverhältnis erzeugen, indem sie die Kundenbeschwerde ernst nehmen und dem Kunden die eine oder andere Vergünstigung gewähren:

- einen Preisnachlaß – oder überhaupt keine Gebühr verrechnen –, falls dies angemessen erscheint,
- eine ernst gemeinte Entschuldigung,
- einen kostenlosen Artikel oder ein Geschenk,
- einen Gutschein für zukünftigen Preisnachlaß oder
- die Zusicherung, daß sich etwas innerhalb der Firma geändert habe und es nie wieder zu solchen Pannen kommen werde.

Das bedeutet nicht, daß die Firma die Filiale aufgeben muß. Kundenbeschwerden können auf andere Weise gelöst werden. Beispielsweise hat Kodak unter seinen Einzelhändlern den Ruf, keinen einzigen Kunden verlieren zu wollen. Die Händler wissen, daß Kodak jedes Produkt mit voller Refundierung zurücknimmt. Wenn sich ein Einzelhändler in der Anzahl der Filme, die er verkaufen könnte, verschätzt hatte, schickte er einfach abgelaufene Filme an Kodak zurück und bekam sie gutgeschrieben. Diese unproblematische Rückgabepolitik führte jedoch dazu, daß die Händler keinen Anreiz mehr hatten, genau zu kalkulieren, wie viele Filme sie verkaufen könnten. Kodak mußte diese Rücknahmepolitik deshalb ändern und den Einzelhändlern Hilfestellung bei der exakten Kalkulation ihrer Produktanforderungen geben.

Kunden bestehen nicht immer auf Refundierung. Beispielsweise erwarten knapp 10 Prozent der Gäste nicht einmal einen Preisnachlaß, geschweige denn eine Gratismahlzeit, wenn ein bestimmtes Gericht nicht zufriedenstellend ausgefallen ist.[24] Aber sie hätten gerne ein neues Gedeck, die Speisen aufgewärmt oder ein bißchen länger gekocht. Das Zerreißen der Rechnung oder die Ausstellung eines Gutscheines für die nächste Mahlzeit kann Barrückzahlung überflüssig machen. Einige Umstände, über die sich Kunden beschweren, wie eine laute Umgebung, Nichtraucherbestimmungen, fehlende Parkplätze oder ein ungünstig gelegenes Restaurant, können nicht in jedem Fall geändert werden. Kunden, die bei strittigen Problemen nicht zufriedengestellt werden können, werden nicht zu Stammkunden des betreffenden Restaurants werden, daher werden Gutscheine auch nicht den gewünschten Erfolg haben. Geben Sie aber dem Kunden einen Gutschein für ein kostenloses Dessert oder eine Speise zum halben Preis für den nächsten Besuch, dann wird das Restaurant mit einem Minimum an Aufwand für dieses Zeichen des Bedauerns sogar noch etwas Geld zurückerhalten.

Um festzustellen, wie man Kunden zufriedenstellt, ist es von Nutzen, Kundenbeschwerden zu verstehen und in einzelne Kategorien zu ordnen. Kunden erwarten differenzierte Maßnahmen je nach Art des Vorfalls. Ein möglicher Weg ist die Gliederung der Beschwerden in zwei Gruppen:

- Beschwerden zu Sachlagen, von denen der Kunde verlangt, daß sie „repariert" werden, und
- Beschwerden über Situationen, die nicht gelöst werden können, über die die Kunden aber dennoch informiert werden möchten.

Wenn ich beispielsweise einen Computer kaufe, der nicht funktioniert, möchte ich ihn repariert oder umgetauscht haben. Ich brauche nicht zu wissen, warum das Problem entstand – ich möchte nur meinen Computer repariert oder durch einen neuen ersetzt haben, der, wie zugesagt, arbeitet. Es wäre zwar freundlich, wenn der Vertreter der Firma auch noch so höflich wäre, mir ein wenig Aufmerksamkeit zu schenken, aber zuallererst möchte ich, daß das Problem gelöst wird.

Einige Situationen können nicht auf dieselbe Art gelöst werden, wie wenn man einen Computer umtauscht. Wenn ich z. B. über ein Versandhaus für einen Freund einen Geschenkartikel lange vor Weihnachten bestelle und dieser dann nicht rechtzeitig eintrifft, kann man dieser Situation nicht abhelfen. Man kann nicht rückwirkend ein Geschenk zur rechten Zeit bekommen. Ein Airline-Vertreter kann mich übersehen und ich dadurch mein Flugzeug versäumt haben. Ich kann kein verpaßtes Flugzeug erreichen. Ein Laborassistent kann meine Blutprobe verloren haben und verlangen, daß ich unter großen persönlichen Unannehmlichkeiten wieder in das Labor zu einer neuerlichen Blutabnahme komme. Das Labor kann nicht die verschwundene Blutprobe wieder herstellen. In diesen Fällen möchte ich emotionell entschädigt werden. Dazu gehört, daß man mir erklärt, wie es zu diesem vollkommenen Versagen der Serviceleistung gekommen ist.

Kunden reagieren viel verständnisvoller, wenn sie erfahren, daß die Firma keine Kontrolle über das Geschehen haben konnte. („Es tut mir wirklich sehr leid, daß ihr Sonderauftrag nicht angekommen ist. Das Zustellsystem der gesamten Ostküste ist zum Stillstand gekommen. Haben Sie über den Blizzard in der Zeitung gelesen? Er verursachte für jeden Probleme.") Oder wenn man ihnen erklärt, daß der Produktdefekt oder Servicefehler eine Ausnahme sei. („Dies ist ganz ungewöhnlich. Es ist niemals zuvor geschehen. Ich bin darüber sehr schockiert.") In jedem Fall muß man sehr viel erklären, um wütende Kunden zu beruhigen.[25] Zum Beispiel: „Danke für diese Mitteilung. Das gibt mir die Gelegenheit, zu erklären." Manchmal kann eine Firma eine alternative Lösung anbieten: „Es tut mir leid, wir führen dieses Produkt nicht. Vielleicht hat es eine andere Firma. Möchten Sie, daß ich dort anrufe?" Im Gegensatz dazu sind Kunden, die sich beiseite geschoben fühlen, weil die Firma ihnen nicht helfen kann, wütend. „Es gibt nichts, was wir tun können. Bitte entschuldigen Sie mich jetzt, ich muß mich dem nächsten Kunden widmen." Anzudeuten, die Kunden seien selbst schuld, ist ebenso ein Fehler. „Es tut mir sehr leid, aber es ist nicht unser Fehler. Wenn Sie gestern gekommen wären, hätten wir Ihnen helfen können." Kunden erwarten, daß sich die Firma in der Wahrnehmung ihrer Geschäfte Mühe gibt. Wenn die Firma Kunden auf irgendeine Weise verletzt, kann das nur emotional wiedergutgemacht werden. Kunden erwarten dabei eine aufrichtige Entschuldigung eher als alles andere.

Airlines sind bemerkenswert geschickt im Handling von Beschwerden, die nicht rückwirkend wiedergutgemacht werden können. Fast alle ihre Beschwerden beziehen sich auf Situationen, in denen der Service versagt hat. American Airlines hat 700 Codes von Beschwerdekategorien, für die das Unternehmen mit Travel Vouchers, kostenlosen Kilometern in ihrem Vielfliegerprogramm, Bargeld oder mit Blumen Entschädigung leisten. Japan Airlines wendet eine Strategie an, die sich „Service-Unregelmäßigkeits-Nachricht" („Service Irregularity Message") nennt, mit deren Hilfe sie die Dinge mit den Kunden regelt, während sich diese noch an Bord des Flugzeuges oder im Flughafengebäude aufhalten. Die Airline verfolgt jedes Problem, das einem Passagier während des gesamten Fluges widerfahren ist, was bedeutet, daß ein Problem, egal, ob bei der Reservierung, an Bord oder im Transitbereich geregelt werden kann, wenn der Passagier auf den Anschlußflug wartet, bzw. bei der Ankunft. Etwas augenblicklich zu berichtigen, wirkt viel mehr, als auf einen Brief zu warten, der über eine Entfernung von ein paar Straßen drei Wochen braucht.

Einige Beschwerden handeln von grobem oder schwerfälligem Benehmen der Firmenvertreter. Wir möchten beweisen, daß dies ebenfalls Situationen sind, die nicht auf dieselbe Art gelöst werden können, wie dies Firmen mit einem Computer oder mit anderen greifbaren Produkten bewerkstelligen. Unpersönliches oder rüdes Verhalten kann man durch eine Entschuldigung mildern, aber nicht ungeschehen machen. Manchmal geschieht es coram publico, daß der Kunde beleidigt und in Verlegenheit gebracht wird. In diesen Fällen verlangt er vielleicht eine der oben angeführten Entschädigungen (Preisnachlaß, Gutscheine etc.), vielleicht aber auch ein wenig mehr, gewöhnlich ein konzilianteres Benehmen. Die Gefühle des Kunden sind verletzt worden, was nicht ungeschehen gemacht, sehr wohl aber gemildert werden kann. Eine von Herzen kommende Entschuldigung würde lange in Erinnerung bleiben.

Einige Branchen verstehen den Unterschied zwischen einer „reparablen" und einer „irreparablen" Beschwerde nicht und bearbeiten die Beschwerden entsprechend falsch. In einem gemeinsamen Forschungsprojekt untersuchten drei Professoren von wirtschaftswissenschaftlichen Fakultäten in den Vereinigten Staaten, wie eine Universitätsklinik mit 2000 Bediensteten die eingehenden Beanstandungen bearbeitet und administrativ behandelte.[26] Sie definierten „Beschwerden-Handling" als Klärung der Situation mit den Patienten, während „Beschwerden-Management" definiert wurde als Änderung der Spitalspolitik oder als die Art, wie das Krankenhaus wirtschaftet, mit dem Ziel, in Zukunft die Fürsorge für den Patienten zu verbessern.

Die Forschungsgruppe fand heraus, daß die beobachteten Krankenhausmanager dazu tendierten, die einlangenden Beanstandungen (in erster Linie betreffend einer negativen Einstellung des Pflegepersonals dem Patienten gegenüber) zu „managen", aber in den seltensten Fällen Sofortmaßnahmen für den beschwerdeführenden Patienten trafen. Dies bedeutet, daß die Patienten in diesem Krankenhaus kaum ein Wort des Bedauerns für die schlechte Behandlung, die ihnen widerfahren war, zu hören bekamen. Der Patient erfuhr nie, was eigentlich getan wurde, um sicherzustellen, daß sich der Vorfall nicht wiederholt. Die Patienten wurden auch dann nicht informiert, wenn spezifische Veränderungen getroffen wurden, die auf die Beschwerden der Patienten zurückgingen.

Ein Ergebnis der Studie war, daß in der Tat Beschwerden über die Methode der Pflege (Angemessenheit und Verabreichung der Medikation, Assistenz mit der Leibschüssel etc.) von den Krankenhausangestellten als wichtiger eingestuft wurden als Beschwerden über das Verhalten des Pflegepersonals. Die Mitarbeiter des Krankenhauses neigten dazu, eine Frontstellung „wir" gegen „sie" gegenüber den Patienten zu schaffen, die sich über eine negative Einstellung beschwerten. Sie entschuldigten schlechtes Betragen ihrer Kollegen gerne mit den Worten: „Jeder hat einmal einen schlechten Tag."[27] Da die Leute in vorderster Linie oder, wie wir es gerne bezeichnen, die „Fingerspitzen der Organisation" sich angesichts von Beschwerden über ihr Betragen unbehaglich fühlten, delegierten sie dieselben hinauf zur Krankenhausleitung, wo die Lösung längere Zeit in Anspruch nimmt. Die Manager zeigten dieselbe Reaktion. Sie betrachteten Beschwerden als Anschuldigungen, als Mißbilligung ihrer Tätigkeit, oder schlicht und einfach als Gejammer. Es ist kein Wunder, daß die meisten Manager lieber Beschwerden über eine negative Einstellung „managen", was viel weniger direkt und herausfordernd ist, als die Angelegenheit von Angesicht zu Angesicht zu behandeln.

Nebenbei sei noch festgestellt, daß die gleiche Forschungsgruppe entdeckte, daß Beschwerden über das Pflegewesen im allgemeinen sehr schnell von den Verantwortlichen gelöst wurden. In diesen Fällen wurden keine Empfehlungen für eine Änderung der Politik oder des Systems gegeben, weil die Beschwerde nie zu einem „Beschwerde-Manager" kam. Weder die gemanagten noch die beantworteten Beschwerden wurden somit vollständig zum Nutzen des Krankenhauses fruchtbar gemacht.

Fragen zur Diskussion

- Stellen Sie aufgrund dieser Forschung sowie der Produkte und Dienstleistungen, die Ihre Firma anbietet, fest, wie viele Ihrer Kunden mißliebige Erfahrungen gemacht und diese an Ihren inneren und äußeren Kreis weitergegeben haben.
- Wie viele Ihrer beschwerdeführenden Kunden kaufen weiter bei Ihnen?
- Unternimmt Ihr Mitarbeiterstab irgendeine besondere Anstrengung, Kunden zurückzugewinnen, wenn sie sich beschweren?
- Begreift Ihr Mitarbeiterstab, daß sich Ihrer Organisation bei jedem Versagen die Chance bietet, durch Zufriedenstellung der Kundenbedürfnisse die Kundenloyalität zu erhalten?
- Was unternimmt Ihre Organisation, um passive Kunden zu einer Reaktion zu bewegen?
- Gibt es im Umfeld Ihrer Organisation irgendeinen Fall von Aktivistentätigkeit? Wenn ja, wie ist es dazu gekommen? Wie hätten Sie diese extreme Reaktion eines Kunden verhindern können?
- Welche Produkte und Dienstleistungen verkaufen Sie, die „repariert" oder „nicht repariert" werden können? Auf welche Art behandeln Ihre Mitarbeiter in vorderster Linie diese verschiedenen Arten von Produkt- und Serviceversagen?

4

Warum sich die meisten Kunden nicht beschweren

Ein Kunde fährt zu einem Fast food Drive In, bestellt einen Cheeseburger, und nachdem er einige Kilometer gefahren ist, bemerkt er, daß es keinen Käse gab. Meinen Sie, dieser Kunde fährt zurück, um sich zu beschweren?

Ein Reisender bucht ein Hotelzimmer mit einem französischen Bett. Nach einem ganzen Tag in einem Flugzeug merkte er bei seiner Ankunft, daß im Hotelzimmer ein Doppelbett stand. Glauben Sie, daß der Gast den ganzen Weg wieder hinunter zur Rezeption geht, um auf einem französischen Bett zu bestehen?

Ein Käufer erkundigte sich nach den Aufenthaltsräumen und bekam die Auskunft, sie seien im fünften Stock. Sie sind aber im dritten Stock. Glauben Sie, der Kunde sucht den Geschäftsführer auf, um sich zu beschweren?

Jemand bestellt einige Dinge von einem Versandhaus und wird benachrichtigt, die Artikel würden innerhalb von fünf Werktagen eintreffen. Er bekommt die Artikel nach zehn Werktagen. Glauben Sie, daß der Betreffende die Firma kontaktiert, um sich zu beschweren?

Wenn Kunden teure Produkte erwerben, werden sie sich zweifelsohne beschweren, da das Geld, das sie zurückbekommen, den Aufwand einer Beschwerde wettmacht. Sie kaufen vielleicht nicht wieder, werden aber versuchen, ihre ursprüngliche Investition zu schützen. Wenn Produkte oder Dienstleistungen billig sind, müssen die Kunden abwägen, ob der Kaufpreis den Aufwand und die Spesen einer Beschwerde rechtfertigt.

Wie viele Leute beschweren sich in einem Restaurant, falls das Essen nicht perfekt ist? Wie viele werden nur sagen: „Gehen wir nach Hause und trinken einen Kaffee, anstatt einen solchen Wirbel zu verursachen. Wir werden einfach nicht wiederkommen." Wenn es möglich ist, wechseln die meisten Leute einfach den Dienstleistungsbetrieb.

Im folgenden nennen wir einige Gründe für einen Verzicht auf eine Beschwerde, wie sie uns von Leuten angegeben wurden:

- Ich wollte den anderen Partygästen die Stimmung nicht verderben. Ich war nicht der Gastgeber, daher wollte ich keine Aufregung verursachen. Ich war am Tisch höflich und murrte dafür im Waschraum.
- Es stand sich nicht dafür. Es hätte mir ohnehin niemand zugehört.
- So schlimm war es nicht.
- Sie hätten meine Beschwerde angezweifelt, und ich hätte mich verteidigen müssen.
- Ich hätte ein Überlandgespräch führen müssen.
- Andere Leute wären involviert worden – vielleicht wäre der Oberkellner gekommen; es wäre ziemlich mühsam und aufwendig gewesen.
- Ich wußte nicht, an wen ich mich hätte wenden sollen.
- Sie wären zu frech geworden; sie hätten mich wie einen Kriminellen behandelt.

- ➪ Ich hätte zu lange auf Antwort warten müssen.
- ➪ Die Beschwerdeabteilung war zur Lunchzeit geschlossen.
- ➪ Ich brauchte alle meine Originaldokumente, und ich wußte nicht mehr genau, wo sie waren. Ich warf die Quittung weg.
- ➪ Die Person, über die ich mich beschweren wollte, hätte ihren Job verloren.
- ➪ Ich wußte nicht recht, was ich in dieser Situation hätte sagen sollen. Es war zu persönlich.
- ➪ Ich war teilweise selbst schuld.
- ➪ Ich hätte in den dritten Stock zur Beschwerdeabteilung gehen müssen. Dazu hatte ich keine Zeit.
- ➪ Ich hatte letzte Woche ein Problem. Sie würden mich für heikel oder nörglerisch halten.
- ➪ Als ich mich das letzte Mal beschwerte, geschah überhaupt nichts.
- ➪ Mir ist lieber, ich gehe auf Nimmerwiedersehen und sage erst gar nichts. Das ist leichter.

Wie Beschwerde-Referenten den Kunden mitteilen, daß sie sich nicht beschweren sollen

Ein Beschwerden-Handling, das Kunden entmutigt, sich Gehör zu verschaffen, beinhaltet alle oder zumindest einige der folgenden Reaktionen: Entschuldigungen und weiter nichts (wie in Kapitel 3 erwähnt, wird dies als ungenügend angesehen, außer in Fällen, wenn es für eine andere Beantwortung der Beschwerde zu spät ist), Zurückweisung, Versprechungen, die nicht eingehalten werden, überhaupt keine Reaktion, Grobheiten, Weiterleiten an irgend jemand anderen, Zurückweisung einer persönlichen Verantwortung, stumme Ablehnung, Kundenbefragung oder Kundenverhör.

➪ *Entschuldigungen und weiter nichts*

Ein Gast betritt ein Restaurant und lehnt sich gegen eine frisch getünchte Wand, die einen Farbfleck auf seinem Mantel hinterläßt. Die ganze Belegschaft versichert ihm, wie leid es ihr tue, aber niemand macht den Versuch, die Situation auf irgendeine Weise zu bereinigen. „Es tut mir leid, aber es gibt nichts, was ich tun könnte – es ist Firmenpolitik." Der Kunde sagt: „Ihr Bedauern ausdrücken können sie sehr gut, aber sonst tun sie nichts. Mit einer Entschuldigung ist es aber nicht getan."

➪ *Zurückweisung*

Der Kunde wird für seine Beschwerde selbst verantwortlich gemacht: „Sie müssen das Gerät falsch bedient haben. Sie hätten sich früher beschweren müssen. Sie haben die falsche Garantie vorgelegt. Sie haben die Garantieerklärung nicht eingeschickt." Der Kunde sagt: „Die Garantieerklärungen dieser Firma bedeuten überhaupt nichts."

➪ *Versprechungen, die nicht eingehalten werden*

Der Dienstleister verspricht, den Fehler rechtzeitig zu beheben, aber er tut es nicht. Das kann in radikalem Gegensatz zu seinen Werbeversprechungen sein. Der Kunde sagt: „Sie reden eindeutig anders, als sie handeln."

➪ *Überhaupt keine Reaktion*

Das geschieht öfter, als Sie sich vorstellen können. Leute beantworten keine Telefonanrufe oder reagieren nicht auf eine schriftliche Beschwerde. Kunden rufen mehrere Male an und bekommen jedesmal die Auskunft, daß die Firma zurückgerufen werde, aber es geschieht nichts. Der Kunde sagt: „Vergessen Sie es. Diese Leute wollen nur mein Geld. Wenn sie das einmal haben, lassen sie sich nicht mehr blicken."

➪ *Grobheiten*

Viele Kunden werden schroff behandelt; die mindeste Höflichkeit wird mißachtet. Leute werden beschuldigt; in extremen Fällen fühlen sie sich wie Kriminelle. „Niemand sonst hat sich darüber beschwert“, könnte es der Repräsentant der Firma ausdrücken. (Das bedeutet nicht, daß sich niemand je beschweren wollte, sondern lediglich, daß sich noch niemand beschwert hat.) Der Kunde sagt: „Ich will in Zukunft mit diesen Leuten nichts mehr zu tun haben.“

➪ *Weiterleiten an irgend jemand anderen*

„Ich kann Ihnen nicht helfen. Sie müssen die Stiege hinaufgehen (sprechen Sie mit jemand anderem ... schreiben Sie Ihre Kommentare nieder und schicken Sie sie an einen anderen Planeten ...) Wir sind nur die Vertreiber – Sie müssen den Produzenten kontaktieren.“ Der Kunde sagt: „Warum machen sie das so kompliziert? Möchten sie denn nichts von mir hören?“

➪ *Zurückweisung einer persönlichen Verantwortung*

„Ich habe das nicht gemacht. Es war nicht meine Schuld. Ich möchte Ihnen ja helfen, aber ich bearbeite das nicht (Ich arbeite nur hier – Ich setze hier nicht die Bedingungen fest ... Ich habe Sie nicht bedient, sondern mein Kollege ... Es war unser Zulieferer ... unser Liefersystem ... der Briefträger ... unsere dumme Firmenpolitik ... mein inkompetenter Vorgesetzter ... die Mondphasen ...), und was haben Sie eigentlich erwartet?“ Der Kunde sagt: „Diese Leute schieben die Verantwortung ab. Niemand möchte die Verantwortung übernehmen, also schicken sie mir einen Lehrling, der nicht den geringsten Einfluß hat.“

➪ *Stumme Ablehnung*

Manchmal runzeln Leute, die eine Beschwerde erhalten, die Stirn, reagieren ungeduldig oder geben den Kunden zu verstehen, daß er nur seine Zeit verschwendet. Sie haben wichtigere Dinge zu tun, als Kunden mit ihren jämmerlichen Beschwerden anzuhören. Das wird niemals offen ausgesprochen, aber die Atmosphäre signalisiert es laut und deutlich. Der Kunde sagt: „Sie sagen, daß sie meine Beschwerden hören möchten, aber sie machen es einem dabei nicht gerade leicht.“

➪ *Kundeninterview*

Der Kunde muß eine lange Liste von Fragen beantworten, bevor irgendein Versuch unternommen wird, ihm zu helfen. „Wie heißen Sie? Wo wohnen Sie? Warum haben Sie diesen Artikel gekauft? Wer hat Ihnen geholfen? Wer hat Ihnen das gesagt? Haben Sie bar bezahlt? Wo ist Ihr Lieferschein? Haben Sie eine Kundennummer? Wie ist der Mädchenname Ihrer Mutter?“ Möglich, daß die Firma manche dieser Fragen stellen muß, aber dies ist kein guter Weg, um die Service-Qualität zu erneuern. Der Kunde sagt: „Warum behandeln die mich wie eine Geisel, wenn ich nur das verlange, was mir für mein Geld zusteht?“ Sehr oft mündet diese Kundenbefragung in ein Kundenverhör.

➪ *Kundenverhör*

Dies ist der dritte Grad der Kundenunterwerfung, der von Zweifeln über ihre Motivation, Kompetenz oder ihr Recht, sich zu beschweren, herrührt. „Wie kann ich sicher sein, daß das, was Sie sagen, der Wahrheit entspricht? Sind Sie sicher, daß Sie hier gekauft haben? Haben Sie die Anweisungen beachtet? Haben Sie die Anweisungen überhaupt gelesen? Sind Sie sicher, daß Sie sie nicht verloren haben?“ Das Verhör endet meistens mit „Jeder kann Ansprüche stellen wie Sie. Sie würden nicht glauben, wie viele Leute uns alle möglichen Geschichten erzählen.“ Der Kunde sagt: „... (zensiert) ...“

Wie firmeninterne Systeme dem Kunden zu verstehen geben, daß er sich nicht beschweren soll

Kunden sind nicht dumm. Sie bekommen die Grobheit direkt von den Angestellten in der vordersten Linie zu spüren. Sie schnappen feine Hinweise auf, die ihnen zu verstehen geben, sich nicht zu beschweren. Manchmal sind es mehrere Hinweise zugleich. Wenn Kunden sich angesichts all dieser Entmutigungen trotzdem beschweren, sind sie auf dem besten Weg, der Firma ernste Probleme zu bereiten.

Firmen geben ihren Kunden auf verschiedene Weise zu verstehen, daß sie sich nicht beschweren sollen: Leute wissen nicht, wie und wo man sich beschweren kann, Beschwerden haftet ein hoher Grad an Unannehmlichkeit an, man dringt nicht durch und/oder Garantien führen oft zu nichts.

➪ *Leute wissen nicht, wie und wo man sich beschwert*

Viele Einzelhandelsläden haben keine deutlich sichtbaren Hinweise in ihren Räumen angebracht, die den Kunden den Weg zum Kundendienst zeigen. Des öfteren ist auch das Verkaufspersonal nicht anwesend, um die Anliegen der Kunden entgegenzunehmen oder sie an die richtige Stelle weiterzuleiten. Der Kunde hätte wichtige Informationen als Feedback für den Manager, man schickt ihn aber zum Kundendienst, der wiederum nur den Produktumtausch vornimmt und nicht entsprechend organisiert ist, um Kundenbeschwerden aufzubereiten und Rückmeldungen an das Management vorzunehmen.

Kunden können auch eine Nummer aus dem Telefonbuch wählen, nur um dann von der Vermittlung zu hören, daß sie keine Ahnung hat, wohin sie den Beschwerdeführenden verbinden soll. Die Vermittlung kann die Kunden mit irgend jemanden verbinden, der sie dann mit jemand anderem verbindet, der auch nicht weiß, wohin Beschwerden geleitet werden sollen.

Schließlich werden die Kunden ungehalten und verlangen, den Direktor zu sprechen, was wahrscheinlich gar nicht notwendig ist, um ihre ursprünglichen Beschwerden zu lösen.

Sie können es selbst einmal probieren. Gehen Sie in einen Einzelhandelsladen und fragen Sie, an wen Sie eine Beschwerde richten könnten. Beachten Sie dann, wie viele Angestellte wissen, wohin man Sie schicken soll. Prüfen Sie ferner, wie viele den Versuch machen, Ihr Problem direkt und unmittelbar zu lösen. Rufen Sie einige Firmen in Ihrem Bezirk an und erklären der Person am anderen Ende der Leitung, daß Sie eine Beschwerde zu einem ihrer Produkte hätten und wissen möchten, wer dafür zuständig sei. Rufen Sie eine große Firma an, vielleicht eine der Fortune-100-Firmen, und fragen

Sie am Telefon irgend jemanden, den Sie erreichen können, nach der korrekten Anschrift, an die Sie einen Beschwerdebrief richten können. Unserer Erfahrung nach – außer Sie haben Glück – werden Sie höchstwahrscheinlich keine schnelle, brauchbare Antwort erhalten.

➪ *Beschwerden haftet ein hoher Grad an Unannehmlichkeiten an*

Man kann von Kunden verlangen, mit der Kundendienstabteilung nur zu bestimmten Zeiten zu sprechen. Diese „Sprechstunden" können zu einer Zeit sein, in der die Kunden wahrscheinlich selbst im Büro sitzen. Kunden werden angehalten, komplizierte Formulare auszufüllen, oder diese Formulare lassen nicht genügend Raum frei, um spezielle Probleme oder Beschwerden aufzulisten.

Einige Firmen gehen ein noch größeres Risiko dabei ein, im Kunden den Eindruck zu erzeugen, daß eine Beschwerde außerordentlich mühsam ist. Viele High-Tech-Firmen vergeben beispielsweise den Support für einzelne Produkte an mehrere Subunternehmer. Wenn nun für ein bestimmtes Produkt ein Support nötig wird, merken die Kunden gar nicht, daß sie nicht mit der Herstellerfirma sprechen. Beispielsweise können Kunden über die Support-Leitung einen Produktdefekt melden, was zur Folge hat, daß eine 30-Tage-Frist für freien Support-Service zu laufen beginnt. Aber was ist, wenn der Kunde den Support zu diesem Zeitpunkt nicht benötigt und nur einen Softwarefehler melden möchte? Dem Kunden wird mitgeteilt, daß er bei der Supportfirma gelandet ist und nicht beim Hersteller. Um einen Softwarefehler zu melden, müsse man mit dem Softwarehersteller direkt Verbindung aufnehmen. Nur, die Software-Supportfirma weiß nicht, mit wem sie den Anrufer verbinden soll. (Ist eine solche Verkettung von Ereignissen überhaupt möglich? Es passierte jedenfalls einem der Autoren.) Wie steht es dann mit der Motivation des Kunden, der Softwarefirma selbst ein Feedback zu liefern? Firmen, die ihre Supportleistungen einem Subunternehmer überlassen, müssen ihre Beschwerdepolitik sorgfältig koordinieren, so daß sie von externen Lieferanten nahtlos durchgeführt werden kann. Das erfordert, daß in allen Firmen jemand als Verantwortlicher für die Koordination der Beschwerdepolitik im Bereich des gesamten Hersteller-Benutzer-Zyklus eingesetzt wird.

➪ *Es gibt keine Nachbearbeitung der Beschwerde*

Manchmal sind die richtigen Systeme am richtigen Ort, um den Kunden zu helfen, doch nach der Erörterung einer Beschwerde folgen keinerlei Handlungen. Die Kunden fühlen sich angesichts mangelnder Reaktion entmutigt und werden sich wahrscheinlich in Zukunft nicht mehr beschweren.

Es gibt verschiedene Gründe dafür, warum Kunden auf ihre Beschwerden keine Antwort erhalten. Es kann sein, daß ein Frontlinien-Mitarbeiter die Beschwerde aufnimmt und sie dann nicht auf dem Dienstweg weiterleitet. Untersuchungen von Verhalten im Rahmen von Unternehmensorganisationen haben gezeigt, daß sich nicht nur die Konsumenten ungern beschweren, sondern auch die Belegschaft diese Beschwerden ungern auf dem Dienstweg weiterleitet.[1] Die Mitarbeiter haben offenbar das Gefühl, wenn schlechte Nachrichten an ihre vorgesetzte Dienststelle weitergeleitet werden, könnten sie in den Verdacht geraten, die Firmenpolitik zu kritisieren. So spielen sie die Beschwerden herunter, beschuldigen den Kunden oder geben ganz einfach die Informationen nicht weiter. Wissenschaftler sind zu der Erkenntnis gelangt, daß die Frontlinien-Mitarbeiter genauso ungern Beschwerden weiterleiten, wie Manager die Kundenunzufriedenheit zur Kenntnis nehmen.[2] Möglicherweise hört der Vorgesetzte die Beschwerden mit Mißbilligung oder gar Zorn. Wer von der Belegschaft möchte sich dem aussetzen? Eine Verhaltensänderung aller Organisationsebenen gegenüber Beschwerden ist der erste Schritt, um schließlich dem Kunden zur Kenntnis zu bringen, daß Firmen davon Mitteilung erhalten wollen, wenn ihre Kunden unzufrieden sind.

In einer breitangelegten Untersuchung wurden Servicemitarbeiter gefragt, in welchem Umfang sie bei Meldungen über Kundenfeedback oder der Weiterleitung von Beschwerden Unterstützung seitens der Manager erhielten. Ungefähr ein Drittel der Leute hatte den Eindruck, daß ihre Manager die Weiterleitung von Kundenfeedback unterstützten. Aber mehr als 17 Prozent meinten, Sie bekämen überhaupt keine Unterstützung, und 23 Prozent gaben an, nur wenig Unterstützung zu bekommen.[3] Auf unsere Frage an die Manager, ob sie Interesse daran hätten, relevantes Kundenfeedback zu erhalten, antworteten alle, daß sie ihre Mitarbeiter ohnedies ermunterten, offen zu sprechen. Irgend etwas ist hier verlorengegangen.

Umfragen unter Mitarbeitern von Kundendienstabteilungen kommen zu dem Ergebnis, daß, je mehr Beschwerden diese Abteilungen – verglichen mit anderen Arten von Konsumentenmitteilungen – erhielten, desto isolierter wurden sie innerhalb des Unternehmens. Die Kundendienstabteilungen wurden zu Wahrern unerfreulicher Geheimnisse über Kundenunzufriedenheit. Diese Art von „Teufelskreis der Konsumentenbeschwerden"[4] läßt den Schluß zu, je mehr Beschwerden eine Firma erhält, desto weniger möchte sie davon wissen, was umgekehrt wahrscheinlich bedeutet, daß die Firma die Kundenbeschwerden schlechter zu managen versteht.

➪ *Garantien gelten nicht immer*

Garantien lassen sich den Beschwerden zuordnen, die mit einem hohen Maß an Unannehmlichkeiten verbunden sind. Sehr oft gibt es so viele Bedingungen, daß die meisten Leute aufgeben, bevor sie einen Garantievertrag durchzukämpfen haben. Die Kunden können aufgefordert werden, sofort nach dem Kauf den Garantieschein einzusenden. Sehr oft wird für die Rücksendung die Originalverpackung verlangt. In fast allen Fällen wird die Rechnung gefordert, manchmal ist die Kreditkartenabrechnung nicht genug. Es kann vorkommen, daß die Kunden das Produkt an weit entfernte Orte schicken müssen. Es können auch nur Teile des Produktes Gegenstand der Garantie sein. Die Garantie tritt ferner nur dann in Kraft, wenn bestimmte einschränkende Voraussetzungen erfüllt sind. Es kann Äonen dauern, bis der Gegenstand repariert ist – so lange, daß die Kunden eher aufgeben und ein neues Produkt kaufen, als zu warten. Es ist sicher, daß

Kunden viele Garantien als ein Marketingspiel empfinden. Kunden meinen, daß sie einen gewissen Schutz besitzen, aber in der Praxis werden Garantien fast nie genutzt, außer es handelt sich um einen sehr teuren Gegenstand.

Hier das reale Beispiel einer Garantie (der Firmenname wird nicht genannt):

GARANTIESCHEIN

(Die Firma)

ist bemüht, Sie vollkommen zufriedenzustellen.

Die ungeöffnete Ware mit beiliegenden Original-Kaufunterlagen kann innerhalb von 30 Tagen bei voller Refundierung zurückgesendet werden. Geöffnete Ware kann nicht zurückgenommen werden, außer bei Vorliegen eines Defektes, mit einigen bedeutsamen Ausnahmen; bitte fragen Sie Ihren (Firmen) Repräsentanten. Fehlerhafte Software kann zum Umtausch innerhalb von 30 Tagen ab Liefertag zurückgesendet werden, wenn die Original-Kaufunterlagen beigelegt werden.

Vor Rückgabe jeder Ware rufen Sie bitte die (Firmen)-Kundendienstabteilung an zwecks Zuteilung einer Warenrückgabe-Ermächtigungs-Nummer (Return Merchandise Authorization RMA) und Instruktionen.

Wir möchten wissen, wie diese Polizze einen Kunden vollkommen zufriedenstellen kann. Wie viele Leute kaufen wohl eine Ware und entdecken dann, ohne die Verpackung zu öffnen, daß es nicht ganz das ist, was sie sich vorgestellt haben? Was ist, wenn das Fabrikat nicht defekt ist, aber Sie es trotzdem zurücksenden möchten? Sie könnten auch fragen, was wäre, wenn es eine Softwarefirma ist? Würde die Firma bankrott gehen, wenn sie die Software, die in gutem Zustand ist, zurücknimmt, obwohl der Benutzer die Software bereits auf seinem PC installiert hat?

Wir sagen allen Firmen, die Garantien wie die oben zitierte haben: Sehr schön! Sie können ruhig eine Garantie haben wie diese; nicht alle Garantien müssen den Kunden „vollkommen zufriedenstellen". Aber dann sollen sie es auch nicht behaupten. Es ist irreführend und macht einen beinahe schon abtrünnigen Kunden nur noch erbitterter.

Eine bekannte deutsche Designerfirma garantiert, ihre Schreibutensilien kostenlos zu reparieren – und das immer. Das hört sich großzügig an, bis Sie daraufkommen, daß es eine automatische 30-Dollar-„Servicegebühr" für jede Reparatur gibt und daß ihr Kugelschreiber oder Ihre Füllfeder als versicherte Postsendung aufgegeben werden muß, die weitere $ 2,50 zur Gesamtgebühr hinzufügt. Diese „Kostenlos-Service-Garantie" ergibt in Summe 15 Prozent des Kaufpreises.

Was ist eine rechtswirksame Garantie? Sie muß vor allem für den Kunden sicherstellen, daß im Anlaßfall – aus welchen Gründen auch immer – sich die Firma zur Hilfeleistung verpflichtet hat. Keine Schikanen; keine argwöhnischen Fragen. Christopher Hart schreibt in seinem Buch „Extraordinary Guarantees" folgendes:

„Eine normale Garantie ist so gestaltet, daß sie den finanziellen Verlust des Kunden im Falle eines Produkt- oder Servicemangels minimiert – innerhalb bestimmter Grenzen. Eine Sondergarantie strebt mehr an: In ihrer ausgeprägtesten Form verspricht sie außergewöhnliche, kompromißlose Qualität und Kundenzufriedenheit, und sie untermauert dies mit dem Versprechen einer Auszahlung. Die Auszahlung ist darauf ausgerichtet, das Wohlwollen des Kunden vollständig wiederzugewinnen, unter einigen wenigen Bedingungen."[5]

Eine rechtswirksame Garantie bedeutet nicht, daß Sie jedesmal ein neues Produkt oder Ihr Geld zurückerhalten, sondern Sie werden den Eindruck haben, daß der Firma Ihre Zufriedenheit ein Anliegen ist. Es ist klar, daß manche Erzeugnisse einige wenige Einschränkungen auf Ihrer Garantie erfordern. Wenn Einschränkungen vorhanden sind, muß die Firma mit der Verwendung von Phrasen wie „vollständige Zufriedenheit“ vorsichtig sein. Autofirmen beispielsweise können nicht auf Verlangen des Kunden ein gebrauchtes Auto gegen ein neues tauschen. Aber ein Fast-food-Hamburgerrestaurant könnte sehr leicht einen Hamburger von unzureichender Qualität gegen einen frischen ersetzen.

Carl Sewell beschreibt, wie er seine Texas-Car-Firmen zu einem 250-Millionen-Dollar-Unternehmen aufbaute – mit Garantien, die Beschränkungen aufweisen. Er garantiert, wenn ein Kunde mit dem neuen Auto nach Hause fährt und dort zu hören bekommt, daß die Farbe schrecklich sei, dann ist Carl Sewell so entgegenkommend, das Auto zurückzunehmen. Ohne Fragen zu stellen. Wenn aber jemand von Sewell Village Cadillac ein Auto kauft, 10 Tage damit herumfährt und dann daraufkommt, er hätte es bei einem anderen Händler um $ 250 billiger bekommen, wird Sewell das Auto nicht zurücknehmen. Ein Geschäft ist ein Geschäft, meint Sewell, und sein Garantieschein beinhaltet für solche Fälle keinerlei Refundierung.[6]

Viele Hotels beginnen nun, in das Garantiegeschäft einzusteigen und erfreuen sich eines beträchtlichen Marktanteils.[7] Vollmacht ist der Schlüssel, um mit diesen Garantien arbeiten zu können. Die Mitarbeiter an vorderster Front müssen die Garantien kennen, müssen beschwerdeführenden Kunden gegenüber Verständnis zeigen, die die Zufriedenstellung der Kunden als ihren wichtigsten Job ansehen.

McDonald's verwendet einen Video-Trainings-Kurs mit Rollenspiel-Beispielen, um Managern und Linien-Mitarbeitern zu vermitteln, wie man die McDonald's-Garantie umsetzt.[8] Eric Pfeffer, Präsident der Howard Johnson Franchise Systems, verwendet Statistiken, um seine Hotelgarantie zu untermauern. Er ist der Meinung, daß ein Gast, dessen Beschwerde zufriedenstellend gelöst wurde, mit 92prozentiger Wahrscheinlichkeit wieder dieses Hotel buchen wird. Ein Gast, dessen Problem nicht gelöst wurde, wird mit weniger als 50prozentiger Wahrscheinlichkeit das gleiche Hotel buchen.[9]

Welches sind nun die Merkmale einer Sondergarantie? Christopher Hart beschreibt eine Sondergarantie als eine Marketinginvestition in die Reputation einer Firma.[10] Ihm zufolge besteht diese Garantie aus drei Faktoren:

1. Eine klare Zusicherung, die exakt ausdrückt, was der Kunde erwarten kann.
2. Eine klare Feststellung, was er bekommt, wenn der Garantiefall nicht eintritt.
3. Eine klare Festschreibung eines schikanenfreien Prozesses, wie die Garantie eingelöst werden kann.

Eine rechtswirksame Garantie braucht nicht uneingeschränkt zu gelten, aber sie muß einfach und klar verständlich sein. Eine solche Garantie erklärt dem Kunden: „Lassen Sie es uns versuchen. Wenn wir Ihren Wünschen nicht gerecht werden, refundieren wir Ihnen Ihr Geld oder ersetzen das Produkt. Wir werden Sie nicht im Stich lassen."

Wenn Kunden nach Garantieerfüllung verlangen, dann ergreifen Sie die Gelegenheit, ihr Vertrauen zurückzugewinnen. Die Coautorin stellte einmal die Frage nach Refundierung auf Basis einer „Es-werden-keine-Fragen-gestellt"-Garantie. Das Geld wurde kommentarlos ausgezahlt und kein Versuch unternommen, die Kundin für ein zukünftiges Geschäft zu gewinnen. Dies war eine versäumte Gelegenheit. Zumindest hätte die Firma sagen sollen: „Wir sind uns im klarem, daß wir eine ‚Es-werden-keine-Fragen-gestellt'-Garantie gegeben haben. Daher respektieren wir es, wenn Sie keine Gründe angeben. Es würde uns aber sehr viel weiterhelfen, wenn wir wüßten, aus welchem Grund Sie so unzufrieden sind. Wir haben Sie wahrscheinlich als Kundin verloren, aber Ihre Begründung könnte dem Rest unserer Kunden nützlich sein." Eine Feststellung dieser Art hätte einen großen Teil ihres Vertrauens wiederhergestellt.

Schließlich noch ein Wort über Vorsicht bei Garantien und Beschwerden. Domino's, der bekannte Pizzahersteller, gab gewöhnlich die Garantie ab, daß eine Pizza kostenlos sei, wenn eine telefonisch bestellte Lieferung nicht innerhalb von 30 Minuten eintreffe. Viele Leser werden wissen, daß Domino's mit dieser Garantie in Schwierigkeiten geriet, weil die Firma Haftung übernehmen mußte, als einige ihrer Fahrer in Autounfälle verwickelt wurden. Domino's beobachtete auch, daß es Leuten, die Pizzas bestellt hatten, bei kleinen Verspätungen unangenehm war, die Garantie einzufordern. Domino's bremste seine schnellen Fahrer und änderte die freie Garantie: Jetzt bekommen die Kunden drei Dollar zurück, wenn die Pizza zum versprochenen Zeitpunkt nicht geliefert war. Augenscheinlich haben die Konsumenten bei Preisnachlaß im Falle einer Verspätung keine Schuldgefühle, aber bezahlen möchten sie etwas. Domino's hält seine einzigartige Marktposition und bekommt dennoch Kundenfeedback über seinen Zustelldienst.

Die Schwierigkeit, Beschwerde zu führen bei Abhängigkeitsverhältnissen

Einige Branchen, wie das Gesundheitswesen, schaffen – reale oder eingebildete – Abhängigkeitsverhältnisse zu den Kunden. Wie sollen sich Patienten beschweren, wenn die Person, die sie beschuldigen, für ihre Gesundheit verantwortlich ist?

Das Gesundheitswesen ist keineswegs die einzige Industrie mit derartigen Problemen. Wie können sich Eltern in der Schule über einen Lehrer beschweren, wenn dieser Lehrer dann das Kind bestraft? Wie soll sich ein Polizzeninhaber bei der Versicherungsgesellschaft beschweren, wenn die Möglichkeit besteht, daß ein Aktenstück absichtlich verlorengeht? Wie soll sich ein Hotelgast während seines Aufenthaltes beschweren, wenn er das drohende Gefühl hat, daß der Rest des Aufenthaltes nicht wunschgemäß verlaufen würde? Wie soll sich ein Ehepartner beim anderen Partner beschweren, wenn sie oder er befürchten muß, verlassen zu werden? Wie sollen sich Leute beim Friseur beschweren, wenn sich jener dann an den verbliebenen Haaren rächen könnte? Wie viele Leute riskieren eine Beschwerde an die oberste Steuerbehörde, wenn als Resultat die Möglichkeit einer Rechnungsprüfung besteht? Schließlich, wie sollen sich Lieferanten bei der Vertriebsabteilung beschweren, wenn sie befürchten müssen, ihre Einnahmen zu verlieren, wenn sie etwas auszusetzen haben?

Ein gutes Beispiel für diese Art Probleme wurde kürzlich in einem Brief an Ann Landers, die bekannte Ratgeber-Kolumnistin, beschrieben. Ein Student kam zerknirscht mit einem Zeugnis nach Hause, das eine schlechte Note im Fach Kunsterziehung aufwies. Im Gespräch mit der Lehrerin entdeckte die Mutter des Jungen einen Irrtum in der Beurteilung: Ihr Sohn hatte die Note eines anderen bekommen. Die Note wurde geändert, aber die Mutter verlangte mehr. Sie verlangte einen Entschuldigungsbrief der Lehrerin an ihren Sohn. Die Lehrerin verweigerte dies mit der Begründung, daß keine Entschuldigung nötig sei, da es sich nur um einen Schreibfehler gehandelt hätte. „Was soll ich tun?" fragte die Mutter in ihrem Brief an Ann Landers.

Landers' Antwort war sehr interessant. Sie gab der Mutter den Rat, überhaupt nichts zu unternehmen. Die Lehrerin zu Kreuze kriechen lassen wäre unklug, meinte sie. Die Lehrerin könnte es ihren Sohn spüren lassen, wenn sie aufgebracht wäre, und der Sohn könnte auf diese Weise zum Opfer des erzürnten Lehrers werden.[11] Die Reaktion von Ann Landers spiegelt zweifelsfrei den weitverbreiteten Glauben an solche Abhängigkeitsverhältnisse wider.

Firmen oder Organisationen, die solche Abhängigkeitsverhältnisse erzeugen, müssen besonders vorsichtig sein hinsichtlich der Art und Weise, wie sie Beschwerden – wenn überhaupt welche kommen – entgegennehmen. Die Forschung weist nach, daß es die Konsumenten in diesen Situationen vorziehen, überhaupt nichts zu sagen, um den Dienstleister, von dem sie abhängig sind, nicht zu vergrämen.[12]

Jedes Unternehmen – vom Krankenhaus bis zum Schönheitssalon –, das wirklich daran interessiert ist, dem Kunden eine ständig verbesserte Betreuung angedeihen zu lassen, sollte Beschwerden als Geschenke ansehen, sind sie doch nichts anderes als ein Feedback der Unzufriedenheit. Und diese Einstellung muß aus der Art, wie Beschwerden entgegengenommen werden, hervorgehen. Die Beschwerdeführung an sich muß gefördert werden. Blockaden, die Leute davon abhalten, sich zu beschweren, sollten beseitigt werden. Wenn Kunden sich beschweren, müssen sie sicher sein, daß ihnen nichts Unangenehmes widerfährt. Es wäre großartig, würden auch die einzelnen Parteien in Schulen, Verwaltungsbehörden, gemeinnützigen Einrichtungen und persönlichen Beziehungen diesen Standpunkt einnehmen.

Fallstudie: Den Bullets-Fans zuhören

Im Jahre 1987 wurde Susan O'Malley zur Marketing-Managerin des Basketballteams Washington Bullets ernannt. Anschließend wurde sie Präsidentin dieses Clubs. Sie richtete sofort eine Rettungsleine zur großen Masse unglücklicher Fans ein, hörte ihnen zu, erfaßte ihre wichtigsten Beschwerden und begann mit der Lösungsarbeit. Zusätzlich blieb sie ständig im Gespräch mit den Fans und gab ein neues monatliches Nachrichtenbulletin heraus. Jede Woche riefen O'Malley und die sieben Direktoren des Teams je fünf Inhaber von Saisonkarten an, um sich ein Feedback einzuholen. „Sie können sich doch nicht vor der Wahrheit fürchten", meint O'Malley. Sie sitzt während der Spiele unter den Fans und reicht ihnen beim Verlassen des Stadions die Hand. Sie taucht regelrecht in ihre Probleme ein und beaufsichtigt sogar die Entfernung eines Kaugummis vom Sitzplatz eines verärgerten Fans.[13]

Hat das den Bullets geholfen, besser Basketball zu spielen? Wahrscheinlich nicht. Während der laufenden Schwankungen ihrer Siege und Niederlagen, stieg die Besucherzahl im Capital Center/US Air Arena ständig an. Während der Saison 1993/94 hatten die Bullets ihr drittschlechtestes Ergebnis in der Liga, O'Malley aber war imstande, die Ticketpreise um 10 Prozent zu erhöhen, erfreute sich dabei einer 95prozentigen Erneuerungsrate der Saisontickets und konnte bei vielen Heimspielen einen totalen Ausverkauf erzielen.

Wenn eine Organisation nicht willens ist, ihren Kunden zuzuhören, weiß sie auch nicht, wie viele Kunden unzufrieden sind und warum sie so unzufrieden sind. Ohne Informationen darüber, was ihre Kunden empfinden, können Organisationen nicht schnell genug Maßnahmen setzen, um sie zu behalten. Sie können weder Produkte auswechseln, noch können sie die Serviceabläufe und die Preise ändern, da sie einen Krisenzustand erreichen müssen, bevor sie genügend Informationen gesammelt haben, um zu handeln.

Dies bewahrheitet sich auch bei Sportclubs. Die Fans können sich aussuchen, ob sie ihre „Freizeitdollars" für Baseball-, American Football- oder Hockeyspiele ausgeben, anstatt an Basketballspielen teilzunehmen. Das ist der tiefere Sinn, warum Beschwerden Geschenke sind. Susan O'Malley erkannte dies. Wie sie es formuliert: „Sie können sich in diesem Job nicht verstecken." Unglücklicherweise versuchen viel zu viele Leute, sich vor unzufriedenen Kunden zu verstecken.

Fragen zur Diskussion

- Welche Methoden wendet eine Firma an, um den Kunden zu signalisieren, daß sie sich nicht beschweren sollen?
- Wie behandelt Ihre Firma die Abteilungen bzw. Angestellten, die Kundenbeschwerden bearbeiten?
- Wie hoch ist die Bereitschaft auf seiten der Mitarbeiter, Beschwerden an die Führungsebene weiterzuleiten? Welche Hinweise sind es, die Ihre Manager an die Mitarbeiter an der Verkaufsfront senden, damit diese keine schlechten Nachrichten weiterleiten?
- Welches System hat Ihre Firma eingerichtet, damit eine Beschwerde an die zuständige Person weitergeleitet und in angemessener Form bearbeitet wird?
- Welche Art von Garantien bieten Sie? Erleichtert Ihre Garantie dem Kunden eine Beschwerdeführung? Versteht jeder in der Organisation Ihre Garantien, und weiß auch jeder, wie man sie durchführt?
- Wenn Kunden Sie fragen, ob Sie Ihrer Garantie nachkommen, nutzt dann Ihre Belegschaft die Gelegenheit, das Kundenvertrauen zurückzugewinnen?
- Erzeugt Ihre Organisation Abhängigkeitsverhältnisse, die einen Kunden vor einer Beschwerde eher zurückschrecken lassen?

5

Die Verbindungsglieder zwischen beschwerdeführenden Kunden, Serviceerneuerung und kontinuierlicher Verbesserung

In einer kürzlich erschienenen populären Zeitschrift Hongkongs wurden beschwerdeführende Gäste von Restaurantbediensteten mit Worten beschrieben wie „anspruchsvoll ... unbeherrscht ... grob ... egozentrisch ... machthungrig ... dumm ... Betrüger ... und unredlich.“[1] In Wirklichkeit sind die meisten Leute, die sich beschweren, keine notorischen Nörgler, sie repräsentieren vielmehr einen „breiten Querschnitt der öffentlichen Kaufkraft.“[2]

Ausgedehnte Forschungen während der letzten 25 Jahre enthüllten, daß Kunden über Probleme sprechen, die für sie von Bedeutung sind, und auch über Angelegenheiten, auf die sie glauben, einen Einfluß ausüben zu können. Diese Ansicht der Kunden läuft konträr zu derjenigen vieler Dienstleister und Manager im allgemeinen. Beschwerdeführende Kunden sind Personen, die Geld in die Hände der betreffenden Unternehmen legen und – in der überwiegenden Mehrzahl der Fälle – versuchen, ein erlittenes Unrecht wieder in Ordnung zu bringen. Firmen wären gut beraten, die Kunden zu respektieren und sie in der Tat auch zur Offenheit zu ermuntern.

Beschwerden aus der Perspektive des Kunden

Als Kunden vertreten wir einen bestimmten Gesichtspunkt. Als Verkäufer eines Produkts vertreten wir einen anderen. Firmen neigen dazu, den Kunden die Schuld für Produkt- und Serviceversagen zu geben, während Kunden dazu neigen, die Firma dafür verantwortlich zu machen. Ohne zu verstehen, mit welcher inneren Einstellung Konsumenten Produkt- und Serviceversagen begegnen, werden die meisten Firmen die Berechtigung der Kundenbeschwerden in schwerwiegender Weise unterschätzen. Sie werden Schwierigkeiten haben, das Beschwerdeverhalten mit Serviceerneuerung und kontinuierlicher Qualitätsverbesserung zu verbinden.

Eine Gruppe von Managern und eine Gruppe von Kunden wurden mit einer Sammlung von Beschwerdebriefen konfrontiert und gefragt, ob sie der Meinung seien, die Beschwerden seien zu Recht geäußert worden. Über die Hälfte der Manager betrachtete die Beschwerden als ungerechtfertigt, während über die Hälfte der Kunden sich auf die Seite der Briefeschreiber stellte und deren Beschwerden für gerechtfertigt hielt. Die Manager kamen zu dem Schluß, daß die Kunden klarerweise etwas umsonst wollten oder daß sie im Irrtum seien oder vollkommen im Unrecht.[3] Wenn viele Manager über beschwerdeführende Kunden so denken, dann ist es kein Wunder, daß sie keine Beschwerden hören wollen.

Eine andere Forschungsarbeit verglich die Meinungen von Textilwaren-Käufern und Besitzern defekter Autos mit denen von Verkäufern in einem Textilwarenunternehmen und Automechanikern. Alle vier Gruppen wurden befragt, ob ihrer Ansicht nach fiktive Serviceprobleme (Autoschaden nach einer Reparatur) oder ein schadhafter Bekleidungsartikel (aufgerissene Hosennähte) durch Kunden verursacht oder Resultat einer schlechten Produktqualität seien bzw. von mangelhaftem Reparaturservice herrührten. 80 Prozent der Kunden schoben die Schuld auf die Mechaniker und deren schlampigen Service, während 80 Prozent der Mechaniker anführten, der Fahrer oder „andere Probleme" seien der Grund für den Autoschaden. Die aufgerissenen Nähte wurden von den Kunden in 87 Prozent der Fälle auf die schlechte Qualität des Herstellers zurückgeführt. Aber 64 Prozent der Bekleidungsverkäufer gaben den Kunden die Schuld. Sie hätten die falsche Größe gekauft oder seien zu dick gewesen, sagten die Verkäufer.[4]

Die Mitautorin dieses Buches beschwerte sich bei einem Hotelbediensteten, daß ein Licht direkt über dem Auflageglas des Overheadprojektors die Schärfe ihrer Overheadfolien beeinträchtige. Der Angestellte antwortete rundheraus: „Das kann nicht sein. Noch nie hat sich jemand darüber beschwert." Die Unternehmen müssen zur Kenntnis nehmen, daß, auch wenn sich in der Vergangenheit noch niemand beschwert hat, die Beanstandung dennoch einen triftigen Grund haben kann. Ein wichtiges Ziel für die Schulung von Kundendienstmitarbeitern muß sein, ihnen einen Begriff davon zu vermitteln, daß sich Kunden in der Regel sehr selten äußern.

Eine Serviceerneuerung kann nur auf Grund vorangegangener Beschwerden stattfinden

Wie wunderbar wäre es, wenn Firmen Service und Produkte produzierten, die immer funktionierten oder so zuverlässig wären, daß sie nie Probleme aufweisen würden.

Laut Produktionsexperten wäre etwa eine 10- bis 12prozentige Schadensquote die niedrigste, die in den meisten Branchen erreicht werden kann.[5] Daraus läßt sich mit Sicherheit schließen, daß wir immer mit Problemen konfrontiert sein werden. Daher brauchen die Firmen eine Schulung in Sachen Serviceerneuerung, den Prozeß, zum gegebenen Zeitpunkt etwas richtig zu machen, was vorher falsch lief. Um sich in der Serviceerneuerung zu engagieren, muß die Firma überhaupt erst wissen, daß sich ein Problem ereignet hat.

Um sicherzustellen, daß Kundenbeschwerden den Weg zu den Firmen finden, müssen diese die Kundenerwartungen sorgfältig beobachten – und zwar von Anfang an, wie sie sich langsam während des Verkaufsprozesses herauskristallisieren. Wenn Kunden der Meinung sind, daß die Produkte, welche sie kaufen, im Grunde genommen von hoher Qualität sind und produktspezifische Probleme fair und schnell bearbeitet werden, kann mit großer Wahrscheinlichkeit erwartet werden, daß sie nicht die Firma für derlei Mißstände verantwortlich machen. Ein Weg, um Produkt- und Servicemängel sowie die Kundenbeschwerden zu illustrieren, ist die Konstruktion einer Matrix der Möglichkeiten, durchnumeriert von 1 bis 4.

Kein Produkt- oder Servicemangel: • Kunde sagt überhaupt nichts • Firmenaktion: Feiern 1	**Kein Produkt- oder Servicemangel:** • Kunde unzufrieden, Kunde nimmt sich kein Blatt vor den Mund • Firmenaktion: Zusätzliche Kundenbelehrung 2
3 **Produkt- oder Servicemangel:** • Kunde sagt überhaupt nichts • Firmenaktion: Ermutigung von Kundenbeschwerden	4 **Produkt- oder Servicemangel:** • Kunde unzufrieden und nimmt sich kein Blatt vor den Mund • Firmenaktion: Service-erneuerung

Quadrant 1 verdient ein „Hurra", eine Feier, möglicherweise sogar mit Champagner. Oberflächlich betrachtet sieht die Lage gut aus. Aus der Sicht der Firma ging alles glatt, die Kunden scheinen dies durch Nichtbeschweren zu bestätigen. In der Realität weiß die Firma nicht, wie viele Kunden zufrieden sind, da diese ja nichts sagen. Angenommen, die geneigten Manager und Produktverkäufer müssen für entstandene Probleme die Schuld dem Kunden zuschieben, anstatt selbst Verantwortung zu übernehmen, dann erscheint es im Falle unterbliebener Kundenreaktion sehr wahrscheinlich, daß die meisten Firmen sich selbst auf die Schulter klopfen und sagen: „Wir müssen das einfach gut gemacht haben." Das könnte ein ernster Fehler sein. Quadrant 1 könnte kleiner sein, als er dargestellt ist.

Die **Quadrant-2**-Situation erfordert sanfte Kundenbelehrung. Manchmal beschweren sich die Kunden über Dinge, an denen die Firma keine Schuld trägt. Zum Beispiel können sich Airline-Passagiere beschweren, es sei die Schuld der Airline, daß sie ihren Flug versäumten; tatsächlich aber hatten sie ihr Ticket falsch gelesen. Obwohl diese Kunden nicht „recht" haben, sind sie immer noch Kunden. Sie haben gerade Geld ausgegeben, und aus ihrer Perspektive gibt ihnen ihre Unzufriedenheit das Recht, zu reklamieren. Aus der Perspektive der Organisation ist es eine gute Idee, den Kunden rechtzugeben, weil es hier eine Gelegenheit gibt, die Kunden zu behalten, wenn ihre Beschwerden positiv aufgenommen werden.

Wenn die Kundendienstvertreter die Verantwortung für den Zwischenfall übernehmen – oder sich zumindest für den Vorfall entschuldigen –, demonstrieren sie ihr Bemühen um den Kunden. Wenn ein Unternehmen eine ganze Reihe solcher Situationen erlebt, wird es nötig sein, die Kunden zu schulen, so daß ähnlich gelagerte Vorfälle vermieden werden können.

Quadrant 3 repräsentiert das größte Problem für die Firmen: Kunden, die ihre Beschwerden nicht äußern. Viele Firmen schließen jedoch daraus, daß es keine Produkt- oder Servicemängel gegeben haben kann, da die Kunden sich ja nicht beklagten. Mit anderen Worten, für viele Firmen existiert Quadrant 3 nicht. Wir halten dies für den stillen Killer vieler Firmen. Wenn einer Firma bekannt wird, daß sie die Kundenerwartungen nicht befriedigt hat, muß sie den Kunden dabei unterstützen, seine Meinung offen auszusprechen. Vielleicht liefert den besten Beweis für die Konsequenzen, die aus fehlenden Kundenbeschwerden erwachsen, die jetzt außer Betrieb gestellte Pan American Airlines. Das gesamte Gepäck einer Flugzeugladung von Passagieren ging verloren, nachdem die Passagiere von einem Flugzeug in ein anderes gewechselt hatten. Nachdem sie eine ganze Weile in dem zweiten Flugzeug gewartet hatten, wurde der gesamte Flug gestrichen. Es schien, als beschwerte sich kein einziger Passagier bei PanAm. Deshalb ist es interessant zu spekulieren, wie PanAm dieses Problem behandelte. Schätzte sich die Fluglinie glücklich, daß niemand auch nur ein Wort darüber verlor?

Quadrant 4, in welchem die Kunden der Firma über ihre Probleme erzählen, erfordert sehr viel Geschick von seiten der Mitarbeiter. Kommunikation mit Kunden findet statt, wenn maximaler Kontakt hergestellt werden kann, soviel wie möglich an Informationen von Kunden gesammelt wird und die besten Möglichkeiten für Serviceerneuerung und kontinuierliche Verbesserung vorhanden sind. Wenn die Firma das Problem lösen kann, die Verantwortung für den Breakdown übernimmt und dabei zuvorkommend und freundlich ist, werden Kunden der Firma eine zweite Chance geben wollen und wahrscheinlich zurückkehren und erneut kaufen.

Bei allen vier Quadranten profitiert das Unternehmen von Kunden, die offen und frei sprechen; dies ist auch der Grund, warum Firmen den Kunden bedeuten sollen, daß ihre Beschwerden und ihr Feedback willkommen sind.

Einige Firmen erkennen nicht einmal, wenn etwas verkehrt läuft. Ein Freund rief ein Überlandtransportunternehmen an, um sich über das verwendete Fakturierungsverfahren zu beschweren. An einem bestimmten Punkt des Gesprächs sagte er dem Repräsentanten des Unternehmens: „Sie bieten keinen guten Service." Der Vertreter gab zur Antwort: „Das tue ich sehr wohl. Ich befolge die Vorschriften." Einzelhändler schätzen, daß 74 Prozent der unzufriedenen Kunden gehalten werden können, falls Probleme korrigiert werden. Wie wir aber im letzten Kapitel gesehen haben, beschwert sich die überwiegende Mehrheit der Kunden nie oder nur bei teuren Einkäufen.[6] Aus diesem Grund haben Einzelhändler, die viel Erfahrung damit haben, Beschwerden zu fördern und zu bearbeiten, damit begonnen, die ersten Maßnahmen in Richtung Serviceerneuerung zu setzen.

Serviceerneuerung ist nicht etwas, das automatisch einsetzt. Die Firmen, die das am besten machen, überlegen sehr sorgfältig, welche Irrtümer sich ereignen können, und entwickeln Korrekturverfahren für solche Fälle, die sich unweigerlich ereignen werden. Beispielsweise müssen Airlines ihre Mitarbeiter instruieren, wie man mit Verspätungen bei Abflug oder Landung umgeht. Bei Hotels besteht die Notwendigkeit, die Leute, die Quittungen ausstellen, für den Fall einer massiven Kritik am Fakturierungsprozeß zu schulen. Lebensmittelhändler müssen wissen, wie man auf lange Warteschlangen an den Registrierkassen reagiert.

Machen das wirklich alle Unternehmen, daß sie sich selbst unter die Lupe nehmen, um das Serviceversagen jeweils zu lokalisieren und vorherzuplanen, was im Wiederholungsfall zu tun sei? Könnte zum Beispiel eines der folgenden Ereignisse im Wartezimmer eines Arztes stattfinden?

- Patienten warten zwei Stunden auf den vereinbarten Termin.
- Patienten haben ihre Sozialversicherungsnummer vergessen.
- Patienten werden von überarbeiteten Assistenten oder Sprechstundenhilfen rüde behandelt.

Wenn eine Firma Beschwerden aktiv nachgeht und die Ursachen identifiziert, läßt sich sehr leicht eine Tabelle von immer wiederkehrenden Arten von Serviceversagen erstellen. Dann muß eine Reaktionsweise skizziert werden. Die Berater Ron Zemke und Chip Bell bezeichnen dies in einem Artikel mit dem Titel „Service Recovery: Doing It Right the Second Time“ als: „einen umsichtig geplanten Prozeß, um enttäuschte Kunden wieder mit der Firma zu versöhnen, nachdem eine Serviceleistung oder ein Produkt die Erwartungen nicht erfüllt hat.“[7]

Einige Firmen verstehen es besser als andere, eine Dienstleistung wieder auf das ursprüngliche Qualitätsniveau zu bringen. Die Erfahreneren schulen ihre Untergebenen in der Handhabung von kundenbezogenen Problemen. Die Mitarbeiter werden dazu aufgefordert, Kundenprobleme vorauszusehen und besondere Maßnahmen zu ergreifen, etwa so simple Dinge wie Kunden daran zu erinnern, daß ein bestimmtes eben gekauftes Produkt Batterien benötigt, die nicht beigepackt sind. In Firmen, die das Qualitätsniveau ihrer Dienstleistungen wiedererlangen wollen, wissen die Mitarbeiter der vordersten Linie, daß sie die Firma dabei unterstützt, Probleme für den Kunden zu lösen bzw. Beschwerden an das Management weiterzuleiten.[8] Firmen, die herausragende Erfolge beim qualitativen Wiederaufbau von

Dienstleistungen zu verzeichnen haben, hören nie auf, daran zu arbeiten. Nordstrom kann im Einzelhandel einen besseren Service anbieten als seine Konkurrenten – und trotzdem meint Bruce Nordstrom: „Wir möchten gar nicht über unseren Service sprechen. So gut wie unsere Reputation sind wir nicht. Das alles ist sehr leicht zu zerstören. Sie müssen immer aufs neue, Tag für Tag daran arbeiten."[9]

Die wirkungsvolle Qualitätserneuerung von Dienstleistungen kann zu festeren Kundenbindungen führen

Wenn ein Kunde eine namhafte Summe für den Kauf eines neuen Autos ausgibt, sind Käufer und Verkäufer glücklich. Der Käufer ist zufrieden, einen so guten Kauf getätigt zu haben, und die Firma ist glücklich, den Kunden mit dem Produkt, für das er sein Geld ausgegeben hat, beim Tor hinausfahren zu sehen. Aber der Verkaufsprozeß ist kein rechter Prüfstein für das feurige Engagement dieser Firma. Es muß einmal etwas falsch laufen, damit der Konsument herausfinden kann, wie der Autohändler sich unter Druck verhält. Wird der Händler sein freundliches Lächeln beibehalten, wenn der Kunde ihm über Probleme mit dem Auto berichtet? Wird der Händler so verständnisvoll gegenüber den Kundenbedürfnissen sein, wie er es war, als sich der Kunde bei ihm zum ersten Mal über die Eigenschaften des Autos erkundigte?

Kundenerwartungen zu übertreffen, entweder während des Kaufes oder wenn eine Beschwerde aufgenommen wird, erzeugt Vertrauen zwischen Käufer und Verkäufer. Dies bewahrheitet sich insbesondere bei Experten/Klienten-Beziehungen. Wenn Leute mit ihren Ärzten, Zahnärzten, Psychologen, Bilanzprüfern oder anderen Spezialisten zufrieden sind, entsteht eine Bindung, die Klientenloyalität aufbaut und zu Weiterempfehlungen anregt.[10]

Ein Hotel in Hongkong lieferte uns kürzlich ein herausragendes Beispiel, wie die Qualitätserneuerung einer Dienstleistung in verstärkter Kundenbindung mündete. Ein leitender Angestellter eines großen amerikanischen Unternehmens der Kommunikationsbranche, der erst seit kurzem in Hongkong war, verbrachte in diesem Hotel einen längeren Zeitraum, währenddessen er seinen ständigen Wohnsitz dort einrichtete. Als er aus dem Hotel auszog, beglich er seine hohe Rechnung und verrechnete die Spesen mit seiner Firma. Wie sich herausstellte, hatte das Hotel dem Gast $ 4 500 zu wenig verrechnet. Als das Hotel dies einen Monat später bemerkte, nahm es mit dem Geschäftsmann Verbindung auf und teilte ihm mit, er schulde dem Hotel noch diese zusätzliche Summe. Der Kunde war außer sich über diese Zahlungsaufforderung, da er seiner eigenen Firma die Spesen schon in Rechnung gestellt hatte und eine zusätzliche finanzielle Forderung für seinen Hotelaufenthalt keine einfache Angelegenheit sein würde. Er könnte sogar gezwungen sein, die Summe aus eigener Tasche zu bezahlen.

Das Problem durchlief im Hotelmanagement mehrere Entscheidungsebenen und landete schließlich auf dem Schreibtisch des Direktors, der den jetzt schon verbitterten ehemaligen Gast fragte, wie sich das Hotel seiner Meinung nach verhalten solle. Der Mann erklärte, daß er nicht mit den zusätzlichen Kosten belastet werden wollte; das Hotel habe einen Fehler gemacht und bestrafe ihn jetzt für die eigene Schlamperei. Der Direktor schluckte schwer daran, gab ihm aber recht. Die Zusatzforderung wurde bereinigt. Ein paar Wochen später rief derselbe Hotelgast das Hotel an und buchte um über $ 129 000 Zimmer für seine Firma für das nächste Jahr. Er rief ein zweites Mal an und buchte weitere Zimmer um $ 50 000. Das Reziprozitätsprinzip in der Praxis!

Kunden, die ihre Waren zum Service bringen, können dazu gebracht werden, weitere Einkäufe zu tätigen, wenn sie in der Reparaturabteilung höflich behandelt werden und sich dabei wohlfühlen. Eine Kollegin brachte kürzlich einen defekten Laserprinter zu dem Händler, von dem sie ihn gekauft hatte, zurück und wurde so freundlich und sachkundig bedient, daß sie in der TV-Abteilung herumschlenderte und schließlich den Laden mit einem neuen Videorecorder wieder verließ. Sie hätte das nie getan, wenn sie sich in der Reparaturabteilung nachlässig behandelt gefühlt hätte.

Wird die Qualitätserneuerung gut durchgeführt, können gleichzeitig mit der Problemlösung weitere Produkte oder Dienstleistungen verkauft werden. Polaroid Corporation fand heraus, daß Kunden, die am Telefon Probleme mit der bereits gekauften Kameraausrüstung melden, mit der Reaktion von Polaroid so zufrieden waren, daß Polaroid mit demselben Telefonanruf noch zusätzliches Kamerazubehör verkaufen konnte.[11] Der Mitarbeiter am Telefon könnte sagen: „Übrigens, wir haben gerade einen neuen Printer für $ 599 auf Lager“, und viele Kunden würden, während ihre Beschwerde bearbeitet wird, erneut kaufen. Was für ein Geschenk!

Tom Grandy, Berater für Bauunternehmer, rät seinen Klienten dringend, großzügig zu sein, wenn Fälle von fehlerhaften Teilen bearbeitet werden. Für einen Bauunternehmer ist ein Kunde durchschnittlich $ 16 000 wert, gemessen über einen Zeitraum von vier Jahren. Tom Grandy zufolge ist es den Aufwand nicht wert, einen Kunden wegen eines Artikels um $ 45 zu verlieren. Ferner empfiehlt ein langfristig zufriedener Kunde alle zwei Jahre einen neuen Kunden an seinen Bauunternehmer. Behandeln Sie Ihre Kunden bei Servicevereinbarungen ausgesucht höflich, mahnt Tom Grandy. „Über 80 Prozent der Kunden brachen ihre Geschäftsverbindungen mit der Firma ab, nur weil deren Bedienstete die Kunden auf rüde Art behandelten“, so Grandy.[12]

Auf ähnliche Art und Weise empfiehlt die Manufacturer's Agents National Association ihren Mitgliedern, die Zeit, während sie einen Wartungsdienst vereinbaren, dafür zu nutzen, die Verbindung zu den Kunden zu verstärken. Nutzen Sie telefonische Servicevereinbarungen, um von den Kunden zu lernen. Auch wenn Sie überhaupt nichts verkaufen können, während Sie Beschwerden bearbeiten, ist die Association der Meinung, daß Sie dem Kunden ihre Fähigkeiten zur schnellen und wirkungsvollen Reaktion auf Beschwerden verkaufen können.[13]

In einer relativ großen Untersuchung von 700 Servicezwischenfällen aus der Airline-, Hotel- und Restaurantindustrie, fanden die Wissenschaftler heraus, daß von allen positiven Erinnerungen, welche Kunden von gutem Service haben, 25 Prozent aus irgendwelchen Dienstleistungsmängeln herrührten.[14] Für das Management ist die Lehre daraus bemerkenswert: Niemand muß bei Serviceversagen davonlaufen. Jeder Anbieter hat eine gute Chance, eine negative Situation in eine positive Erfahrung für den Kunden zu verwandeln.

Servicequalität: Die Stellung von Beschwerden im Total Quality Management

Der Unterschied zwischen Einzelverkäufen und Folgegeschäften ist einer zwischen kurzfristiger und langfristiger Marketingstrategie. Ob Sie vom bestehenden Kundenstock Referenzen durch Mundpropaganda erhalten oder mehr Geschäftsabschlüsse von zufriedenen Kunden erzielen, Sie profitieren von dem, was Sie für die Kunden tun. Das ist die Grundlage der Dienstleistungsqualität.

Das Prinzip des Total Quality Management (TQM) ist fortwährende Verbesserung. Fortwährende Verbesserung setzt voraus, daß Sie niemals die totale Qualität erreichen können – Sie können sich ihr nur annähern. Es handelt sich um den Prozeß der ständigen Anpassung des Unternehmens, seiner Dienstleistungen und Produkte an permanent wechselnde Marktbedingungen.

Der verstorbene Qualitätsguru, W. Edwards Deming, vergleicht die Serviceerneuerung mit dem Vorgang des Feuerlöschens. Erneuerung des Services als solche ist nicht dasselbe wie eine Verbesserung der Qualität. „Das Auffinden eines außer Kontrolle geratenen Punktes und der speziellen Ursachen sowie deren Beseitigen bedeutet, den ganzen Prozeß noch einmal von seinem Ausgang an aufzurollen. Es ist nicht die Verbesserung des Prozesses selbst.“[15] Um Kunden zu befriedigen, benötigen Firmen Informationen, welche Prozesse und welche Produkte verändert werden müssen. Ein wichtiger Teil dieser Informationen kann in Form von Beschwerden hereingelangen. Einem Unternehmen bringt fortlaufendes Feedback das nötige Wissen, wie Dienstleistungen zu verbessern und Produktlinien in einer Art und Weise auszuweiten sind, wie man sich dies vorher niemals vorgestellt hätte. Nimmt man Kundenbeschwerden als einen wichtigen Aktivposten, leisten Kunden für die Herstellung einer kundenorientierten Unternehmenskultur eine nicht zu unterschätzende Hilfestellung. Dies wiederum ist die Basis der TQM-Strategie. Phil Crosby, ein weiterer Qualitätsguru, drückt es folgendermaßen aus: „Stellen Sie die Kunden zufrieden, zuerst, zuletzt und auch sonst immer.“[16]

Fallstudie: Beschwerden als ein Fundament für kontinuierliche Verbesserung

Raytec, Inc. ist ein Zehn-Millionen-Dollar-Hersteller von Temperaturmeßgeräten mit Sitz in Santa Cruz, Kalifornien. Vor zehn Jahren war die Firma unrentabel und produzierte Produkte von schlechter Qualität. Als Cliff Warren Unternehmensleiter wurde, übernahm er eine Firma, deren Produkte von den Kunden permanent zurückgeschickt wurden. Zusätzlich waren die pünktliche Rechnungslegung, das interne Rechnungswesen und der Versand alles andere denn vorbildlich.

Warren richtete gleich zu Anfang monatliche Konferenzen in den Bereichen Produktion, Technik, Kundendienst und Verkauf ein, mit dem Ziel, daß jeder zurückgesandte Bestandteil überprüft werden sollte, um herauszufinden, was versagte und wie man einer Wiederholung der Schadensfälle vorbeugen könnte. Er reorganisierte die Firma derart, daß für den Bereich Kundendienst die Abteilung Verkauf und Marketing verantwortlich war. Er ermächtigte die Verantwortlichen dieses Bereichs, alles zu tun, was notwendig erschien, die Kunden zufriedenzustellen. Dort, wo es um die Befriedigung der Kunden ging, wurde der Vorgang entbürokratisiert. Wie Warren sagt: Es ist besser, den Leuten vom Kundendienst zu vertrauen, wenn es darum geht, die Kunden längerfristig zufriedenzustellen."

Warren gibt zu, daß immer noch verärgerte Kunden zufriedengestellt werden müssen. Was Raytek besonders nötig hatte, war die aktive Auswertung des Beschwerdeinhaltes, um das System in Ordnung zu bringen. Wie Warren sagt: „Wenn ein Produkt hereinkommt, ist es eher unser Ziel herauszufinden, warum das Produkt versagt hat, als uns Gedanken darüber zu machen, wie es repariert werden kann, auch dann, wenn es sich nicht um einen dringenden oder auch Notfall handelt. Dies ist ein sehr wichtiger Punkt. Sehr oft will man das Problem einfach so schnell wie möglich aus der Welt haben. Wir hämmern den Leuten ein: Wenn der Kunde ein Problem hat und das reparierte Produkt sehr rasch zurückverlangt, ist es besser, ihm ein neues Produkt zu überlassen und an Hand des alten zu analysieren, was die Ursachen für diesen Defekt sind. Sicherlich erleiden wir einen Verlust, wenn das Produkt ersetzt wird, aber wir gewinnen dafür die Erkenntnis, was bei dem zurückgeschickten Produkt defekt war."[17]

Raytek kalkuliert die Kosten, die nach dem Verkauf eines Produktes noch entstehen, indem es die Kosten für folgende Leistungen abschätzt:

- Analyse des zurückgeschickten Produktes,
- Telefongespräch mit einem unglücklichen Kunden,
- Administrierung der Reparaturannahme eines zurückgeschickten Produktes (Annahme, Erstellung eines Arbeitsauftrages, Herausfinden des Defektes, Lösung des Problems und entsprechende Kundeninformation),
- Rücksendung des Produktes an den Kunden und
- Personal- und Overheadkosten, wie z. B. Gesundheitsvorsorgeleistungen.

Warren meint: „Wenn Sie das einmal machen (Abschätzung der Kosten) – nur ein einziges Mal –, werden Sie sehr schnell daraufkommen, daß die ganzen Nebenkosten mehr ausmachen als die Herstellungskosten." Das Reagieren auf Kundenbeschwerden über Produktdefekte ist die Grundlage des Qualitätssicherungsprogramms von Raytek geworden.

Fragen zur Diskussion

- Was sind die schlimmsten Bezeichnungen, mit denen Sie beschwerdeführende Kunden apostrophieren?
- Unter welchen Umständen betrachten Sie Kundenbeschwerden als unbegründet? Was, vermuten Sie, empfindet der Kunde bei diesen Beschwerden?
- Wie behandelt Ihre Firma Kunden, die sich über Dinge beschweren, an denen sie selbst schuld sind? Wissen Sie, worauf sich die meisten Beschwerden beziehen? Steht Ihnen ein System zur Serviceerneuerung oder Kundenschulung zur Verfügung, um mit diesen Situationen fertigzuwerden?
- Hat es in Ihrer Firma Fälle gegeben, daß ein Service- oder Produktversagen zu stärkeren Bindungen mit den Kunden geführt hat?
- Versuchen alle Angestellten, den Kunden ein positives Image Ihrer Firma zu vermitteln, während Sie an der Lösung des Problems arbeiten?
- Wissen Sie, wieviel es Ihrer Firma kostet, Kundenprobleme zu lösen? Berechnen Sie diese Kosten regelmäßig und informieren Sie in Ihrer Firma Mitarbeiter darüber?

TEIL II

Das Umsetzen der „Beschwerde-ist-gleich-Geschenk"-Strategie in die Praxis

Die Art und Weise, wie wir über Beschwerden reden, definiert auch, wie wir darüber denken. Wenn wir Beschwerden als Geschenke ansehen wollen, müssen wir dies auch in unserem Sprachgebrauch ausdrücken. Wir beginnen diesen Teil mit einem Überblick über das Geschenk-Konzept, einer Acht-Schritte-Reaktion auf beschwerdeführende Kunden. Mit etwas Übung kann dieser Ansatz einem in der praktischen Anwendung zur zweiten Natur werden. So wie wir uns bei einem Freund über ein Geburtstagsgeschenk bedanken, genauso können wir auf eine Beschwerde reagieren, als wäre sie ein Geschenk.

Manchmal geraten die Dinge außer Kontrolle, und die Kunden verlieren die Geduld mit der Firma. Wir skizzieren fünf Prinzipien für den Umgang mit aufgebrachten Kunden. Wir raten den Firmen, die fünf Prinzipien an die Mitarbeiter weiterzugeben und diese Prinzipien dann in die individuelle Ausdrucksweise zu kleiden. Wir empfehlen zum Beispiel, daß Dienstleister eine Sprache verwenden, die einen gewissen persönlichen Kontakt zum verärgerten Kunden erlaubt. Das ist ein Grundprinzip. Die ihnen dafür angemessene Terminologie können die Firmen dann selbst bestimmen.

Schriftliche Beschwerden sind eine spezielle Kategorie. In den meisten Fällen – jedoch nicht in allen – sind schriftliche Beschwerden Warnsignale, da es Mühe kostet, sie niederzuschreiben. Aber bei prompter Reaktion und der Anwendung des Geschenk-Konzepts auf schriftliche Beschwerden, können die meisten Kunden dazu gebracht werden, der Firma eine zweite Chance zu geben.

Schließlich werfen wir einen Blick auf persönliche Beschwerden – jene unangenehmen Kritiken, die uns auf einer persönlichen Ebene treffen. Wie Firmen können auch Einzelpersonen wählen, ob sie sich verteidigen oder die Kritik ignorieren oder auch die Botschaft, welche die Kritik vermittelt, nutzen wollen, um sich selbst weiterzuentwickeln.

6

Das Geschenk-Konzept

Wir müssen uns die Auffassung, daß eine Beschwerde ein Geschenk ist, so weit aneignen, daß es bei unserer Reaktion kein Zögern gibt. Wenn diese Haltung in uns so fest verankert ist wie das Dankeschön, wenn wir ein Geschenk erhalten, dann werden wir eine Beschwerde auch in aller Aufrichtigkeit als etwas Wertvolles begrüßen. Wir brauchen nicht zu überlegen; unsere natürliche Reaktion wird so sein, als hätten wir ein Geschenk erhalten.

Wie können wir dies bewerkstelligen? Erstens muß sich der unternehmensweite Sprachgebrauch nach dem Geschenk-Konzept orientieren. Der Gedanke muß bei jeder Konferenz, auf Wandtafeln und in allen Gesprächen und Trainingskursen über Kundendienst nachdrücklich zur Geltung gebracht werden. Zweitens müssen sich die Firmenpolitik, das Schadenersatzsystem, die Mission, die Vision, die Wertvorstellung und das Betragen des Managements danach ausrichten, die geschenkfreundliche Philosophie zu unterstützen (behandelt in Teil III: „Wie Sie Ihre Organisation beschwerdefreundlich machen."). Schließlich müssen wir uns einige Grundtechniken für die Bearbeitung von Beschwerden aneignen. Dies kann unter Verwendung des Geschenk-Konzepts geschehen.

Das Acht-Schritte-Geschenk-Konzept

Das Geschenk-Konzept besteht aus einem schrittweisen Prozeß, der in seiner optimalen Ausprägung in einer bestimmten Reihenfolge durchgeführt wird. Nachdem dies einmal festgelegt ist, können die Leser zu bestimmten Gelegenheiten die Abfolge variieren. Die Schritte gliedern sich wie folgt:

1. Sagen Sie „Danke!"
2. Erklären Sie, warum Sie die Beschwerde als wertvoll erachten.
3. Entschuldigen Sie sich für den Fehler.
4. Versprechen Sie, sofort etwas zur Lösung des Problems zu unternehmen.
5. Fragen Sie nach nötigen Informationen.
6. Korrigieren Sie den Fehler – aber sofort.
7. Prüfen Sie, ob der Kunde zufrieden ist.
8. Beugen Sie zukünftigen Fehlerquellen vor.

1. Sagen Sie „Danke!"

Denken Sie nicht darüber nach, ob der Kunde ein Recht hat, sich zu beschweren oder nicht. Denken Sie nur an den wertvollen Informationsinhalt – ein Geschenk. Wir müssen zu unseren Kunden ein unmittelbares Verhältnis herstellen – und dazu müssen wir uns nach ihren Vorstellungen richten. Es gibt keine bessere Möglichkeit, jemandem das Gefühl zu geben, willkommen zu sein, als „Danke!" zu sagen.

Die meisten Leute reagieren auf eine Beschwerde niemals mit einem Dankeschön, vielmehr ist es in allen Sprachen und Kulturen auf der ganzen Welt tief verwurzelt, mit einer Entschuldigung auf eine Beschwerdeäußerung zu reagieren.

Ihr Dankeschön sollte so natürlich und spontan erfolgen, wie wenn Sie ein Geschenk entgegennehmen. Stellen Sie sicher, daß Ihre ganze Körpersprache demonstriert, daß Ihnen die Beschwerde wichtig ist und daß Sie das Bemühen des Kunden um sein Recht unterstützen. Blickkontakt, ein verständnisvolles Nicken und ein freundliches Lächeln können Wunder vollbringen. Bedenken Sie, ein Lächeln vermittelt sich sogar über das Telefon.

Wenn Mitarbeiter eines Unternehmens Beschwerdebriefe beantworten, beginnen sie unweigerlich mit einem Ausdruck des Dankes, wie: „Wir bedanken uns für Ihre Nachricht, in welcher Sie uns mitteilten ..." Wenn es logisch erscheint, daß die schriftliche Beantwortung eines Beschwerdebriefes so beginnt, warum sollte dies nicht auch bei einer mündlichen Reaktion gelten?

Dieses „Danke" ist nicht genug, um auf eine Beschwerde zu reagieren, aber es ist die Basis für die positive Entwicklung der Konversation. Um Ihre Reaktion nicht oberflächlich erscheinen zu lassen, müssen Sie aber ein bißchen mehr tun.

2. Erklären Sie, warum Sie die Beschwerde als wertvoll erachten

Nur „Danke" allein kann leer klingen. Sie müssen etwas näher erläutern, in welcher Hinsicht Ihnen die Beschwerde hilft, ein Problem besser zu durchschauen. „Vielen Dank, daß Sie mich informiert haben ... (oder) Vielen Dank! Ich bin froh, daß Sie mir davon berichtet haben. Ich kann dies daher wieder in Ordnung bringen (oder den Schaden, den wir angerichtet haben, wiedergutmachen) ... (oder) Vielen Dank. Ich bin sehr froh, daß Sie mir das mitgeteilt haben. Es gibt uns die Chance, die Qualität zu verbessern, und genau das werde ich jetzt in Angriff nehmen." Oder einfach: „Danke, daß Sie mir das gesagt haben."

Obwohl es übertrieben wäre, das laut auszusprechen, müßte der komplette Gedankengang, der Ihnen durch den Kopf geht, lauten: „Danke für die Information über diese Situation. Sie können sich nicht vorstellen, wie viele Kunden nur weggehen, ohne ein Wort zu sagen, sogar, wenn sie unzufrieden sind und wir sie wahrscheinlich als Kunden verlieren. Nicht nur das, sie äußern anderen gegenüber schlechte und schädigende Dinge über uns, ohne uns die Gelegenheit zu geben, uns um den Mißstand zu kümmern und das Problem zu lösen. Und wir haben die feste Absicht, dies zu tun, da uns der Umgang mit unseren Kunden überaus wichtig ist. Wir versuchen jeden

Kunden langfristig zu behalten, so daß wir unsere Geschäftstätigkeit weiterentwickeln und unsere Kunden immer besser zufriedenstellen können. Das ist der Grund, warum wir es Ihnen hoch anrechnen, daß Sie sich die Zeit und Mühe genommen haben, bei uns vorbeizukommen und mit uns darüber zu sprechen. Danke! Ich danke Ihnen! Ich danke Ihnen."

Wenn Sie sich diese Geisteshaltung aneignen, dann kann die gedankliche Kurzfassung: „Danke, daß Sie mich darüber informiert haben", die gesamte Philosophie zum Ausdruck bringen.

3. Entschuldigen Sie sich für den Fehler

Es ist wichtig, daß Sie sich bei den Kunden entschuldigen, aber es sollte nicht der erste Schritt sein. Sie können einen viel stärkeren Konnex mit dem Kunden herstellen, wenn Sie sagen: „Danke. Was Sie mir hier sagen, ist für mich außerordentlich wichtig." Dann erst kommt die Entschuldigung: „Ich möchte mich bei Ihnen entschuldigen. Wir bedauern den Vorfall zutiefst."

Viel zu viele Leute beginnen das Gespräch gleich mit einer Entschuldigung, des öfteren noch bevor der Kunde die Chance erhalten hat, die Details zu erklären. Manche Dienstleister wissen noch nicht einmal, wofür sie sich eigentlich entschuldigen sollen. Die Entschuldigung ist wichtig. Am Beginn des Gesprächs hat sie aber nicht soviel Durchschlagskraft. Interessant ist demgegenüber jedoch, daß, laut verschiedenen Umfragen, etwa die Hälfte der Dienstleister sich überhaupt nicht entschuldigt – und das in keinem einzigen Stadium dieses Erfahrungsaustausches.[1] Die meisten Firmen und viele Bücher über das Thema Kundendienst weisen die Mitarbeiter an, sich zuerst zu entschuldigen.[2] Wenn Ihre Firma dies verlangt, verhalten Sie sich, wie die Firma das vorschreibt. Wir sind jedoch der Meinung, daß der Gesprächsbeginn mit einem „Danke" es unterstreicht und verstärkt, daß eine Beschwerde ein Geschenk ist – sowohl für den Sprecher als auch für den Zuhörer. Dies erscheint logischer und fördert zusätzlich das Kundenfeedback. Wir haben beobachtet, daß ein einfaches „Dankeschön" uns das Gefühl gibt, die Person, die danke sagt, wird auch etwas für uns tun. „Es tut mir leid" gibt uns den Eindruck, daß überhaupt nichts geschehen wird, deshalb entschuldigt sich die Person.

Versuchen Sie es einmal! Bitten Sie jemanden, daß er sich bei Ihnen bedankt, nachdem Sie eine Beschwerde geäußert haben. Beachten Sie Ihre psychologische Reaktion. In einem unserer letzten TMI-Seminare „Eine Beschwerde ist ein Geschenk" ging ein Teilnehmer um die Mittagszeit in die Lounge des Hotels, nachdem wir gerade das Geschenk-Konzept behandelt hatten. Die Lounge war nicht gerade sauber, und so rief der Seminarteilnehmer einen zufällig vorbeikommenden Hotelangestellten. „Danke, daß Sie mir dies sagten", gab der Bedienstete mit einem breiten Lächeln zur Antwort. „Ich werde mich sofort darum kümmern." Der Teilnehmer ging in den Seminarraum zurück und erzählte uns, was sich gerade ereignet hatte. „Wow", sagte er, „es tat so gut, ein Danke für meine schlechte Nachricht zu erhalten. Normalerweise habe ich das Gefühl, ich müsse mich entschuldigen, wenn ich mich über etwas beschwere."

Nebenbei bemerkt, wenn Sie sich entschuldigen, verwenden Sie so oft wie möglich „Ich" anstelle von „Wir". „Es tut uns leid", klingt nicht ernst genug. Die anderen Leute, für die Sie sich entschuldigen, wissen nicht einmal etwas davon, und die Kunden merken das auch.

Kundendienstvertreter haben uns gefragt, warum sie sagen sollten, es täte ihnen leid, wenn die Schuld offensichtlich beim Kunden liege. „Wenn ich mich entschuldige, kann ich doch nicht wirklich die Verantwortung für etwas übernehmen, das wahrscheinlich der Kunde selbst verursacht hat?" Bedenken Sie folgendes. Wenn einer Ihrer Bekannten einen Todesfall in seiner Familie zu beklagen hatte, so reagieren Sie einfach und taktvoll: „Es tut mir so leid!" Sie übernehmen nicht die Verantwortung für den Tod, indem Sie Ihr Mitgefühl ausdrücken. Sie sagen nur, daß das, was geschehen ist, Ihnen leid tut. Das hat überhaupt nichts zu tun mit Beschuldigen oder Fehlverhalten. Ebenso verhält es sich, wenn wir einem Kunden unser Bedauern über einen Vorfall ausdrücken. Es spielt hier überhaupt keine Rolle, wer wem was angetan hat oder wer schuld ist, daß ein Mißgeschick geschehen ist. Wir wünschen uns nur, es wäre nicht geschehen. Der Kunde wird unser Mitgefühl zu schätzen wissen.[3]

4. Versprechen Sie, sofort etwas gegen das Problem zu unternehmen

Haben Sie sich einmal entschuldigt, fragen Sie nicht sofort weiter. Beginnen Sie nicht, den Kunden zu interviewen. Serviceerneuerung hat zwei Aspekte: einen psychologischen und einen materiellen. Die psychologische Dimension hilft, die Situation zu kompensieren, die die Unzufriedenheit hervorgerufen hat. Die materielle Dimension bringt die Situation wieder in Ordnung. Materielle Reaktionen sind Schritte, die Zeit und Geld kosten. Die Schritte eins bis vier des Geschenk-Konzepts sind Teil der psychologischen Reaktion; sie kosten nichts und sind leicht schrittweise durchzuführen. Es ist für Firmen aber auch leicht, ihre Bedeutung unberücksichtigt zu lassen.

Vor ein paar Jahren führte eine Big-Eight-Revisionsfirma eine Klientenumfrage durch und stieß auf ein überraschendes Resultat. Obwohl die Kunden Sachkenntnis im Rechnungswesen und Consulting für wichtig hielten, war es für sie nicht der ausschlaggebende Grund für die Wahl einer speziellen Firma. Sachkenntnis setzten sie voraus; das ihnen entgegengebrachte Einfühlungsvermögen und die persönliche Zuwendung gaben den Ausschlag, bei einer bestimmten Firma zu bleiben.[4]

Dieser Schritt ist wahrscheinlich der leichteste: „Ich verspreche, mein Bestes zu tun, um das Problem sobald wie möglich zu lösen." Das zu hören, gibt den Kunden das Gefühl entspannter Zufriedenheit, weil sie nun wissen, daß Sie Maßnahmen ergreifen. Aber dann müssen Sie natürlich auch etwas unternehmen.

Wenn Sie zum ersten Mal dieses schrittweise Vorgehen anwenden, kann es Ihnen schwerfällig erscheinen. Ihre Ausdrucksweise wird wahrscheinlich nicht so gekonnt sein, und es wird Sie ein wenig Zeit kosten, die entsprechenden Wendungen zum richtigen Zeitpunkt zu gebrauchen. Aber mit der Zeit wird Ihre Ausdrucksweise leichter, überzeugender und angemessener sein. „Danke, daß Sie mich darüber informiert haben. Ich bin Ihnen sehr dankbar, daß ich jetzt über dieses Problem Bescheid weiß, da ich es nun in Ordnung bringen kann. Ich möchte mich für die Unannehmlichkeiten entschuldigen, die Sie hatten. Es muß für Sie wirklich enttäuschend gewesen sein, das Paket zu öffnen und zwei blaue Blusen darin zu finden, wenn Sie mit einer blauen und einer braunen gerechnet haben. Ich werde das sobald wie möglich bereinigen."

Jetzt ist der Zeitpunkt gekommen, da Sie etwas von den Kunden brauchen.

5. Fragen Sie nach nötigen Informationen

„Könnten Sie mir bitte einige Informationen geben, damit ich Ihnen schneller behilflich sein kann?" Sagen Sie ja nicht: „Ich brauche einige Informationen, sonst kann ich Ihnen nicht helfen." Sie sind derjenige, der den Kunden um Hilfe ersucht. Die Kunden sind es, die Ihnen ein Geschenk gebracht haben.

Fragen Sie nur das Nötigste. Sie müssen schon, bevor die Kunden Sie kontaktieren, wissen, welche Informationen Sie benötigen werden, um helfen zu können. Das muß ein Teil des Beschwerden-Handlings Ihrer Firma sein. Stellen Sie sicher, daß Sie genügend Informationen erfragen, ansonsten müssen Sie zurückrufen. Manchmal werden Sie auf dieser Stufe lernen, was Ihren Kunden wirklich Sorgen bereitet. Diese können sich im Glauben wähnen, Ihnen das Problem exakt geschildert zu haben, aber durch geschickte Fragestellungen können Sie erkennen, daß das Problem tatsächlich etwas anders gelagert ist.

Fragen Sie, was nötig ist, um den Bedürfnissen der Kunden nachkommen zu können. Oder fragen Sie sie, ob es ihnen recht ist, eine bestimmte, mit dem spezifischen Problem verbundene Angelegenheit für sie zu erledigen. Zuweilen möchten die Kunden nur, daß Sie um ein Vorkommnis Bescheid wissen; sie brauchen sonst nichts von Ihnen.

6. Korrigieren Sie den Fehler – unverzüglich

Tun Sie das, was Sie gesagt haben. Der Kunde wird es sehr schätzen, wenn Sie seine Sache vordringlich behandeln. Eine schnelle Reaktion zeigt, daß Sie es mit der Serviceerneuerung ernst meinen. Wenn Sie die Probleme nicht zur Zufriedenheit der Kunden lösen, wird das Geschenk-Konzept seinen Zweck verfehlen.

7. Prüfen Sie, ob der Kunde zufrieden ist

Verfolgen Sie die Angelegenheit weiter. Rufen Sie Ihre Kunden zurück, damit Sie herausfinden, was weiter geschah. Fragen Sie direkt, ob sie mit dem, was Sie für die Kunden arrangiert haben, zufrieden sind. Wenn Sie sich so verhalten, werden Ihre Kunden aller Wahrscheinlichkeit nach wieder bei Ihnen kaufen. Wenn es passend erscheint, erzählen Sie ihnen, welche Schritte Sie unternommen haben, um eine Wiederholung des Vorfalles zu vermeiden, so daß sie das Gefühl bekommen, Ihnen mit ihren Beschwerden geholfen zu haben. Bedanken Sie sich nochmals dafür, daß der Kunde Ihnen gegenüber seine Beschwerde geäußert hat. Sie haben jetzt eine Partnerschaft aufgebaut.

Vielleicht sind Sie der Meinung, daß dies zuviel Zeit in Anspruch nehmen würde. In Wirklichkeit kostet es Sie nur einen kurzen Telefonanruf. Aber das ist ein Telefonanruf, an den sich der Kunde lange erinnern wird. Sie können auch den Anrufbeantworter erreichen – hinterlassen Sie trotzdem Ihre Nachricht. Sie müssen nicht persönlich mit ihm sprechen.

Unsere Mitautorin kaufte vor kurzem ein neues Auto, ein teures Importmodell. Sehr bald nachdem sie ihr neues Auto nach Hause fuhr, bemerkte sie, daß der Kofferraum sich nicht richtig schließen ließ und dazu neigte, plötzlich aufzugehen. Zweimal bemerkte sie, daß sie mit offenem Kofferraum fuhr. Als sie das Auto zum 1000-Meilen-Service brachte, erklärte sie ihrem Autoverkäufer das Kofferraumproblem. Der Händler erklärte sich bereit, nachzusehen. Als sie das Auto am Abend abholte, wurde es ihr kommentarlos ausgehändigt. Sie fand heraus, daß der Kofferraum so gut repariert worden war, daß er auch bei Lösen der Entriegelungssperre nicht mehr aufging. Sie wird das Auto wieder zur Reparatur bringen müssen.

Stellen Sie sich vor, dieser Händler hätte ein paar Tage nach dem Service angerufen, um sich zu erkundigen, ob alles in Ordnung sei. Hier wäre eine persönliche Reaktion auf ein ungewöhnliches Problem angebracht gewesen. Wenn der Händler angerufen hätte, um sich der Kundenzufriedenheit zu vergewissern, hätte die Mitautorin ihm über das noch immer bestehende Kofferraumproblem erzählt. Jedesmal, wenn sie den Kofferraum öffnet, wird sie an den schlampigen Service, den man ihr für das Luxusauto geboten hat, erinnert werden. Es wird sie nachdenklich machen, ob man den Motor genauso „reparieren" wird, oder, ob das Firmeninserat nur leere Versprechen enthält, damit das Auto überhaupt gekauft wird.

Sie könnten einwenden, daß diese Art Kundenbetreuung zu viele Firmenressourcen binden würde. Überlegen Sie, wieviel Zeit ein Telefonanruf in Anspruch nimmt. Wenn es eine Möglichkeit gibt, die Bindung zum Kunden dahingehend zu beeinflussen, daß er das Gefühl hat, mit dem Händler in einer partnerschaftlichen Beziehung zu stehen, ist diese Zeit (und das Geld) gut angelegt. Die Mitautorin will Ihnen damit sagen, daß sie sehr wahrscheinlich ihr nächstes Auto vom selben Händler kaufen würde. Außerdem könnte sie eine Goodwill-Botschafterin für den Autohersteller und den Autohändler werden. Gemessen daran, wie sie mit ihrem einfachen Kofferraumproblem behandelt wurde, fühlt sie sich nicht länger dem Händler verpflichtet. Dieser einzige Telefonanruf ist viel billiger und weniger kompliziert als eine teure Fernsehreklame oder ein Zeitungsinserat.

8. Beugen Sie zukünftigen Fehlerquellen vor

Informieren Sie Ihre Mitarbeiter über die Beschwerde, damit ein Problem dieser Art in Zukunft vermieden werden kann. Bereinigen Sie das System, ohne die Mitarbeiter zu beschuldigen. Bestrafen Sie Ihr Verfahren, nicht Ihre Leute.[5] Mitarbeiter werden Beschwerden viel eher an das Management weiterleiten, wenn sie wissen, daß die Firma bei Beschwerden auf solche Art und Weise reagiert.

Um eine Beschwerde wirklich als ein Geschenk für die Organisation ansehen zu können, müssen die Ursachen der Beschwerde identifiziert werden. Ein Kundendienstbeauftragter bei Hewlett-Packard (HP) in Cupertino, Kalifornien, sieht es folgendermaßen: „Wir können sagen, daß wir aufmerksam hinhören, aber erst wenn wir Maßnahmen ergreifen, geraten die Dinge in Bewegung.“[6] HP führt Buch über Kundenbeschwerden, um daraus Trends zu ersehen, und nutzt dann diese Informationen, um sein Qualitätssicherungsprogramm zu steuern.

Wenn Ihre Firma einen langsamen Zyklus für die Rechnungsprüfung hat, was zu internen und externen Beschwerden führt, muß dieses System reorganisiert werden, so daß der Kundenservice verbessert werden kann. Bloßes Entschuldigen bei den Kunden für Verzögerungen oder die Mitarbeiter zu schnellerem Arbeiten anzuhalten, kann Probleme verursachen. Michael Hutton, ein Airline Consultant, sagt: „Airlines haben ihre Mitarbeiter unterrichtet, auf fünf verschiedene Arten ‚Es tut mir leid‘ zu sagen, aber sie haben sich nie die Frage gestellt, was zu tun ist, um niemals wieder ‚Es tut mir leid‘ sagen zu müssen.“[7] Die meisten Branchen, mit wenigen Ausnahmen, reagieren auf Beschwerden zufällig, wie sie gerade kommen, anstatt sie gezielt als freie Informationsquelle zur Qualitätsverbesserung zu nutzen. Wenn Beschwerden nur in einer Kundendienstzentrale herumliegen, kann man sie nicht voll nutzbar machen; sie müssen als ein Feedbackmechanismus verwendet werden, mit dessen Hilfe das Unternehmen sich verbessern kann.

Beispiele für die Praxis

Weiter unten zählen wir einige Situationen auf, in denen Sie das Geschenk-Konzept üben können. Konzentrieren Sie sich besonders auf die Schritte eins bis vier, bis Sie die Terminologie beherrschen. Es ist am besten, mit einer anderen Person gemeinsam zu üben. Auf diese Art können Sie auch von der Seite des Empfängers der Botschaft her Erfahrungen sammeln. Wenn Sie jemandem zuhören, der sich für eine Beschwerde bedankt, ist das die beste Art zu verstehen, wie durchschlagskräftig das Geschenk-Konzept ist. Praktizieren Sie diese Beispiele (oder andere, die für Ihre Firma Relevanz besitzen), sooft es nötig ist, damit Sie sich mit dieser Methode vertraut fühlen und ihnen die Worte leicht von den Lippen kommen.

Wenn Sie sich dafür entscheiden, das Geschenk-Konzept auch Ihren Mitarbeitern beizubringen, dann erklären Sie am Anfang die dahinterliegende Philosophie: Eine Beschwerde ist ein Geschenk. Wenn Sie Ihren Mitarbeitern das Geschenk-Konzept erläutern wollen, ohne auf diese Philosophie einzugehen, macht es wenig Sinn. Anschließend sollten Sie das Acht-Schritte-Schema durchgehen und schließlich Ihren Mitarbeitern Gelegenheit geben, es untereinander an Hand folgender Beispiele zu üben:

- Am Telefon: „Die Uhr, die ich bestellt habe, funktioniert nicht."
- Persönlich: „Ihre Zentrale hat mir eine falsche Richtung angegeben. Ich bin zwei Stunden herumgefahren."
- Am Telefon: „Ich bin gerade nach Hause gekommen und sehe, daß zwei Gläser zerbrochen sind. Sie müssen schlecht verpackt gewesen sein."
- Persönlich: „Ich habe jetzt 10 Minuten in dieser Warteschlange zugebracht. Sie brauchen mehr Leute an den Check-Out-Schaltern."
- Am Telefon: „Ich bin wirklich wütend. Das ist das dritte Mal, daß ich hingehalten worden bin und wieder 10 Minuten gewartet habe. Ich möchte mit dem Direktor sprechen."
- Persönlich: „Ihre Preise sind zu hoch. Ich sehe nicht ein, warum ich bei Ihnen so viel zahlen soll, wenn ich genau weiß, daß das andere Firmen günstiger verkaufen."
- Am Telefon: „Ich habe gerade eine zweite Rechnung von Ihrer Firma bekommen. Ich weiß genau, daß ich diese schon eingezahlt habe."
- Persönlich: „Hier raucht jemand im Nichtraucherabteil. Sie müssen etwas dagegen unternehmen."
- Am Telefon: „Ihre Firma teilte mir mit, daß jemand unterwegs ist, um heute morgen meine Waschmaschine zu reparieren. Es ist bereits 14 Uhr und niemand ist bis jetzt gekommen."

- ➪ Persönlich: „Ihre Zeitungsannonce kündigt diese Shirts als günstiges Angebot an, aber Sie haben keine mehr. Ich glaube, Sie haben das nur gemacht, um Kunden in den Laden zu locken."
- ➪ Am Telefon: „Ich habe Ihre Kundendienstnummer dreimal angerufen und keinen einzigen Rückruf erhalten. Ich kann derzeit meinen Computer nicht benützen."
- ➪ Persönlich: „Ich kann in diesem Warenhaus überhaupt nichts finden. Ich habe alle drei Stockwerke nach den Knöpfen abgesucht, und immer werde ich anderswohin geschickt."

Wenn Sie das Gefühl haben, mit diesen Beispielen vertraut zu sein, nehmen Sie reale Beispiele aus Ihrer Firma und praktizieren Sie das Geschenk-Konzept, bis Sie es mühelos beherrschen.

Fragen zur Diskussion

- Welche Informationen benötigen Sie von Ihren Kunden, um ihnen bei ihren Problemen zu helfen? Gibt es irgendwelche Fragen an beschwerdeführende Kunden, auf die verzichtet werden könnte? Verärgert eine Ihrer Fragen die Kunden?
- In welcher spezifischen Situation würde es schwierig für Sie sein, das Geschenk-Konzept anzuwenden?
- Wie oft halten Sie mit Ihren Kunden Rücksprache, wenn sie sich beschwert haben? Wer hält die Verbindung aufrecht?
- Wie stellen Sie sicher, daß eingegangene Beschwerden in Ihrer Firma bekannt gemacht werden? Verfolgen Sie auf irgendeine Weise, was mit dem Informationsgehalt der Kundenbeschwerden geschieht?

7

Fünf Prinzipien, um einen aggressionsbereiten Kunden in einen Partner zu verwandeln

Es ist nicht gerade ein schöner Anblick, wenn Kunden Firmenvertreter anbrüllen, aber es kommt vor. Das kann nicht nur Kundendienstmitarbeiter erschüttern, auch Kunden können über ihre offen gezeigten Emotionen in Verlegenheit geraten. Um diese Verlegenheit zu verbergen, können sie sogar noch wütender und rechthaberischer werden.

Es ist wichtig, daß Kundendienstmitarbeiter darin geschult sind, momentane Auseinandersetzungen mit aggressionsbereiten Kunden zu beherrschen. Angesichts der Gefahr eines drohenden Angriffes neigen wir spontan dazu, entweder anzugreifen oder zu flüchten. Keine dieser Verhaltensweisen ist geeignet für das Geschäftsleben, aber es sind natürliche Reaktionen. Hollywood schlägt Profit daraus in Filmszenen, in denen der überarbeitete, geringgeschätzte, erniedrigte Angestellte schließlich die Nerven verliert, den Kunden beschimpft, darauf pocht, er oder sie sei nicht gut genug bezahlt, um sich diese Demütigung gefallen zu lassen, und schließlich den Job hinwirft. Fast alle Kinobesucher applaudieren spontan, wenn sie eine solche Szene sehen. Vielleicht identifizieren sich manche unter uns mit den Charakteren im Film.

Einige Methoden, mit aufgebrachten Kunden umzugehen, wie z.B. das Geschenk-Konzept, werden in einer Schritt-für-Schritt-Abfolge präsentiert, um die Anwendung zu erleichtern. In vielen Fällen kann ein aufgeregter Kunde auf diese Art beruhigt werden. Daß dies funktioniert, haben wir bei einigen außerordentlich erbosten Kunden gesehen. Bei manchen Gelegenheiten scheinen Kunden schon mehr als nur zornig zu sein. Sie sind am Explodieren, und es bedarf einer sehr reifen, selbstsicheren Persönlichkeit, um eine solche Situation zu beherrschen. Des öfteren sind die Mitarbeiter in der vordersten Linie noch nicht lange im Geschäft und besitzen kaum Erfahrung im Umgang mit außer sich geratenen Kunden. Darüber hinaus sollen sie auch noch professionell auftreten. Praxis und noch einmal Praxis ist wichtig, um die Basis für professionelles Handeln zu schaffen, wenn Leute in Situationen kommen, wo ihr natürlicher Impuls sie drängt, die Flucht zu ergreifen oder zum Angriff überzugehen.

In diesem Kapitel empfehlen wir fünf Prinzipien, die vielen der im Umgang mit schwierigen Kunden verwendeten Techniken zugrunde liegen. Diese Prinzipien basieren auf ausgedehnten psychologischen Untersuchungen und können als Grundlage für andere, Ihnen bereits bekannte Techniken dienen. Sie setzen der Energie des Zorns Schranken und legen dem Kunden Zügel an, wägen Terminologie und Zeitmaß ab, formen Partnerschaften und werden persönlich.

Die Energie des Zorns eindämmen

Die normale Reaktion auf Streß ist Ärger, der manchmal so stark wird, daß er sich in körperlichen Phänomenen äußert. Wenn Versuchstiere in überfüllten Käfigen gehalten werden, Elektroschocks ausgesetzt sind, oder nicht bekommen, was sie sich wünschen, geraten sie in einen Zustand der Aggressivität. Wenn Leute frustriert sind, werden sie ihre Frustration wahrscheinlich an jemandem abreagieren, häufig an unschuldigen Opfern. Es ist deshalb leicht zu verstehen, warum die Mitarbeiter, die manchmal wenig mit dem Grund des Ärgers zu tun haben, des öfteren von aufgebrachten Kunden attackiert werden.

Das Aikido-Konzept der Kriegskunst geht sehr gut mit Zorn um. Es lehrt, sich mit der Energie der anderen Person zu vermengen, so daß man durch sie nicht niedergeworfen wird, und dann diese Energie in die gewünschte Richtung zu kanalisieren. Aikido-Meister leisten der körperlichen Kraft ihrer Gegner keinen Widerstand; vielmehr drehen sie sich mit der Kraft und lassen dieselbe an ihnen vorbeiziehen. Wenn Sie so dem Zorn begegnen, schonen Sie sich emotional und behandeln außer sich geratene Kunden mit einer gewissen Distanziertheit, während Sie versuchen, das Problem zu lösen. Distanziertheit bedeutet übrigens nicht, daß Sie nicht mit hineingezogen werden. Es bedeutet nur, daß man Sie nicht über Ihre „Schalter" aktivieren kann.

Verärgerte Menschen werden im allgemeinen nicht noch ärgerlicher, wenn Sie sie gut behandeln. Aber wenn sie sich bedrängt, bevormundet oder rüde behandelt fühlen, kann ihre Wut eskalieren. Das geschieht, ohne daß Sie es verhindern können. Es ist besser, die emotionale Energie einer Person in Schranken zu halten und sie in Richtung eines positiven Kundendienstgesprächs zu lenken. (Denken Sie an Paarbeziehungen. Meistens erleben Paare die innigste Liebe nach einem heftigen Streit, wenn der Zorn in Anziehung umschlägt.)

Zorn stellt eine starke emotionale Energiequelle dar. Sie wird nur genau in die Richtung geleitet, in welche Sie den Kunden nicht haben wollen. Der Job des Kundendienstmitarbeiters ist es, dem Kunden zu helfen, seine Energie so zu kanalisieren, daß dieser mit dem angenehmen Gefühl, etwas erreicht zu haben, wieder geht. Es kann hilfreich sein, den Zorn als stufenweises System zu betrachten, ähnlich dem stufenweisen Anstieg des Sich-Kränkens: Ablehnung und Schock, Beschuldigen (sich selbst oder andere), Verarbeiten und schließlich Akzeptieren.[1]

In der Phase der Ablehnung sagen die Kunden: „Das darf doch nicht wahr sein!" oder „Da muß ein Fehler sein!" Hier müssen wir bei den Kunden Verständnis erzeugen, indem wir ihre Fragen beantworten und sie mit soviel Informationen wie möglich versorgen.

In der Beschuldigungsphase kann der Kundendienstmitarbeiter zum Ziel der Beschuldigung werden. „Es wundert mich gar nicht. Das geschieht immer. Ihre Leute sind so inkompetent." Die Kundendienstmitarbeiter möchten für ihre Bemühungen gewürdigt werden, und wenn sie beschuldigt werden, ist es nicht leicht, freundlich zu bleiben. Tatsache ist, daß Frontlinien-Mitarbeiter oder Manager, die zu dem Streit hinzugerufen worden sind, gewöhnlich zum Angriff übergehen. Wenn wir begreifen, daß diese Anschuldigungen zum Zornesausbruch unzufriedener Kunden gehören, die zumindest noch einen Kontakt mit uns aufrechterhalten, dann brauchen wir nicht in die Defensive gehen. Erinnern Sie sich, daß eine Beschwerde ein Geschenk ist und daß Sie nur zufällig eines erhalten haben, das nicht richtig verpackt ist. Während dieser Zornphase ist es das beste, den Kunden aufmerksam zuzuhören, anstatt irgend etwas zu erwidern. Es ist von großer Wichtigkeit, zu hören, was der Kunde zu sagen hat.

In der Phase der Verarbeitung des Zorns suchen die Kunden eine Möglichkeit, ihr Problem zu lösen. Ihr Zorn beginnt sich zu legen, und sie werden rationaler. Das ist unsere Gelegenheit, mit ihnen zusammenzuarbeiten. An diesem Punkt können wir aktiver in die Konversation eingreifen, aber wir müssen uns auf die Lösungen konzentrieren, anstatt über Probleme nachzudenken. In der Beschuldigungsphase verbeißen sich die Kunden in ihre Probleme. In der Verarbeitungsphase haben wir die Chance, die Konversation darauf zu bringen, wie wir den Kundenbedürfnissen gerecht werden können. Wenn die Probleme der Kunden gelöst wurden oder versichert worden ist, sie in Zukunft zu lösen, beginnen die Kunden, die Situation zu akzeptieren. In der Praxis wird sich ihr Zorn genauso zerstreuen.

Versteht man den Zornausbruch als Stufenprozeß, erklärt dies, warum manchmal unsere Methode, zornige Leute zur Vernunft zu rufen, nicht funktioniert. Wir versuchen, die Phasen zu überspringen, um zu einer Problemlösung zu kommen, aber in ihrem Zornausbruch müssen die Leute durch alle Phasen hindurch – genauso, wie es beim Kränkungsprozeß geschieht. Leute sind in der Ablehnungs-/Beschuldigungsphase nicht mit rationalen Maßstäben zu messen. Sie beginnen in der Verarbeitungsphase ‚rational zu werden' und haben schließlich die Chance, sich zu integrieren, was in der Akzeptanzphase geschieht. Versuchen Sie nicht, die Kundenprobleme zu schnell in Ordnung zu bringen. Geben Sie den Kunden eine Chance, ihren Emotionen Ausdruck zu verleihen.

Zorn kann mit einer Vulkaneruption verglichen werden. Er bricht los und legt sich dann. Wenn Sie in der Nähe eines Menschen sind, der gerade in Zorn ausbricht, ist es das beste, seinen Gefühlen freien Lauf zu lassen. Es ist unmöglich, einen ausbrechenden Vulkan zu stoppen. Als Kundendienstmitarbeiter möchten Sie den Kunden zur Verfügung stehen und ihnen helfen, wenn sich der Zorn allmählich legt.

Zu diesem Zeitpunkt können Sie mit dem Zorn des Kunden umgehen und ihn gleichzeitig zu einer positiven Emotion hinführen. In „Beyond Culture" definiert Edward Hall eine „Aktionskette" als eine Folge von Ereignissen, die sich zwischen zwei oder mehr Leuten abspielen. Wenn jemand zum Beispiel sagt: „Guten Morgen, wie geht es Ihnen?" wird der andere, um die Aktionskette zu vervollständigen, erwidern: „Mir geht es gut, danke!" Wenn keine Antwort kommt, wird die erste Person spüren, daß etwas nicht zu Ende geführt worden ist. Wenn eine Aktionskette unterbrochen oder gestoppt ist, wird sie wahrscheinlich wiederholt werden, sagt Hall.[2] Wenn Sie den Zorn der anderen Person nicht anerkennen, bedeutet dies, daß er oder sie das Gefühl haben wird, isoliert und inkomplett zu sein und wahrscheinlich seinem/ihrem Zorn weiterhin freien Lauf lassen.

Wenn Kunden eine Aktionskette beginnen, ist es in den meisten Fällen ratsam, sie auch zu vervollständigen. Die grundlegende Kommunikationsregel, die hier anwendbar erscheint, ist, daß eine Aktionskette nie abgerissen werden sollte, außer Sie haben gute Gründe dafür. Wenn Sie jedoch den Eindruck haben, daß sich der zornige Kunde nicht helfen lassen will, dann brechen Sie die Aktionskette ab und unternehmen Sie, was Ihnen notwendig erscheint. Wenn Sie zum Beispiel einem Kunden zuhören und dies das Verpassen eines Fluges zur Folge hat, dann bringen Sie ihn lieber zum Flugplatz, anstatt geduldig seinen Tiraden zuzuhören. Sie können sich später immer noch entschuldigen.

Um eine Aktionskette zu vervollständigen, müssen Sie den Ärger des Kunden anerkennen. Wir haben Kundendienstmitarbeiter beobachtet, wie sie zu wütenden Kunden sagten: „Ich kann Ihnen nicht helfen, wenn Sie sich nicht beruhigen." Wir kennen viele Firmen, die ihre Frontlinien-Mitarbeiter anweisen, mit genau diesen Worten einem wütenden Kunden entgegenzutreten. Aus unserer Sicht repräsentiert dies einen Bruch der Aktionskette; die Kunden werden daher auch in den meisten Fällen zornig bleiben. Eine bessere Art, damit fertigzuwerden, ist, einfach zu erwidern: „Ich sehe ein, daß Sie verärgert sind. Ich wäre es auch."

Der erste Schritt, mit dem Zorn umzugehen, ist, der betreffenden Person zuzuhören. Unterbrechen Sie nicht, das würde die Leute nur noch aufgeregter machen und ihren bereits vorhandenen Streß noch verschlimmern. Sie haben offensichtlich etwas zu sagen, und je eher sie damit fertig sind, um so schneller können Sie das Problem lösen. Wenn Sie sprechen, nehmen Sie Bezug auf das, was diskutiert wird, anderenfalls würden Sie den Inhalt der Beschwerde ignorieren, was nur zu noch mehr Ärger führt.

Wie soll man vorgehen? Dies kommt auf die Methode an, die Sie gewählt haben. Eine Methode ist, sich auf den Zorn als solchen zu konzentrieren, aber nicht notwendigerweise auf die Worte. Wenn zum Beispiel Kunden versuchen, Sie zu reizen – „Seit wann behandeln Sie Ihre Kunden wie Hunde?" –, dann soll Sie dieses Statement zu einem Argument zwingen. Sie könnten darauf erwidern: „Es tut mir leid, daß wir Sie beleidigt haben."

Wenn der Kunde sagt: „Wenn Sie sich nur ein kleines bißchen um Ihre Kunden gekümmert hätten, würden Sie nicht so eine dumme Firmenpolitik betreiben!", ist das provozierend, und der Kunde stachelt Sie an, zu erwidern: „Aber wir kümmern uns doch um unsere Kunden." Sie verteidigen sich jetzt, was dem Kunden weitere Munition liefert, den Krieg fortzusetzen. „Also warum ...?" Und der Krieg wird weiter toben. Besser ist es, eine Frage zu stellen, die sich auf ihren Angriff bezieht. Sie könnten fragen: „Wann hatten Sie zum ersten Mal den Eindruck, wir seien nicht um das Wohl unserer Kunden besorgt?" Das würde den Kunden überraschen – er oder sie hatte wahrscheinlich eine Verteidigung und keine Gegenfrage erwartet. Wenn Sie sich nicht verteidigen, ist es für den Kunden viel schwieriger, mit dem Angriff fortzufahren.

Fragen zu stellen hilft, die Leute zu einem vernünftigen Standort zu bringen, anstatt zu einem emotionalen. Im allgemeinen genügt es, drei Fragen aufzuwerfen, eine nach der anderen, um dem wütenden Kunden zu helfen, wieder vernünftig zu werden. Wenn Sie einmal von einer Polizei- oder Militärstreife angehalten wurden, können Sie sich bestimmt erinnern, mit einer Serie von Fragen bombardiert worden zu sein. Die erste typische Frage ist: „Wissen Sie, warum Sie angehalten wurden?" Die Antwort des Fahrers gibt dem Beamten einen Hinweis, welchen Schritt er als nächstes setzen soll. Wenn der Fahrer sagt: „Jawohl! Weil ihr Bullen mit den Dollars der Steuerzahler nichts Besseres anzufangen habt", weiß der Polizeibeamte, daß er es mit einem schwierigen Gegenüber zu tun hat, und wird dementsprechend vorgehen. Wenn der Fahrer erwidert: „Warum? War ich zu schnell?" wird der Polizeibeamte zur zweiten Frage übergehen: „Kann ich Ihren Führerschein sehen?" Die dritte Frage: „Kann ich die Fahrzeugpapiere sehen?"

Fragen wenden sich an den rationalen Teil des Gehirns. In den meisten Fällen genügen drei aufeinanderfolgende Fragen, um die Leute aus dem vom emotionalen, reaktiven limbischen System gesteuerten Zustand zurückzuholen und ihren Cortex zu aktivieren, wodurch rationale Gedanken entstehen.[3] (Die meisten Menschen, die von einem Polizeibeamten angehalten wurden, durchlaufen verschiedene emotionale Stadien.)

Um ein Experte im Befragen verärgerter Leute zu werden, müssen Sie in Rollenspiel-Situationen üben. Entwickeln Sie Varianten von zweiten und dritten Fragen. Es können auch mehr sein, wenn Ihre einleitende Frage keine rationale Reaktion zur Folge hatte. Wir müssen sicher sein, daß unsere Fragen nicht die Frustration verstärken. Dies finden Sie am ehesten heraus, wenn Sie Feedback aus der Praxis gewinnen. Wir müssen Fragen stellen, die Sinn machen, und demonstrieren, daß gerade etwas Positives geschieht. Erinnern Sie sich, wie wir versucht haben, dem Zorn die Energie zu entziehen und sie in eine positive Reaktion zu verwandeln.

Wenn Sie unbedingt Limits setzen müssen, machen Sie es so, daß die Person nicht ihr Gesicht verliert. Das „Gesicht" ist ein Konzept, welches in Asien weit verbreitet ist. Es basiert auf der Bedeutung, daß man einer Person seine oder ihre Würde oder Status/Position nicht raubt – besonders nicht in der Öffentlichkeit. Manchmal ist es sinnvoll, die Kunden von Menschenansammlungen wegzubringen, so daß ihre Emotionalität nicht beschämend wirkt. Kunden können ihrem Zorn in einem privateren Umfeld Ausdruck verleihen, und außerdem wird vermieden, daß der Eindruck entsteht, in Ihrer Firma sei das Chaos ausgebrochen. Wichtig ist auch, daß Sie Erwachsene nie wie Kinder behandeln: Es ist erstaunlich, wie oft wir Kundendienstmitarbeiter beobachtet haben, die ihre Kunden im Ton eines Lehrers herumkommandieren: „Ich kann Ihnen nicht helfen, solange Sie nicht alle Platz genommen haben ... sich in einer Reihe aufstellen ..." Sie werden aggressionsbereite Kunden haben, wenn Sie Erwachsene, die sich beschweren, bevormunden.

Wenn Sie es mit jemandem zu tun haben, der wütend ist und, ungeachtet was Sie auch tun, knapp vor dem Explodieren steht, dann denken Sie an Ihre Zuhörerschaft – die umstehenden Kunden, die Sie beobachten, nur um zu sehen, wie Sie sich verhalten werden. In den meisten Fällen werden sie Ihnen Sympathie entgegenbringen, solange Sie nicht auch aggressiv werden.

Sich dem Kunden angleichen

In der Neurolinguistik bedeutet Schritthalten, sich der Gangart von jemandem anzupassen. Dies geschieht, indem die eine Person das Verhalten der anderen Person spiegelt, so daß das, was die andere Person sieht, eine Reflexion ihrer selbst ist. Wenn wir uns dem Lächeln eines anderen anpassen, dann zeigen auch wir ein Lächeln. Wenn wir uns der Verhaltensintensität eines anderen angleichen, verstärken wir unser Reaktionsniveau. Angleichen ist ein Instrument, das eine Bindung schafft, eine harmonische Beziehung. Wenn Leute in einer Beziehung zueinander stehen, neigen sie eher dazu, zu verzeihen und den anderen zu akzeptieren.

Sich einander angleichen bedeutet nicht nachäffen oder einfach nachmachen, sondern sich in die Innerlichkeit des anderen einfühlen. Es bedeutet auch, daß Sie jene Aspekte ihrer selbst herausstreichen, die denen der anderen Person am ähnlichsten sind. Wir alle haben eine besondere Affinität zu Leuten, die uns ähnlich sind. Wenn Leute natürlich miteinander umgehen, gleichen sie sich automatisch an. Psychologen haben schon lange erkannt: Wenn zwei Personen nicht miteinander auskommen und eine davon sich bemüht, sich in die Vorstellungswelt der anderen hineinzuversetzen, kann dies zu einer Übereinstimmung führen, die vorher nicht vorhanden war.

Im allgemeinen ist es leicht, sich jemandem anzugleichen, der in guter Stimmung ist. Es ist aber trotzdem verwunderlich, wie viele Kunden von einem Kundendienstmitarbeiter nicht einmal ein Lächeln geschenkt bekommen, sondern nur ein lapidares „Der Nächste!“ – besonders wenn man sich beschwert. Es ist viel schwieriger, sich einem Glücksgefühl anzugleichen, wenn wir niedergeschlagen oder überarbeitet sind. Wenn die Frontlinien-Mitarbeiter einer Firma zu den Kunden unfreundlich sind, ist es für das Management wichtig, über eine Verringerung der Arbeitsbelastung und anderer (lästiger) schwerfälliger Systeme nachzudenken, die Frustrierung im Verkaufsbetrieb hervorrufen.

Während es einfach ist, sich einer guten Stimmung anzugleichen, braucht es Geschick und Erfahrung, sich in die Vorstellungswelt eines aufgebrachten Kunden einzuleben und ihn in eine freundlichere Gemütsverfassung zurückzuversetzen. Ist jemand wütend, erscheint es nicht zweckmäßig, als Anfangsreaktion ebenfalls in Zorn auszubrechen, sondern die Gefühlsintensität zu spiegeln und verstärkt Besorgnis und Interesse zu zeigen. Ist jemand wirklich außer sich, wird ihn ein Lächeln wahrscheinlich noch ärgerlicher und noch aufgebrachter machen. Zuweilen kann Sichangleichen so einfach sein wie: „Sie wirken sehr aufgebracht. Wie kann ich Ihnen helfen?“ Diese Worte folgen der emotionalen Verfassung. Eine raschere Reaktion wird Ihnen im allgemeinen bei aufgebrachten Personen helfen. Kommen Sie so schnell wie möglich zum Kern der Sache.

Wenn Sie üblicherweise ein Normverfahren mit Fragen nach Name, Adresse, Telefonnummer etc. verwenden, so verzichten Sie bei aufgebrachten Kunden darauf. Die Informationen können Sie immer noch später bekommen, wenn die Kunden sich beruhigt haben. Die

Kunden denken sich: „Was zum Donnerwetter haben meine Telefonnummer und der Mädchenname meiner Mutter damit zu tun? Ich will mein Problem gelöst haben, und das sofort!“ Um sich diesen Kunden anzugleichen, unternehmen Sie rasch etwas zur Lösung Ihrer Probleme und stellen Sie andersgeartete Fragen, etwa wie der Kunde seiner Meinung nach zufriedengestellt werden könnte.

Manchmal sind Kundendienstmitarbeiter gezwungen, sich mit mehreren Leuten auf einmal auseinanderzusetzen. Wenn Sie beispielsweise Leuten helfen, die in einer langen Warteschlange stehen, und alle darauf drängen, daß sich etwas tut, sprechen Sie nicht nur zu den Personen, die Ihnen am nächsten stehen. Weiten Sie Ihren Wirkungskreis aus und kontaktieren Sie die ganze Reihe. Sie können dies mit Blickkontakt zu allen Wartenden erreichen. Das kann helfen, eine größere Gruppe zu beruhigen. Wir haben Dutzende Fälle erlebt, bei Airline-Mitarbeitern, an der Hotelrezeption bei der Abrechnung und bei Verkäufern, in denen man sich auf die erste Person in der Reihe wunderbar eingestellt hat – und dabei eine sehr nervöse Warteschlange hinter dem zufriedengestellten Kunden vollkommen ignorierte. Ein schneller Blickkontakt sagt den Leuten, daß Sie wissen, daß sie da sind. Sie haben nicht auf sie vergessen und werden etwas unternehmen, um ihnen zu helfen.

Unsere natürliche, menschliche Neigung ist es, nicht auf eine größere Zuhörerschaft zu schauen, besonders wenn eine nervöse Wartereihe nur langsam abgefertigt wird. Die Mitarbeiter im Verkauf müssen sich die Tatsache zu eigen machen, daß Kunden noch aufgebrachter reagieren, wenn man den Blick abwendet. Viele Strategien, außer sich geratene Personen wieder auf Ihre Seite zu ziehen, entbehren jeglichen Einfühlungsvermögens. Unser Urinstinkt signalisiert uns auszuweichen, uns zu verteidigen oder anzugreifen. Dies wird aber nicht ausreichen, einen zufriedenen Kundenstock zu schaffen.

Wenn jemand weint, müssen Sie sicherlich nicht ebenfalls weinen, um mit der betreffenden Person mitzufühlen. Aber Sie müssen Verständnis zeigen. Achten Sie aber darauf, Personen in einer solchen Situation dabei zu helfen, daß ihre Tränen nicht auffallen. Denken Sie daran, daß der Kunde seine Würde behalten möchte. Wenn

Sie den Kunden helfen, durch solche schwierige Situationen wie diese hindurchzukommen, werden Sie wahrscheinlich für sie ein Partner werden.

Das Bewerten von Terminologie und Zeitwahl

Nachdem wir über 20 Jahre mit Tausenden von Managern, Kunden und Kundendienstmitarbeitern gearbeitet haben, sagt uns unsere Erfahrung, daß Sie so gut wie alles zu jedem sagen können, wenn Sie die richtigen Worte und den richtigen Zeitpunkt wählen. Das ist ein wichtiges Prinzip, wenn Sie es mit aufgebrachten Kunden zu tun haben.

Beobachten Sie beispielsweise das Bordpersonal einer Airline; Sie werden kaum feststellen, daß es die Passagiere herumkommandiert. Die Flugbegleiter sagen normalerweise: „Ich benötige …" oder „Wir benötigen …" und legen dann dar, was sie brauchen, anstatt zu sagen: „Sie müssen …" oder „Sie haben das …" Sie möchten keine verärgerten Passagiere haben, die in den engen Raum eines Flugzeuges eingesperrt sind. Kunden anzusprechen mit: „Wir wären Ihnen sehr verbunden, wenn Sie etwas still sitzen (oder warten oder …) könnten!" ist eine freundliche Wendung und bringt sehr oft das gewünschte Ergebnis.

Eignen Sie sich bestimmte Phrasen an, etwa wie diese: „Ich kann Ihnen besser helfen, wenn … (Sie einen Schritt näher kommen … zuerst ein paar Fragen beantworten …). Könnten Sie mir schildern, was sich ereignet hat – Schritt für Schritt … Könnten Sie mir helfen, indem Sie ein bißchen langsamer werden …" Diese Phrasen helfen Ihnen viel mehr, die wankelmütigen Gefühle eines aufgebrachten Kunden zum Positiven zu wenden, als: „… wenn Sie das nicht tun, dann …, ich kann Ihnen nicht helfen, wenn Sie nicht … Gnädige Frau, Sie müssen … verehrter Herr …, wir haben hier einen Ablauf, der eingehalten werden muß …"

Es ist verlockend, die Kunden zu erniedrigen, besonders wenn ihre Manieren Sie provozieren. Im Grunde genommen haben Sie, zumindest für den Augenblick, das, was die Kunden wünschen. Aber denken Sie daran, auch Kunden haben etwas, was Sie möchten, nämlich ihre Kundentreue. Des weiteren dürfen Sie keinesfalls einem Kunden sagen: „Sie haben unrecht." Es spielt überhaupt keine Rolle, ob es den Tatsachen entspricht oder nicht. Für den Kunden ist es eine Beleidigung.

Hier sind einige andere Möglichkeiten angeführt, wie Sie durch Ihre Ausdrucksweise Kunden verlieren können:

- Die Gedanken der Kunden lesen wollen: „Sie wollen doch diese Farbe (oder Größe oder diesen Schnitt) gar nicht."
- Zu dem Kunden herablassend sein: „Sie haben wahrscheinlich vergessen, das Gerät anzustecken."
- Das Problem herunterspielen: „Sie glauben, Sie sind schlecht dran. Der letzte Kunde ..."
- Den Kunden beschuldigen: „Sie hätten es besser wissen sollen, anstatt zu vermuten ..."
- Dem Kunden drohen: „Ihre Probleme werden noch größer werden, wenn Sie nicht ..."
- Unaufgefordert undiplomatische Ratschläge erteilen: „Diese Hose wäre nicht gerissen, hätten Sie ein wenig Gewicht verloren (oder die richtige Größe gekauft)."

Ein „Nein" im Umgang mit Kunden bringt Sie selten sehr weit: „Nein, wir können es heute nicht bekommen!" klingt wie eine Verweigerung – was es auch ist. Wie wäre es mit: „Wir können es morgen für Sie besorgen." „Nein, das ist unmöglich" ist zu stark. Wie wäre es mit: „Überlegen wir uns, welche Möglichkeiten wir haben."

Streichen Sie auch Worte wie „aber" und „doch" aus Ihrem Vokabular, wenn Sie mit Kunden sprechen. Ein aufgebrachter Mensch will nur das Wort hören, das auf „aber" und „doch" folgt. Wenn Sie beispielsweise jemandem sagen: „Sie sehen gut aus, aber Sie sind für diesen Anlaß zu vornehm angezogen", wird er oder sie nur die Kritik hören. Ähnlich verhält es sich, wenn Sie den Kunden sagen: „Ich kann das für Sie tun, doch es wird drei Tage brauchen, bis es eintrifft." Der Kunde wird sich nur auf die Verzögerung konzentrieren. Formulieren Sie den Satz positiv: „Wir können es für Sie bekommen, und es wird nur drei Tage dauern."

Eine andere, wenig zufriedenstellende Wendung, die viele Leute gebrauchen, ist: „Ich kann es probieren, aber versprechen kann ich nichts." Erstens ist Probieren nicht Erledigen. Probieren heißt, etwas zu versuchen, ohne die Zusicherung, daß die Aktion erfolgreich abgeschlossen wird. Versuchen Sie beispielsweise, etwas vom Boden aufzuheben. Wenn Sie es aufgehoben haben, haben Sie es nicht versucht, sondern eben aufgehoben. Immer dann, wenn Kundendienstmitarbeiter sagen „Nein! Ich habe es versucht ...", argwöhnen Kunden, daß man sich keine große Mühe gegeben hat. Seien Sie unmittelbarer, und der Kunde wird es zu schätzen wissen. „Hier sehen Sie, was ich unternehmen werde." Im Normalfall ist eine klare, ausdrückliche Feststellung mehr wert als zehnmal zu sagen: „Ich werde es probieren ..."

Das Formen von Partnerschaften

Um die Feindseligkeiten aufgebrachter Kunden in etwas Positives zu verwandeln, müssen Sie sie dazu bringen, mit Ihnen zusammenzuarbeiten. Diese Partnerschaft wird Sie auf die Seite Ihres Kunden bringen, in dem gemeinsamen Bemühen, Schwierigkeiten zu überwinden.

Die Terminologie der Partnerschaft ersieht man etwa an folgenden Beispielen:

- ➪ „Sehen wir einmal, was wir dazu unternehmen können."
- ➪ „Mir ist klar, daß Sie außer sich sind, aber es ist für mich sehr wichtig, mit Ihnen an der Lösung des Problems arbeiten zu können."
- ➪ „Machen wir folgendes ..."
- ➪ „Wenn Sie dies tun ... dann kann ich das tun ..."

Ergänzend zur Ausdrucksweise gibt es auch noch verschiedene Arten partnerschaftlichen Verhaltens. Diese umfassen:

- Untersuchend: „Gehen wir der Sache auf den Grund."
- Beratend: „Das ist das Beste, was wir tun können."
- Rat geben oder zuhören: „Erzählen Sie mir, was geschehen ist. Ich möchte es auch gerne wissen."
- Analytisch: „So können wir vorgehen – Schritt für Schritt."
- Versichern: „Habe ich das richtig verstanden?" „Habe ich jetzt alle nötigen Informationen?"

Eine Partnerschaft zu formen bedeutet, daß Sie den Kunden nicht weiterverweisen, außer es besteht eine absolute Notwendigkeit dazu. Wenn Sie wirklich jemand anderen beiziehen müssen, versichern Sie dem Kunden, daß Sie darauf achten werden, daß die Bearbeitung zufriedenstellend verläuft. Kunden leben in der ständigen Angst, von Stelle zu Stelle verwiesen zu werden, wobei sie jedes Mal den ganzen Fall aufs neue vorbringen müssen. Die meisten Leute haben diese Erfahrung mehr als einmal gemacht. Geben Sie den aufgebrachten Kunden Ihre Visitenkarte, damit sie sehen, daß Sie sich nicht verstecken wollen.

Heute sind viele Kundenbedürfnisse so komplex gelagert, daß es schwierig ist, nur durch einfaches Verkaufen aus dem Regal ihren Vorstellungen gerecht zu werden. Sie benötigen maßgeschneiderte Artikel und Lösungen. Wir können nicht mehr einfach einen Schraubenzieher oder ein paar Batterien verkaufen. Wir brauchen die richtige Art Schraubenzieher und die passende Größe der Batterien. Die Informationen, die der Kunde in seinem Kopf behält, tragen wesentlich dazu bei, daß ihre Bedürfnisse zufriedengestellt werden. Wenn Kunden das Gefühl haben, von dem Mitarbeiter des Unternehmens partnerschaftlich behandelt zu werden, ist es viel wahrscheinlicher, daß wichtige Informationen zum Vorschein kommen, die am Ende zu ihrer Zufriedenstellung führen. Das ist Partnerschaft, die im allgemeinen zu positiven Gefühlen auf beiden Seiten führt.

Werden Sie persönlich

Wenn es Ihnen nur darum geht, Beschwerden beizulegen, dann mag eine distanzierte Behandlung des Problems angebracht sein. Wenn Sie jedoch daran interessiert sind, aufgebrachte Kunden in Partner zu verwandeln und mitzuhelfen, „Aggressoren“ in Partner umzuformen, dann müssen Sie einen persönlicheren Zugang wählen. Lassen Sie es den Kunden wissen, daß hier eine lebendige Person vor ihnen steht, die versucht, ihnen zu helfen. Schenken Sie Ihrem zornigen Kunden viel persönliche Aufmerksamkeit. Meistens genügt Aufmerksamkeit allein, jemanden zu beruhigen. Der Zorn des Kunden ist teilweise durch sein Verlangen nach Aufmerksamkeit motiviert. Wenn Sie also den Kunden Ihre Aufmerksamkeit schenken, werden deren Reaktionen weniger extrem.

Eine naheliegende, aber meist übersehene Technik ist der Gebrauch des Namens. Eine unpersönliche Anrede treibt manche Leute zum Wahnsinn. Dabei ist es sehr einfach, die Kunden nach ihren Namen zu fragen. Wenn sie es vorziehen, anonym zu bleiben, fragen Sie, wie sie angesprochen werden wollen. Erklären Sie ihnen, daß Sie nicht beleidigend wirken möchten, wenn Sie unpersönlich sind.

Teilen Sie ihnen Ihren Namen ebenfalls mit. Wenn die Kunden einmal Ihren Namen haben, geben Sie ihnen das Gefühl, daß Sie nichts zu verbergen haben. Geben Sie ihnen Ihre Visitenkarte, falls Sie eine haben. Wenn Kunden Ihren Namen haben und Sie deren Namen, sind sie einander nicht mehr fremd. Wir gehen keine Partnerschaften mit Organisationen und Maschinen ein – wir gehen Partnerschaften mit Menschen ein, die wir kennen. Wenn Kunden Sie beleidigen und Sie sich kränken, ist es völlig in Ordnung, ihnen dies auch zu sagen (dies wird in Kapitel 9 detailliert behandelt). Wenn Sie nicht wissen, was Sie als nächstes tun sollen, geben Sie es einfach zu. „Ich bin selbst verwirrt. Ich weiß nicht, was ich tun soll – aber ich werde es herausfinden.“ Zumindest können die Kunden sehen, daß sie es mit einem Menschen aus Fleisch und Blut zu tun haben, statt mit einer Maschine, die man treten und beschimpfen kann. Die Kunden erwarten nicht, daß Sie alles wissen; aber sie wollen sicher sein, daß Sie in erster Linie darauf bedacht sind, ihnen zu helfen.

Wenn Sie sich bei Kunden entschuldigen müssen, machen Sie das aus innerster Überzeugung: Zu viele Leute sagen „Entschuldigung" in einer Art und Weise, daß Kunden sofort wissen, daß sie es nicht so meinen. Dieses „Entschuldigung" ist eine Schutzbehauptung, nur damit sie ihre Ruhe haben, egal, ob es ihnen leid tut oder nicht. Zeigen Sie den Kunden, daß es Ihnen persönlich leid tut, daß die Firma sie im Stich gelassen hat und daß Sie damit möglicherweise die Chance verloren haben, auch in Zukunft für die Kunden da zu sein. Es ist übrigens ganz in Ordnung über zukünftige Geschäfte zu sprechen. „Ich bin mir im klaren, daß wir diesmal versagt haben, aber ich bin zuversichtlich, daß Sie uns eine Chance geben werden, für Sie auch in Zukunft da zu sein. Es würde mir persönlich sehr viel bedeuten. Ich weiß, daß dieser Vorfall von heute ganz sicher nicht unsere Art ist."

Um für Kunden wirklich da zu sein, bedarf es einer Haltung, die ausdrückt, daß Sie helfen möchten, ihre Bedürfnisse zu befriedigen. Sie möchten demonstrieren, daß Ihre Firma dazu imstande ist und Sie ihr dabei tatkräftig behilflich sind. Dies ist eine kundenorientierte Einstellung. Sie ist nicht produkt- oder firmenorientiert. Wenn Sie sich Ihrer eigenen Menschlichkeit bewußt sind, dann gelingt es Ihnen eher, sich zu vergegenwärtigen, daß auch Kunden Menschen sind, die leiden. Sie wenden einfach eine Methode an, die vielleicht in der Vergangenheit erfolgreich war – indem sie den anderen gewaltig einschüchtern. Unter anderen Umständen sind sie wahrscheinlich sehr freundliche Leute. Sie haben sie gerade zu einem ungünstigen Zeitpunkt erwischt.

Einige zusätzliche Ratschläge an die Manager

Es kann sein, daß einige der spezifischen Kundenprobleme, mit denen Ihre Firma zu kämpfen hat, am besten von einer speziell ausgebildeten Gruppe von Kundenbetreuern behandelt werden. Wenn Ihre Frontlinien-Mitarbeiter Kunden an andere Firmenmitarbeiter verweisen, die für spezielle Probleme geschult sind, stellen Sie sicher, daß die Kunden nicht glauben, in der ganzen Firma herumgereicht zu werden. Unterweisen Sie Ihre Verkaufsmannschaft darin, wie man Kunden weiterverweist, ohne sie noch mehr zu verärgern. „Ich kann Ihre Aufregung verstehen; ich wäre auch verärgert. Glücklicherweise haben wir ein Team von Leuten, die die erforderlichen Unterlagen zu genau Ihrem Fall besitzen. Ich werde Sie sofort weiterverweisen. Wenn Sie aus irgendeinem Grund nicht zu der richtigen Stelle gelangen, dann ... (hier schlagen Sie einige Alternativen vor, wie beispielsweise: „Ich werde Sie zurückrufen, oder hier ist die direkte Telefonnummer, an der Sie die Stelle erreichen, die Ihnen helfen kann).“

Manchmal verstärken Kunden ihre Forderungen und bestehen darauf, mit einem Manager zu sprechen, weil sie mit den Antworten des Verkaufspersonals nicht zufrieden waren. Wenn Sie jemals in dieser Situation sind und dabei dem Kunden den Rücken stärken wollen – entgegen den Informationen, die Sie von Ihren Mitarbeitern erhalten haben –, dann seien Sie sehr vorsichtig mit Ihren Worten. Loben und unterstützen Sie Ihre Mitarbeiter vor den Kunden, indem Sie erklären, es müsse sich um ein Mißverständnis handeln und Sie würden es zu einem späteren Zeitpunkt nachprüfen. Als Manager haben Sie es mit internen und externen Kunden zu tun, die Sie beide zufriedenstellen müssen. Sie können dieses Problem vorwegnehmen und entschärfen, indem Sie mit Ihren Mitarbeitern schon im vorhinein diskutieren, wie Sie eine solche Situation handhaben würden – noch bevor sie eingetreten ist.

Fragen zur Diskussion

- Wie oft und unter welchen Umständen werden Ihre Kunden zu „Aggressoren“?
- Hat die Belegschaft eine adäquate Ausbildung, um mit sichtlich erbosten Kunden umzugehen? Wissen die Mitarbeiter, daß man beleidigendes Kundenverhalten nicht persönlich nehmen muß?
- Wissen Ihre Mitarbeiter, wie Aktionsketten geschlossen werden, wenn sie sich dem verärgerten Kunden gegenübersehen? Sind Ihren Mitarbeitern Fragen geläufig, die sie außer sich geratenen Kunden stellen sollten?
- Wenden sich Ihre Mitarbeiter, wenn sie Kunden vor einem Schalter helfen, an die gesamte Wartereihe, die sich vor ihnen gebildet hat?
- Weiß Ihr Mitarbeiterstab, welche Ausdrucksweise geboten ist, um Kunden in Partner zu verwandeln, anstatt sie sich zu entfremden?
- Wie gelingt es Ihren Mitarbeitern, aufgebrachte Kunden persönlich anzusprechen?

8

Wie man auf schriftliche Beschwerden reagiert

Um einen Beschwerdebrief zu schreiben, müssen Kunden verschiedene Dinge erledigen – Papier, Schreibzeug, Kuvert, Briefmarken vorbereiten und einen klaren Kopf haben. Anschließend müssen sie sich Zeit nehmen, den Brief zu schreiben.

Einen Beschwerdebrief zu schreiben ist nicht so einfach. Wenn Kunden keinen handgeschriebenen Brief senden möchten, müssen sie sich eine Schreibmaschine oder einen Computer suchen. Je nach ihrem Schreibtempo, kann das zwischen 10 und 30 Minuten dauern. Leute, die eine Menge Details schreiben, erzählen uns, daß sie gelegentlich einige Stunden für ihre Briefe benötigten. Möglicherweise werden sie ihre Briefe kopieren wollen, was eine Fahrt zu einem Copy-Shop notwendig macht. Schließlich müssen Kunden die Briefe zum Briefkasten oder auf das Postamt bringen. Dann müssen sie auf Antwort warten.

Schriftliche Beschwerden: ein Warnsignal

Etwa zur gleichen Zeit, in der Kunden einen Brief verfassen, können Firmen sicher sein, daß mindestens eines der nachfolgenden Ereignisse eintritt:

➪ *Kunden sind aufgebracht*

Es kostet Mühe, ein Schreiben zu verfassen. Viele Leute kündigen zwar an, einen Beschwerdebrief zu schicken, aber die meisten setzen diese Absicht nicht in die Tat um.

➪ *Kunden sind mit dem Ergebnis ihrer mündlich vorgetragenen Beschwerde unzufrieden*

Eine schriftliche Beschwerde ist für viele Leute das letzte Mittel, die Situation zu bereinigen, nachdem sie bereits andere Möglichkeiten ausgeschöpft haben.

➪ *Kunden beginnen einen Papierkrieg, der rechtliche Schritte nach sich zieht*

Wenn Kunden etwas sehr Schwerwiegendes widerfahren ist und sie rechtliche Schritte in Erwägung ziehen, brauchen sie Beweise, daß sie der Firma eine Chance gegeben haben, ihre Beschwerden in Ordnung zu bringen.

➪ *Kunden haben niemanden gefunden, bei dem sie sich ad personam beschweren konnten*

Wenn sie Gelegenheit dazu haben, werden es viele Kunden vorziehen, von Angesicht zu Angesicht zu sprechen. Wenn Kundendienstmitarbeiter nicht greifbar sind oder wenn die Kunden nicht wissen, wie und bei wem sie sich beschweren sollen, werden sie auf das Briefeschreiben zurückgreifen.

➪ *Kunden fühlen sich bei Beschwerden von Angesicht zu Angesicht unbehaglich*

Solche Leute finden einen Brief bequemer, um eine Beschwerde zu deponieren.

➪ *Kunden haben persönliche Gründe, warum sie sich nicht beschweren konnten oder nicht wollten*

Kunden waren vielleicht in Eile oder hatten übermüdete Kinder bei sich. Manche Kunden könnten vielleicht einen Sprachfehler haben, oder es kann ihnen an dem erforderlichen sprachlichen Ausdrucksvermögen fehlen. Manchmal werden umstehende Zuschauer bei den Kunden Verlegenheit hervorrufen.

➪ *Schließlich können Kunden ermuntert worden sein, einen Beschwerdebrief zu schreiben*

Der Kundendienstmitarbeiter könnte eine schriftliche Beschwerde verlangt haben und mitunter auch dem Kunden mitgeteilt haben, daß ihre Beschwerde nur auf diese Weise zur Kenntnis genommen werden würde. Noch einmal, eine schriftliche Beschwerde stellt eine besondere Bemühung des Kunden dar, welcher er sich nicht unterziehen würde, wenn er nicht bereits aufgebracht wäre.

Wie reagieren Firmen auf schriftliche Beschwerden?

Die bemerkenswerte Anzahl von Untersuchungen, die sich mit den Reaktionen auf Beschwerdebriefe befassen, weisen alle auf einen riesigen Bedarf an Verbesserungen hin. Studien aus den siebziger Jahren über Beschwerdebriefe zu Konsumgütern zeigen eine Bandbreite von Reaktionen von 56 zu 70 Prozent.[1] Diese Zahlen sehen nicht so übel aus, bis Sie den Kehrwert betrachten: Dann bedeuten diese Zahlen nämlich, daß 30 bis 45 Prozent der Beschwerdebriefe keine Antwort bekamen, nicht einmal eine unzureichende. Das Niveau der Konsumentenzufriedenheit durch Reaktionen bewegte sich zwischen 28 und 60 Prozent. Betrachtet man die Kehrwerte dieser Statistik, bedeutet das, daß 40 bis 72 Prozent der Kunden mit den erhaltenen Antworten unzufrieden waren! Schließlich brauchten Firmen zwischen zwei Wochen und einem Monat, um die Kundenbriefe zu beantworten.

Hat sich die Situation in den letzten 20 Jahren verbessert? Das ist sehr fraglich. In einer kürzlich durchgeführten Untersuchung von 300 Beschwerdebriefen und Dankesschreiben, die an verschiedene Dienstleistungsbranchen versandt wurden (Airlines, Hotels, Restaurants, Banken, Kreditkartengesellschaften, Autohändler und Vermietungsgesellschaften) erhielten nur 41 Prozent der Schreiben eine Reaktion. Fast perfekt in ihrer Reaktionsrate waren Banken, gefolgt von Mietwagenfirmen und Hotels. Restaurants, Kreditkartengesellschaften und Autohändler beantworteten keinen einzigen Brief![2] Die Durchschnittszeit für die Beantwortung lag bei an die 20 Tagen.[3]

Bei all diesen Daten, die sich über die vergangenen 25 Jahre nicht signifikant geändert haben, mutet es seltsam an, daß TARP daraus den Schluß zieht, daß in Hinsicht auf Beschwerdebriefe „signifikante Verbesserungen in der Bearbeitung zu bemerken wären."[4]

Konsumentenreaktionen auf Antwortbriefe

Einige Branchen erhalten mehr Beschwerdeschreiben als andere. Dies ist etwa der Fall, wenn Leute gebeten werden, einen Bewertungsbogen auszufüllen. Hotels zum Beispiel erhalten viel mehr Briefe als Einzelhandelsläden. Hotels förderten Feedback auf Gästefragebogen, die leicht beim Abrechnungsschalter eingeworfen werden können. Typischerweise haben Kunden in Hotels mehr Zeit, Briefe zu schreiben, als nach Rückkehr in ihr Privatheim. Firmen, die mehr langfristige Beziehungen zu Kunden aufgebaut haben, tendieren dazu, mehr Briefe zu erhalten. Für die meisten Leute jedoch braucht es viel mehr Energie, einen Brief zu schreiben, als sich direkt zu beschweren.

Kunden werden in der Abfassung ihrer Briefe immer geübter. Ein vor kurzem erschienenes Buch „How To Write Compliant Letters, That Work",[5] das viele Musterbeschwerdebriefe enthält, beschreibt Schritt für Schritt ein Verfahren, um gute Beschwerdebriefe zu erstellen. Der Autor erklärt seinen Lesern, an wen sie schreiben sollen (die Firmenleitung), wie man den Namen und die Adresse des

CEO bekommt (Einsetzen von Recherchetechniken), wie man eine Firma durch Versendung von Kopien an öffentliche Verwaltungen oder Tageszeitungen unter Druck setzt und wie man die Briefe ihrem Inhalt nach steigert, so daß nicht schon im ersten Brief ihr ganzes Pulver verschossen ist. Firmen werden sich dem steigenden Niveau des Konsumentenbewußtseins und den vermehrten Kenntnissen der Kunden anpassen müssen.

Wenn eine Firma bloß einen standardisierten „Besten-Dank-für-Ihre-Beschwerde"-Brief zurücksendet, werden die Kunden nur zu einem geringen Grad zufrieden sein – außer sie hatten Punkte zur Bearbeitung aufgelistet. In einem solchen Fall erwarten die Kunden selbstverständlich eine spezifische Reaktion auf ihre Beschwerde. Wenn aber die Firma den Beschwerdebrief ernst nimmt und sich dies in ihrem Antwortschreiben widerspiegelt, werden die Kunden die Firma ebenfalls ernst nehmen. Eines ist sicher: Kunden sind möglicherweise aufgebracht, wenn sie ihre Briefe schreiben. Wenn das Antwortschreiben nicht zufriedenstellend ausfällt, werden die negativen Gefühle sicher verstärkt werden. Es trifft zu, daß einige Kunden in der Zeit, die viele Firmen für die Beantwortung ihrer Beschwerden brauchen, bereits auf ihre Briefe vergessen haben. Auf jeden Fall aber bleibt die ursprüngliche Beschwerde fürs erste einmal im Gedächtnis des Kunden haften; die Firmenantwort ist eine Gelegenheit, entweder den guten Willen des Kunden zurückzugewinnen oder ihn ein zweites Mal zu verärgern.

Sehr oft sind Leute, die an die Firmen schreiben, loyale Kunden, die den Unternehmen eine zusätzliche Chance geben wollen, um sich zu verbessern. Auf Grundlage ihrer Kundenumfrage, meldet TARP, daß zwischen 55 und 70 Prozent der Leute, die Beschwerdebriefe schreiben, Kunden bleiben wollen, wenn sie eine rasche Antwort (innerhalb von zwei Wochen) erhalten. Wenn die Antwort schnell und zufriedenstellend ist, werden 90 Prozent der Kunden der Firma treu bleiben.[6] Wie verhält es sich mit den restlichen 10 Prozent? Diese Kunden möchten wahrscheinlich die Firma darüber informieren, wie verärgert sie sind, was geschehen ist und daß sie nicht mehr Kunden bei der Firma bleiben werden.

Wir beobachteten einen Airlinepassagier, der den Aufenthaltsraum für regelmäßige Fluggäste betrat und laut nach einem Beschwerdeformular verlangte. Er erzählte jedem, der es wissen wollte, daß er, seit er Flugreisen unternehme, viele Unannehmlichkeiten wortlos hingenommen hätte. Aber der letzte Flug sei der schlimmste gewesen. „Das Bordpersonal ignorierte die Erste-Klasse-Passagiere vollkommen“, schimpfte er. Und das wollte er der Airline zur Kenntnis bringen – und zwar schriftlich. Diese bestimmte Airline täte gut daran, aufzuhorchen: einer ihrer häufigen Kunden gibt der Airline eine Chance, ihn zu behalten.

„Schnelligkeit siegt“

Wenn ein Unternehmen Beschwerdebriefe erhält, sollte es sie so schnell wie möglich beantworten. Wenn eine Beschwerde nicht sofort bearbeitet werden kann, empfehlen wir, innerhalb von zwei Tagen nach Erhalt des Schreibens eine vorläufige Empfangsbestätigung des Briefes zu schreiben. Ist das Schreiben per Fax eingelangt, sollte die Empfangsbestätigung ebenfalls per Fax erfolgen, oder noch am selben Tag durch telefonischen Rückruf bestätigt werden. Eine schnelle Reaktion vermittelt den Eindruck, daß man sich um den Kunden kümmert.

Der beschwerdeführende, „ein Geschenk überreichende“ Kunde bekommt gleichsam eine Art Bestätigung: „Ja, wir haben Ihren Brief erhalten, und es geschieht etwas.“ Manchmal ist es vielleicht für die Firma unmöglich, den Fall sofort zu bearbeiten, aber sie kann den Kunden sicherlich gleich benachrichtigen. In der Empfangsbestätigung muß dem Kunden mitgeteilt werden, daß der Fall innerhalb von zwei Wochen bearbeitet wird. Zwei Wochen sind für die Firma ein vernünftiger Zeitraum, um die Situation, falls notwendig, zu überprüfen; und die Kunden haben das Gefühl, daß ihr Fall nicht verschleppt wird. Anschließend muß die Firma irgend etwas zu der Beschwerde unternehmen. Antwortschreiben müssen persönlich und freundlich gehalten sein und sollen von der Person, die den Brief schreibt, unterzeichnet werden.

Die Empfangsbestätigung kann auch über Telefon erfolgen. Wenn Sie den beschwerdeführenden Kunden anrufen, sollte das Geschenk-Konzept angewendet werden. Dies bedeutet, mit einem „Dankeschön“ zu beginnen. Erklären Sie, warum der Brief so wichtig ist, und entschuldigen Sie sich für die Unannehmlichkeiten, die das Unternehmen dem Kunden bereitet hat. Sollte sich herausstellen, daß der Fehler beim Kunden liegt, denken Sie daran, daß die Firma nichts verliert, wenn sie sich entschuldigt. Einfühlungsvermögen kostet nichts. Versprechen Sie, daß innerhalb von zwei Wochen ein Ergebnis vorliegen wird, und fragen Sie dann erst nach fehlenden Informationen. Des öfteren können Briefe unvollständig sein. Die Kunden werden liebend gern zusätzliche Informationen zu diesem Fall bereitstellen; tatsächlich werden sie sich geschmeichelt fühlen, daß jemand Zeit und Mühe aufwendet, sie anzurufen.

Das Schema für schriftliche Beschwerden

Es liegt nicht in unserer Absicht, eine Firmenpolitik zu verteidigen (obwohl dies notwendig sein kann), oder den Kunden bloßzustellen, weil er Unrecht hat (obwohl auch das der Fall sein kann) oder Hintergrundinformationen über eine Firma zu verheimlichen (obwohl wir das Gefühl haben, es zu tun). Unsere Aufgabe sollte vielmehr sein, den Kunden für die uns überreichten Geschenke das Gefühl zu geben, daß wir die aufgewendete Zeit und Mühe sehr wohl zu schätzen wissen, daß sie uns zu neuen Erkenntnissen verhelfen, damit wir ihre Wünsche besser berücksichtigen können.

Wir empfehlen Unternehmen, die viele Beschwerdebriefe erhalten, die nachstehenden Vorschläge in der Praxis auszuprobieren. Finden Sie heraus, welche Aktionen die besten Resultate liefern. Nehmen Sie nicht an, daß jeder wirkungsvolle Antwortbriefe verfassen kann – das ist eine Kunst. Man kann loyale Kunden dadurch gewinnen, daß man schnell und gekonnt Antwortbriefe schreibt – widrigenfalls Sie einen weiteren zynischen Kunden zu gewärtigen haben, nur weil sie langsam und ungeschickt reagiert haben. Wie bei dem Geschenk-Konzept kann eine weiterführende, schrittweise schriftliche Beantwortung eines Beschwerdebriefes hilfreich sein. Diese Schritte sind wie folgt:

1. Danken Sie dem Kunden; erklären Sie ihm, warum Sie eine Beschwerde für so wertvoll erachten, und entschuldigen Sie sich.
2. Lassen Sie den Kunden wissen, was Sie unternommen haben.
3. Geben Sie zu, daß der Kunde recht hat.
4. Antworten Sie in einem persönlichen Stil.
5. Antworten Sie einfach, aber direkt zur Sache.
6. Übertreffen Sie die Erwartungen Ihrer Kunden.
7. Überprüfen Sie die Kundenzufriedenheit.

1. Danken Sie dem Kunden

Ein Antwortschreiben kann ohne weiteres mit den Worten beginnen: „Wir danken Ihnen, daß Sie mit uns Verbindung aufgenommen haben. Wir wissen nur zu gut, daß es Sie viel Mühe gekostet hat, und schätzen es ganz außerordentlich, daß Sie sich die Zeit genommen haben, uns über diesen Vorfall in Kenntnis zu setzen ..." Sie können dem Kunden in Ihrem Schreiben mehrmals danken – für das Schreiben, dafür, daß er Ihre Produkte ausprobiert hat, und dafür, daß er sie auch in weiterer Zukunft verwenden wird. Beenden Sie das Schreiben mit einem weiteren Dankeschön. Augenscheinlich geht ein einziges „Herzlichen Dank!" in einem Schreiben an den Kunden unbeachtet unter.[7] Lassen Sie den Kunden wissen, daß Sie sein Feedback schätzen, und machen Sie ihm in nicht allzu weitschweifenden Worten deutlich, daß sie seine Beschwerde als Geschenk sehen. Entschuldigen Sie sich für die Unannehmlichkeiten, die er hatte.

2. Lassen Sie den Kunden wissen, was Sie unternommen haben

Wenn es etwas Spezifisches gibt, das Ihr Unternehmen tun müßte, erledigen Sie es innerhalb der Zwei-Wochen-Frist, die Sie in Ihrer Empfangsbestätigung zugesagt haben. Lassen Sie den Kunden wissen, was Sie in dieser Angelegenheit unternommen haben. Teilen Sie es ihm auch mit, wenn aufgrund der Beschwerde innerhalb der Organisation eine Änderung stattgefunden hat. Wenn Kunden sich über Situationen beschweren, die nicht unmittelbar vor ihren Augen gelöst werden können, genügt es häufig, ihnen zu versichern, daß ab nun niemand mehr mit diesen Problemen konfrontiert sein wird.

3. *Geben Sie zu, daß der Kunde recht hat*

Das ist eine Regel, die für Sie prinzipiell gültig sein soll. Es steht sich nicht dafür, in der Argumentation zu gewinnen und dafür einen Kunden zu verlieren. Auf dem Grab der Firma sollte nicht stehen: „Hier ruht eine Firma, die jede Argumentation mit ihren Kunden gewonnen hat – und bankrott gegangen ist!" Zeigen Sie Ihren Kunden gegenüber Mitgefühl und Fürsorglichkeit. Entschuldigen Sie sich für die Schwierigkeiten, welche die Kunden gehabt haben; versichern Sie ihnen, daß Sie selbst ganz außer sich seien über das, was sie durchgemacht haben. Aber erzählen Sie den Kunden nicht, daß es Sie frustriert, mit ihren Problemen konfrontiert zu werden. Erklären Sie, daß Sie über die Eigenschaften des Produktes enttäuscht sind, aber nicht, daß Sie darüber enttäuscht sind, von ihnen darüber informiert worden zu sein. Das ist ein Unterschied.

Es zahlt sich nie aus, die Integrität des Kunden zu hinterfragen. Lassen Sie Gnade vor Recht ergehen. Im allgemeinen hat jede Frage zwei Seiten, und von seinem Gesichtspunkt aus entspricht seine Version der Wahrheit. Wenn irgendein Punkt hinterfragt werden muß, drücken Sie sich besonders einfühlsam aus. Verwenden Sie die Fragen wie: „Können Sie uns darüber aufklären, warum sich dies ereignete? ... Ist das möglich ...?" Fragen nehmen Leute eher hin, ohne in die Defensive zu geraten.

4. *Antworten Sie in einem persönlichen Stil*

Vermeiden Sie Standardbriefe. Die erkennt man sofort. Folgende Wendungen sind einem Antwortschreiben entnommen, das wir auf unsere schriftliche Beschwerde von dem Leiter einer Hotelkette im südlichen Kalifornien zugesandt bekamen. „Ich war enttäuscht, von

Ihren Schwierigkeiten zu hören. Sie verraten eine Nachlässigkeit in einzelnen Dingen, für die es keine Entschuldigung gibt.“

Diese Einleitung beinhaltet zwei Probleme. Als erstes wurde uns mitgeteilt, daß wir den Leiter der Hotelkette enttäuschten. Das ist genau der Grund, warum sich einige Leute nie beschweren. Wenn dies in schroffen Worten ausgedrückt wird, lassen sich die problematischen Wendungen leicht erkennen: „Ich war enttäuscht ...“ kann, ob beabsichtigt oder nicht, für den Kunden heißen: „Sie haben mir mit Ihrem Beschwerdebrief den Tag versaut.“ Erstaunlich viele Leute drücken sich so aus. Wir haben das über die Antwortschreiben, die wir auf unsere Beschwerdebriefe erhielten, zurückverfolgt: Viele Leute verwenden solche und ähnliche Formulierungen, was uns zum zweiten Problem führt:

Diese Phrase klingt stereotyp, als benütze sie der Generaldirektor der Hotelkette in allen Antwortschreiben: „... von Ihren Schwierigkeiten zu hören.“ Welche Schwierigkeiten? Hat er nicht einen konkreten Beschwerdebrief vor sich liegen? Warum wird der Brief durch die Beantwortung des spezifischen Feedbacks des Kunden nicht etwas persönlicher gehalten? In diesem Fall teilte uns das Hotel mit, wir würden innerhalb von fünf Minuten auf dem Los Angeles International Airport (LAX) von einem Hotel-Shuttle-Bus abgeholt werden. Was einleuchtete, befand sich doch das Hotel fünf Minuten von LAX. Nichtsdestoweniger brauchten die Autoren über eine Stunde, um das Hotel zu erreichen. Wir hätten lieber ein Taxi bezahlt, um die Zeit zu sparen. Während wir auf den Bus warteten, erzählte uns das Airportpersonal, daß sich dieses Hotel ständig in den Abholzeiten verschätze. Alle diese Details wurden in unserem Beschwerdebrief angesprochen, aber in dem Antwortschreiben fehlte jeder Bezug auf unsere spezifische Beschwerde.

Der Schluß des Antwortbriefes las sich, als ob dieses Schreiben für Dutzende, wenn nicht sogar für Hunderte von Beschwerden gedacht wäre.

„Ich habe mit meinem Hotelmanager und der verantwortlichen Leiterin betreffend dieses Problems gesprochen. Seien Sie versichert, beide wissen zweifelsfrei, daß unser Erfolg von der Qualifikation aller unserer Mitarbeiter abhängt. Sie haben mich ersucht, Ihnen auf diesem Wege ihr Bedauern über die Unannehmlichkeiten auszudrücken."

Der Brief klingt, als rase der Generaldirektor zu diesem Hotel, zeige mit dem Finger auf den Manager und die Leiterin und beschimpfe sie („... beide wissen zweifelsfrei ..."). Das kann nicht die Lösung sein! Könnte der CEO angenommen haben, daß die Autoren das Hotelpersonal in Schwierigkeiten bringen wollen? Erinnern Sie sich, daß dies einer der Gründe ist, warum Leute sich nicht beschweren: Sie möchten niemanden in Schwierigkeiten bringen. Und glaubt jemand wirklich im Ernst, der CEO habe mit dem Manager und der verantwortlichen Leiterin des Hotels gesprochen? Überdies hat die Leiterin überhaupt nichts mit dem Shuttlebus zu tun, es sei denn, dieses Hotel bildet eine einzigartige Ausnahme.

Und welche Schwierigkeiten meint er denn überhaupt? Warum nennt er die Dinge nicht beim Namen, falls er unseren Brief wirklich gelesen hat? Der ganze Brief klingt, als ob der Leiter der Hotelkette zu seinem Assistenten sagte: „Nehmen Sie Antwortschreiben Nr. 4 und setzen Sie Namen und Adresse dieser Person ein." Wir haben dieses Schreiben verschiedenen Hotelmanagern gezeigt. Einige erklärten uns – peinlich berührt –, daß sie genauso vorgingen. Sie sind ferner der Ansicht, es würde zuviel Zeit in Anspruch nehmen, jeden Brief persönlich zu beantworten. Wenn dies stimmt, dann müssen Hotelmanager ihre Mitarbeiter darin schulen, einen Standardbrief persönlicher zu gestalten.

Eine persönliche Form kann dadurch erzielt werden, daß der Name des Schreibers auch anderswo als in der Einleitung genannt wird. Wird Bezug genommen auf Titel, sollte der Name der betreffenden Person ebenfalls verwendet werden. Der CEO, von dem die Rede war, könnte z. B. die Namen des Managers und der verantwortlichen Leiterin anführen. Ein persönlich gehaltener Brief sollte auch die Wendungen des Kunden aufgreifen.

Der letzte Absatz in dem Schreiben jenes Generaldirektors lautete: „Ich hoffe zuversichtlich, daß Sie an uns denken, wenn Sie wieder einmal in unsere Gegend kommen. Wenn ich Ihnen auf irgendeine Weise behilflich sein kann, dann rufen Sie mich bitte persönlich an."

Was meint dieser CEO? Möchte er, daß wir ihn wegen unserer Zimmerreservierung anrufen? Wir zeigen, wie dieser Absatz hätte persönlicher gehalten werden können:

„Wir sind dabei, unseren Airport-Shuttle-Service zu ändern, um unser Timing exakter abstimmen zu können. Wir danken Ihnen für Ihre Vorschläge. Wir hoffen zuversichtlich, daß Sie, sobald Sie wieder nach Los Angeles fliegen, unsere Dienste in Anspruch nehmen, damit wir Ihnen zeigen können, welche Fortschritte wir gemacht haben. Es wäre mir eine besondere Freude, wieder von Ihnen zu hören, nur um mich vergewissern zu können, daß wir uns verbessert haben. Für den Fall, daß Sie mich persönlich anrufen möchten, ich habe die Durchwahl 123. Ich danke Ihnen, daß Sie sich die Zeit genommen haben, uns zu schreiben. Wir wissen Sie als Kunden zu schätzen."

Wenn wir einen solchen Brief erhalten hätten, hätten wir mit großer Wahrscheinlichkeit dieses oder ein anderes Hotel dieser Kette wieder besucht. Zumindest wären wir neugierig gewesen, ob die ständigen Verspätungen des Abholbusses sich gebessert hätten.

5. *Antworten Sie einfach, aber direkt zur Sache*

Vermeiden Sie fachsprachliche, technische Ausdrücke oder „Insider"-Begriffe, die zwar allen Firmenangestellten bekannt sind, den Kunden aber nicht. Das Antwortschreiben soll den Kunden nicht verwirren. Wenn er zu dem Produkt Fragen hat, senden Sie ihm ein weiteres Set von Bedienungsanleitungen, Garantien oder Beschreibungen. Setzen Sie nicht voraus, daß der Kunde sie aufgehoben hat. Achten Sie darauf, daß Sie direkt auf die Fragen des Kunden eingehen. Viele Antwortschreiben haben mit den Wünschen der Kunden überhaupt nichts zu tun. Lassen Sie den Kunden wissen, was Sie jetzt unternehmen werden, unabhängig davon, ob sich die Kunden über den materiellen Vorteil freuen oder nicht.

Machen Sie sich keine Gedanken, wenn das Schreiben etwas lang ausfällt, insbesondere wenn der Kunde Ihnen einen längeren Brief geschickt hat. Forschungsarbeiten zeigen, daß die Empfänger von Antwortschreiben vorzugsweise auf längere Schreiben reagieren.[8] Kunden betrachten dies als ein Zeichen von Interesse. Forschungen weisen auch darauf hin, daß von Spitzenkräften unterschriebene Briefe (nicht abgestempelte) besser angenommen werden als jene, die von Kundendienstvertretern unterschrieben wurden.[9]

6. Übertreffen Sie die Erwartungen Ihrer Kunden

Wenn es angemessen erscheint, gehen Sie für Ihre Kunden einen Schritt weiter. Einige Firmen versenden kleine Geschenke, sehr oft Dinge, die die Kunden verwenden können und auf denen der Firmenname aufgedruckt ist. Dies können Schreibutensilien, Schlüsselanhänger oder Notizblöcke sein. Viele Briefeschreiber berichten von äußerst zuvorkommenden Reaktionen von Herstellungsfirmen, die Diskontkupons oder kleine Refundierungen verschickten, obwohl praktisch keiner der Kunden irgend etwas erwartete.[10]

Vor etwa 20 Jahren landete ein United Airlines Flugzeug in einem außergewöhnlich steilen Winkel. Das Aufsetzen war so heftig, daß sich die Filmleinwand aus ihrer Halterung löste und krachend auf den Boden stürzte. Mehrere Gepäckablagen über den Sitzen öffneten sich, und der Inhalt fiel zu Boden. Die Mitautorin dieses Buches schrieb United, ob das Unternehmen dies als sicheren Flug erachte, denn immerhin hatte sie einen ziemlichen Schrecken abbekommen. Ein United-Vertreter schickte ein erstes Antwortschreiben, in welchem er mitteilte, daß dies eine ernste Beschwerde sei und er nach einigen Erhebungen noch einmal darauf zurückkommen werde. Als United antwortete, wurde der Autorin mitgeteilt, daß dies zwar eine sichere Landung, aber wohl kaum eine Standardlandung gewesen sei. Ferner wurde angekündigt, daß ein Geschenk in einer eigenen Verpackung unterwegs sei, als Dank, daß sie über diese Situation berichtet hatte. Einige Tage später langte mit Eilzustellung ein großes Paket mit Früchten und verschiedenen Käsesorten bei ihr ein. Augenscheinlich nimmt United Airlines Beschwerden über die Sicherheit sehr ernst. Die Passagierin hat diese Gefälligkeit nie vergessen und auch nicht die Ernsthaftigkeit, mit der ihr Brief behandelt wurde. Sie ist ein äußerst loyaler United-Passagier – mit über 100 000 Meilen pro Jahr.

Viele Firmen nehmen einen Buchhalterstandpunkt ein, wenn sie es mit beschwerdeführenden Kunden zu tun haben. Sie werden so ängstlich, daß jemand daraus Kapital schlagen könnte, daß sie Richtlinien aufstellen, allein zu dem Zweck, eine Ausbeutung zu vermeiden und die Kunden eben deshalb nicht zufriedenzustellen. Sie können genausogut sagen: „Wir werden alles tun, was in unserer Macht steht, um sicherzustellen, daß uns niemand betrügt, sogar wenn wir unsere ehrlichen Kunden verlieren.“ Normalerweise kostet es so wenig, den Kunden eine Überraschung und eine Freude zu bereiten, daß es keine Rolle spielt, wenn einige versuchen, Sie zu betrügen.

7. Überprüfen Sie die Kundenzufriedenheit

Wenn etwas getan werden muß, verfolgen Sie den Ablauf, um sicherzustellen, daß die Kunden mit der Art, wie ihre Beschwerden behandelt wurden, zufrieden sind. Verfolgen Sie auch intern den Fall weiter, um sich zu vergewissern, daß die Firma aus der Beschwerde Konsequenzen gezogen hat. Die Disney Corporation bekommt im Durchschnitt 610 000 Kundenschreiben pro Jahr über ihre Disney World Parks. Diese Schreiben werden wöchentlich für das Topmanagement gesammelt. Wenn notwendig, wird innerhalb der Firma eine korrigierende Maßnahme gesetzt. Disney hat eine direkte Verbindung zur Kundenbasis und kann sich daher kontinuierlich verbessern.

Aufforderungs- und Verbotsbriefe als Reaktion

Folgende Aufforderungs- und Verbotsbriefe haben wir aus einer Vielzahl gutgeschriebener und schlechtgeschriebener Antworten auf Beschwerdebriefe zusammengestellt. Die Kursivstellen sind „Mitteilungen zwischen den Zeilen“, die ein Kunde mit einiger Berechtigung aus dem Antwortbrief herauslesen könnte.

➪ *Ein „nonreaktiver" Brief*

11. September (bezogen auf ein Schreiben vom 8. August, mehr als vier Wochen nach Erhalt der Beschwerde).

Wir haben wichtigere Dinge zu tun, als Ihnen zu antworten.

Sehr geehrte(r) Frau/Herr,

Lassen Sie uns nicht zu persönlich werden.

Betreff: Ihre Beschwerde vom 8. August

Wir haben Ihr Schreiben erhalten, in welchem Sie behaupten, daß das Produkt, welches Sie kauften, defekt sei.

Wir hegen den Verdacht, daß Sie nicht die Wahrheit sagen.

Zuallererst möchten wir darauf hinweisen, daß wir kaum Beschwerden dieser Art erhalten. Wenn wir doch welche erhalten, hat der Kunde gewöhnlich das Produkt in Betrieb genommen, ohne vorher die Gebrauchsanweisung zu lesen.

Sie müssen irgend etwas angestellt haben, das diesen Defekt hervorgerufen hat. Wenn Sie wüßten, wie viele unserer Kunden versuchen, uns übers Ohr zu hauen!

Wir müssen uns natürlich darauf verlassen, daß der Fall auch wirklich so liegt, wie Sie ihn beschreiben. Allerdings möchten wir gerne wissen, warum Sie sich drei Wochen Zeit gelassen haben, sich zu beschweren.

Wir haben den Verdacht, daß Sie das Produkt selbst ruiniert haben. Da wir das nicht beweisen können, sollen Sie sich schuldig fühlen.

Wenn es unser Fehler ist, kann es nur deshalb sein, weil der Fahrer das Produkt nicht fachgerecht transportiert hat. Es könnte auch noch sein, daß sich während der Fertigung ein Montagefehler eingeschlichen hat, obwohl dies kaum je vorkommt.

Ich bin sicher, daß es nicht unser Fehler ist, aber ich bin ebenso sicher, daß ich jemand anderen die Schuld zuschieben kann, nicht allerdings dem Management.

Wir werden natürlich den Fall untersuchen. Wir bitten Sie daher, das Produkt in der Originalverpackung innerhalb von acht Tagen zurückzusenden. Wenn der Fahrer das Produkt während der Auslieferung beschädigte, können Sie sicher sein, daß er einen ernsten Verweis erhält!

Da Sie uns mit Ihrer Beschwerde ärgern, möchten wir Sie auch ärgern. Ihretwegen kann eine unschuldige Person bestraft werden.

Wir hoffen, Ihnen eine positive Antwort geben zu können, sobald wir das Produkt erhalten und die Ursache des Problems gefunden haben.

Wir haben keine klaren Beschwerderichtlinien. Wir werden auch nichts tun, bis wir unser Produkt von Ihnen zurück haben.

Wir nehmen an, diese Antwort ist vorläufig zufriedenstellend. Wir möchten Ihnen danken, daß Sie uns auf eine mögliche Nachlässigkeit unseres Fahrers aufmerksam gemacht haben.

Ich erwarte nicht, daß Sie uns wieder mit Ihren Beschwerden Unannehmlichkeiten bereiten werden. Ich wiederhole, glauben Sie ja nicht, daß das meine Schuld war.

Wir hoffen, dieser unglückliche Zwischenfall wird Sie nicht abhalten, in Zukunft weiter bei uns einzukaufen.

Wir brauchen Ihre Kundschaft, auch wenn wir sie nicht verdienen.

Ihr ergebener

Man muß höflich sein!

Im Auftrag zeichnet
Fred Smith, Assistent

Ich habe diesen Brief nicht wirklich geschrieben, und ich werde mit der Lösung dieses Problems wahrscheinlich nichts zu tun haben.

Um wieviel angenehmer wäre es doch, den folgenden Brief zu erhalten, in welchem

- dem Kunden für die Zeit und Mühe gedankt wird, die Firmen über dieses Problem zu informieren,
- eine schnelle Reaktion gezeigt wird,
- das Problem des Kunden gelöst ist und die Firma die Verantwortung dafür übernimmt und
- die Reaktion einfach, direkt und persönlich ausgefallen ist.

➪ *Ein „reaktiver" Brief*

9. August (in Beantwortung des Briefes, der am 9. August einlangte, dem Datum, an dem die Beschwerde einlangte)

Diese Sache ist für uns äußerst wichtig.

Sehr geehrte Frau Freestone,

Wir kennen Sie persönlich.

Danke, daß Sie sich die Zeit genommen haben, uns zu schreiben. Wir wissen Ihr Schreiben wirklich außerordentlich zu schätzen, da es uns eine Gelegenheit gibt, Sie zufriedenzustellen.

Wir sehen Ihre Beschwerde als ein Geschenk und eine Gelegenheit, uns zu verbessern.

Sie haben vollkommen recht. Ihr Executive Step Exerciser sollte ordnungsgemäß funktionieren. Sie haben Anspruch auf eine sofortige Lösung des Problems. Wir können mit unseren Produkten so lange nicht zufrieden sein, so lange Sie Anlaß zur Beanstandung haben.

Ihre Beschwerden sind uns immer willkommen, weil Sie uns eine Gelegenheit geben, Sie zufriedenzustellen – der Grund, warum wir im Geschäft sind. Sie helfen uns, die Qualität zu sichern.

Ich entschuldige mich persönlich für die Schwierigkeiten und Unannehmlichkeiten, die Ihnen widerfahren sind. Gleichzeitig gebe ich Ihnen meine persönliche Garantie, daß wir dieses Problem so rasch wie möglich korrigieren werden.

Es tut mir sehr leid. Das hätte nicht passieren dürfen. Ich persönlich garantiere Ihnen korrekte und faire Behandlung.

Unser Fahrer, Lawrence Truman, wird für uns telefonisch einen Termin mit Ihnen vereinbaren, um Ihren Exerciser abzuholen. Er wird Ihnen eine Maschine als Ersatz für Ihre eigene mitbringen, bis wir den Fehler gefunden haben.

Wir möchten es Ihnen leicht machen und so wenig Unannehmlichkeiten wie möglich verursachen.

Wir werden zuverlässig innerhalb einer Woche eine Lösung für dieses Problem gefunden haben.

Ich werde sofort etwas unternehmen.

Ich werde persönlich die Situation im Auge behalten. Wir würden gerne Ihr Vertrauen behalten und Sie weiter als Kunde begrüßen dürfen. Ich habe gesehen, daß Sie Ihre erste Exercise Maschine vor vier Jahren bei uns gekauft haben. Wir danken Ihnen, daß Sie uns schon so lange die Treue halten!

Meine Mitarbeiter und ich möchten Sie als Kunde behalten.

Mit freundlichen Grüßen
Tom Jackson
(Sales Manager)

Ich fühle mich persönlich verantwortlich.

P.S.: Ich versuchte, Sie telefonisch zu Hause zu erreichen, leider vergeblich. Bitte seien Sie so freundlich, mich über meine Durchwahl 123 anzurufen, falls Sie irgendwelche Fragen haben.

Übrigens war Ihre Beschwerde für mich so wichtig, daß ich versuchte, Sie telefonisch zu Hause zu erreichen. Wenn es Ihnen recht ist, rufen Sie mich bitte direkt an.

Fragen zur Diskussion

- Wie ist Ihr Verhältnis von Antwortschreiben zu Beschwerdebriefen? Wie schnell reagiert Ihre Firma? Verwenden Sie Standardbriefe?
- Unter welchen Umständen schreiben Ihre Kunden Beschwerdebriefe?
- Sprechen Sie in Ihrem Antwortschreiben unmittelbar Kundenbedürfnisse an?
- Was bieten Sie Beschwerdebriefe schreibenden Kunden an, um ihre Erwartungen zu übertreffen?

9

„Au! Das tut weh!" – Wie man mit persönlicher Kritik umgeht

Den meisten von uns wäre es lieber, schlechtes Benehmen oder einen Fehler nicht vorgehalten zu bekommen. In den meisten Fällen möchten wir selbst auch niemandem etwas Unangenehmes mitteilen – auch wenn es der Wahrheit entspricht. Werbefachleute nehmen so große Rücksicht auf diese menschliche Eigenschaft, daß sie z. B. bei Werbesendungen für Mundhygieneprodukte für die Käufer verschiedene kluge und indirekte Möglichkeiten ersinnen, wie man einem Missetäter beibringt, daß er Mundgeruch hat.

Die Alternativen für ein persönliches Feedback sind entweder, daß man perfekt ist, was schwierig ist, oder daß man eben nichts über Defekte, Einschränkungen oder schlechte Manieren erfährt. Von persönlichen Beschwerden oder Kritik zu lernen – wie bei Kundenbeschwerden – heißt nicht, in die Defensive zu gehen, sondern die Beschwerde als ein Geschenk zu betrachten.

Sehr oft bewahrt uns persönliches Feedback vor zukünftigen Überraschungen. Wenn beispielsweise ein Teil meiner Unterwäsche zu sehen ist, während ich gerade vor 300 Zuhörern vortragen möchte, werde ich mich mit Freuden bedanken, wer auch immer mich darauf aufmerksam gemacht hat. Das gleiche gilt, wenn ich Spinat zwischen meinen Vorderzähnen stecken habe. Würden mir meine Freunde einen solchen gesellschaftlichen Faux pas verheimlichen, wäre ich sicher verärgert. „Warum hast du mir das nicht gesagt?! Ich habe mich vollkommen zum Narren gemacht, und du hast kein Wort gesagt!“

Wir benötigen Input, wenn wir uns weiterentwickeln wollen. Unsere Selbsterkenntnis ist bei weitem nicht ausreichend, um diesen Input zu erzeugen. Auch wenn wir uns selbst sehr kritisch beobachten – was nur selten vorkommt –, sind wir äußerst subjektiv. Objektives Feedback kommt mit größerer Wahrscheinlichkeit von anderen. Unsere Ehegatten oder Partner sind im allgemeinen eine verläßliche Informationsquelle. Warren Bennis, Autor verschiedener Bücher über Führungskompetenz, gibt offen zu, daß er von seiner Frau – sie ist Psychiaterin – mit Input versorgt wird. Viele Firmenchefs suchen Kollegen, die sie nachdrücklich um Input unter Gleichgestellten ersuchen. Heute benutzen Leute elektronisches, kybernetisches Feedback, Bandaufnahmen und Videoverfahren, um objektive Rückmeldungen zu erhalten. Praktisch nichts an diesem Feedback ist angenehm.

Durch persönliche Kritik reif werden

Die Kritik, der wir begegnen, beruht wahrscheinlich auf einer gewissen Wahrheit, auch wenn sie unfair oder aggressiv erscheint. Je mehr wir uns über Kritik ärgern („Wie können Sie sich erlauben, das zu sagen …“), um so zutreffender ist sie wahrscheinlich, zumindest in einer bestimmten Hinsicht. Die meisten von uns verleugnen einige, wenn nicht gar viele Aspekte ihres Wesens. Aber ein Individuum kann durch die Erkenntnis seiner eigenen Schwächen reifen und sich weiterentwickeln, genauso wie dies auch ein Unternehmen tut.

Als wir Kinder waren, erhielten wir ständig kritisches Feedback von unseren Eltern, Kindern, Freunden und Lehrern. Kinder kommen ständig in Schwierigkeiten, wenn sie die Welt erkunden wollen. Ein kleines Kind, das nie in Schwierigkeiten gerät, ist wahrscheinlich nicht sehr entdeckungsfreudig. Wie können Kinder sonst etwa wissen, daß, wenn sie an einem Tischtuch ziehen, alles, was darauf liegt, zu Boden fällt? Wie können Kinder im vorhinein wissen, daß sie sich einen Knochenbruch zuziehen könnten, wenn sie sich vom Bett auf den Boden fallen lassen? Wie können Kinder wissen, daß Schreien in einem Restaurant ungehörig ist, wenn es ihnen niemand sagt.

Zum Glück nehmen Kinder die Kommentare der Erwachsenen über Vorsicht und korrektes Benehmen nicht persönlich. Die Heranwachsenden scheinen zu verstehen, daß sie nicht wissen, wie die Welt funktioniert, und die „Großen" es ihnen erklären wollen – hoffentlich auf eine freundliche und informative Art. Im Grunde arbeiten Kinder fortwährend an sich selbst, um sich zu verbessern. Erwachsene jedoch haben es schwer, Feedback zu erhalten.

Für Kinder oder Erwachsene ist es natürlich wichtig, wie dieses Feedback vorgebracht wird. Es kann viel einfacher sein, in aller Offenheit zu reagieren, wenn die Kritik in einer herzlichen und hilfsbereiten Umgebung bzw. in einem solchen Tonfall geäußert wird. Wenn die Atmosphäre ständig mit Kritik, Beschimpfungen und Nörgeleien belastet ist, werden Kinder aufhören zuzuhören, so wie verheiratete Paare ihren Partner ausblenden, indem sie die Wahrheit, die sie von der anderen Person zu hören bekommen, verleugnen. Andererseits wissen einige nicht, wie man Kritik auch eingrenzt; sie passen sich allem an, was irgend jemand zu ihnen sagt, und überprüfen ständig, ob sie sich damit in Übereinstimmung befinden. In ihrem Bemühen, die Umwelt zu befriedigen, vergessen sie, was sie selbst wollen. Ihre Individualität ist den Bedürfnissen der Umwelt untergeordnet. Weder für Erwachsene noch für Kinder sind totale Selbstverleugnung oder totale Anpassung erstrebenswert.

Einige Leser mögen jetzt denken: „Warum soll ich mich ändern. Ich bin, der ich bin. Wenn die Welt mich nicht mag, dann ist es eben so. Ich werde mich nicht ändern!" Wir müssen nicht alles an uns ändern; würden wir das tun, wären wir vollkommen angepaßt. An einem gewissen Punkt müssen wir entscheiden, welchen Preis wir bereit sind zu zahlen für dieses Sein-wie-wir-Sind, ohne die Vorstellungen und Meinungen anderer in Betracht zu ziehen. Sich zu verändern aufgrund des erhaltenen Feedbacks kann es uns eigentlich angenehmer machen, zu sein, wer wir sind.

Einer der Autoren hatte einmal einen Chef mit einem schrecklichen Temperament. Er schrie gewöhnlich mit seinen Angestellten herum – in der Öffentlichkeit und in voller Lautstärke. Eines Abends brach er sich den Fuß, als er in einem Wutanfall gegen eine Tür trat. „Ich bin, wie ich bin!“ pflegte er zu brüllen. „Wenn Ihnen das nicht paßt, dann gehen Sie!“ Seine Mitarbeiter gingen massenweise, so wie seine Frau und seine Kinder. Er zahlte einen hohen Preis für das Sein-wie-er-War. Wie andere ihre Kritik oder Beschwerden äußern, können wir nicht kontrollieren. Aber wir können kontrollieren, wie wir sie entgegennehmen.

Wie man vermeidet, Kritik persönlich zu nehmen

Wenn jemand unsere Fehler aufzeigt, kann sich das anfühlen, als würde unsere Haut mit einem scharfen Instrument gestochen. Es scheint physisch zu schmerzen. Es ist am besten, den Schmerz zur Kenntnis zu nehmen und dann schnell zu einer weniger persönlich gelagerten Beschwerde oder Kritik überzugehen. Unzweifelhaft erleiden Politiker persönliche Frustration, da sie ihr Leben in den Dienst der Öffentlichkeit gestellt haben und hart für das Gemeinwohl arbeiten, nur um sich dann selbst als Ziel täglicher Attacken zu sehen. Präsident Clinton hielt wenige Monate nach seinem Amtsantritt eine Rede über Aids und wurde dabei von einem jungen Mann in der Zuhörerschaft lautstark angegriffen. Schnell waren Saalordner zur Stelle, um ihn aus dem Raum zu weisen. „Lassen Sie ihn reden“, befahl Clinton seinen überraschten Helfern. „Ich möchte hören, was Leute zu sagen haben. Das ist ein Teil meines Jobs.“

Ed Koch, der frühere Bürgermeister von New York City, fragte regelmäßig Bürger der Stadt: „Wie bewähre ich mich?“ Er pflegte die Frage quer über die Straße zu rufen, wenn ihn einer in der Öffentlichkeit erkannte. Sie können darauf wetten, daß die New Yorker ihm nicht immer ein positives Feedback gaben. Denken Sie im Vergleich dazu an andere Politiker, die Leute aus der Zuhörerschaft, die ihren Unmut kundtun, mit „Demagogen“ oder „Chaoten“ bezeichnet haben. In einigen Ländern kann Kritik an Politikern mit Gefängnis, Geldstrafen und sogar mit dem Tod bestraft werden.

Für die meisten von uns, die nicht im öffentlichen Dienst stehen, trifft es ebenfalls zu, daß gewisse Aspekte der Lebensführung sowie des persönlichen Reife- und Entwicklungsprozesses Kritik herausfordert. Sehr oft ist die Kritik nicht persönlich zu nehmen, sondern an eine bestimmte Position gekoppelt. Es gibt aber Dinge, die man nur sehr schwer zum Gegenstand einer Kritik oder Beschwerde machen kann, ohne persönlich zu werden. Wenn verheiratete Leute z. B. ihren Partnern mitteilen, daß sie ein wenig Gewicht angesetzt haben oder beim Mittagstisch ein bestimmtes Thema nicht hätten anschneiden sollen, daß sie sich wieder verspätet haben, daß einen ihr Schnarchen die ganze Nacht wachgehalten hat, daß sie wieder einmal vergessen haben, eine bestimmte Sache zu erledigen, daß sie zu streng zu den Kindern waren, daß man sie über den fast leeren Benzintank informiert hatte, daß sie viel zu viele Einladungen angenommen, das Budget überzogen, die Kleider wieder herumliegen lassen haben, daß sie Schmutzspuren auf dem neuen Teppich hinterließen und nicht einmal wüßten, wie man eine Glühbirne wechselt – solche Beschwerden nicht persönlich zu nehmen, ist sehr schwierig.

Ein wirksames Verfahren, eine persönliche Beschwerde vorzubringen, wäre es etwa, das Unbehagen über die Kritik zwar zur Kenntnis zu nehmen, aber sich schnell darauf zu konzentrieren, was daraus gelernt werden könnte. „Au! Das tut weh." Wenn Sie möchten, sagen Sie es laut und lassen es den anderen auch wissen. Sehr oft hat der Betreffende gar keine Ahnung davon. Es ist nämlich absolut unrichtig zu meinen, Menschen könnten durch emotionale Geringschätzung nicht verletzt werden. Die Alternative dazu, die Kränkung zur Kenntnis zu nehmen, ist, sie zu pflegen. Dann explodiert man entweder irgendwann, oder man greift die andere Person an oder wartet auf eine Gelegenheit, es ihr auf indirekte Weise heimzuzahlen. Das bewerkstelligen wir, indem wir passive Aggressionsmethoden benutzen, wie Zurückhalten von Informationen oder hinter dem Rücken der anderen Person zu reden.

Unterscheiden Sie zwischen konstruktiver Kritik und bewußtem Angriff

Einige Leute sind nicht daran interessiert, uns mit ihrer Kritik bei unserem Reifungsprozeß zu helfen. Sie möchten, daß wir uns schuldig fühlen. Wenn Sie einmal beschlossen haben, Kritik für ihre persönliche Entwicklung fruchtbar zu machen, können Sie Angriffe von konstruktiver Kritik besser trennen. Menschen greifen ihre Mitmenschen aus vielerlei Motiven an, die mit dem anderen überhaupt nichts zu tun haben. Einige dieser Gründe sind im folgenden angeführt:

➪ *Der andere ist übermüdet und will irgend jemanden angreifen*

Zufällig sind Sie hier. Vielleicht hatte der andere einen schlechten Tag oder persönliche Schwierigkeiten. Jeder wäre ihm als Ziel der Kritik recht, und Sie kamen ihm zufällig in die Quere.

➪ *Sie erinnern ihn an jemanden, den er nicht leiden kann oder konnte*

Es könnte sein erster Chef, seine Mutter, sein Vater, sein Bruder oder seine Schwester sein. Da diese anderen nicht anwesend sind, wird er seinen Ärger an Ihnen abreagieren.

➪ *Er wurde gezwungen, an einer Veranstaltung teilzunehmen oder etwas zu tun, was er überhaupt nicht tun wollte*

Wenn die Person, die ihn dazu gezwungen hat, nicht anwesend ist, wird er sich an jedem abreagieren, der stellvertretend verfügbar ist. Häufig sind Seminarleiter Angriffsziele von Teilnehmern, die angewiesen wurden, an diesem Seminar teilzunehmen. Solche Teilnehmer werden an nichts ein gutes Haar lassen. Ihr Urteil kann lauten: „Dieses Seminar war eine komplette Zeitverschwendung.“ Sie versuchen, ihrem Boss unbedingt kundzutun, daß sie nicht zu diesem Seminar hätten geschickt werden sollen; sie möchten es ihm aber nicht direkt sagen.

Es fällt leider schwer, einen solchen Frontalangriff nicht persönlich zu nehmen. Wenn Kundendienstmitarbeiter Zielscheibe dieses Ärgers sind, sollte die Sache von jemand anderem bereinigt werden. Beispielsweise kann jemand gegen seinen Willen angewiesen worden sein, in einen Lebensmittelladen einkaufen zu gehen. Er wird dann den Kassier wegen allen möglichen Dingen attackieren, die einen Konsumenten gewöhnlich nicht stören.

➪ *Er hat seine Befürchtungen nicht zum entsprechenden Zeitpunkt äußern können. Sie sind jetzt dem aufgestauten Ärger ausgesetzt*

Die transaktionale Psychologie bezeichnet dies als „Bezahlen mit Gutscheinen". Läden gaben ihren Kunden für einen Barkauf gewöhnlich Gutscheine. Die Leute nahmen die Gutscheine nach Hause und klebten sie in Gutschein-Mappen ein. Wenn diese Mappen voll waren, konnten die Käufer sie gegen Waren eintauschen. Leute machen das mit Gefühlen genauso. Sie setzen sich nicht mit den Situationen auseinander, wenn sie auftreten, sondern sammeln sie in Gutschein-Mappen mit irgendeinem Namen darauf. Wenn sie voll sind, kann der einzelne sagen: „Ich halte das nicht mehr aus … Das hat mir den Rest gegeben … Ich habe genug." Die Gutschein-Mappe wird nun eingelöst und irgend jemand wird massiv attackiert, vielleicht sogar wegen einer Kleinigkeit.[1]

➪ *Auch ihm ist früher einmal ähnliches widerfahren, und es ist daher nur fair, wenn jemand anderer so wie er attackiert wird*

Einigen Leuten macht es Spaß, andere zu verletzen, nur weil sie ebenfalls verletzt wurden. Ihre Lebenseinstellung ist es, daß andere niedergemacht gehören. Kinder lernen sehr schnell, zu ihren jüngeren Geschwistern „nein“ zu sagen, sie zurechtzuweisen, sie zu schlagen – wenn ihnen dies alles auch von ihren Eltern widerfahren ist. Wenn wir unsere Kränkung darüber, unfair attackiert worden zu sein, nicht überwinden, ist es möglich, daß wir auf den Geschmack kommen, und es jemand anderen heimzahlen.

Angriffe dieser Art sind nicht persönlich zu nehmen. Sie wirken nur so. Wenn wir Kritik als ein Mittel zur persönlichen Reifung, Entwicklung und Verbesserung ansehen, werden wir den Angriff kaum persönlich nehmen, wenn er nur gegen uns gerichtet ist, weil wir zufällig in der Nähe sind oder wir mit dem Betreffenden einmal eine Auseinandersetzung hatten, weil er in der Vergangenheit eine Aufgabe nicht erfüllt hat. Wir können uns zuerst selbst fragen: „Gibt es irgend etwas, was ich aus dieser Situation lernen kann, oder bin ich bloß jemandem, der verärgert ist, in die Quere geraten?“ Wenn wir dies tun, werden wir schneller imstande sein, echte Kritik von nicht persönlich zu nehmenden Attacken zu trennen.

Der Unterschied zwischen Nörgelei und Beschwerde

Es ist zweckmäßig, zwischen Nörgelei (fortwährendes Herumhacken auf ein und demselben Kritikpunkt, um des Ärgerns willen) und Beschwerde (Ausdruck von Enttäuschung oder Unzufriedenheit) zu unterscheiden. Es gibt zwei Gründe, warum Leute nörgeln. Der erste ist, daß sie das Gefühl haben, daß man ihnen nicht zuhört. Sie möchten gehört werden, aber wissen nicht, wie sie sich ausdrücken sollen – außer sich zu wiederholen. Unter Umständen wollen sie auch jemanden bestrafen, indem sie ihm lästig fallen. So gewöhnen sie sich an, dieselbe Beschwerde ständig zu wiederholen, so wie sie regelmäßig: „Guten Morgen!“ sagen. Sie sind sich dessen oft nicht einmal bewußt. Lang verheiratete Paare verfallen manchmal in diese Gewohnheit. Die Partner können der Meinung sein, daß sie gut miteinander auskommen, aber ein Außenstehender sieht sie als sehr unharmonisches Ehepaar.

Nörgeln ist eine Strategie, die selten wirkt. Mit der Zeit haben Kinder ihre Eltern tausendmal sagen hören, daß sie ihre Zimmer in

Ordnung halten sollen, so daß sie nicht mehr hinhören. Kinder können sich dagegen wehren, wenn sie zum wiederholten Mal Ermahnungen hören, auch wenn sie aus dem, was ihre Eltern sagen, einen gewissen Nutzen ziehen können. Sie wollen ihren Eltern nicht die Befriedigung verschaffen, sagen zu können: „Siehst du, ich habe es dir gleich gesagt." Einige Kinder hören so selten auf ihre Mutter und ihren Vater, daß sich Eltern gezwungen sehen, auf die umgekehrte Strategie zurückzugreifen und von ihren Kindern niemals zu verlangen, das zu tun, was sie als Eltern wünschen, sondern statt dessen es zu verbieten. Das Problem dabei ist nur, daß junge Menschen nichts Positives daraus lernen.

Der zweite Grund, warum Leute nörgeln, ist ein subtilerer. Ihre spezifischen wiederholten Ermahnungen können Teil einer unterschwelligen Botschaft sein. Ihre tieferen Bedürfnisse werden nicht befriedigt, sie möchten darüber nicht sprechen oder sie selbst sind sich ihrer nicht bewußt. So nehmen sie bei ihrem Partner eine unschöne oder störende Eigenschaft oder Verhaltensweise ins Visir, um sie ständig zu bekritteln. Wenn sich zwei Leute zum ersten Mal treffen und sich verlieben, gibt es alle möglichen Arten von Unzulänglichkeiten, die weder registriert noch gar als Problem erwähnt werden. Tatsächlich erachten sie diese Eigenheiten als reizvoll. Nach Jahren, in denen ihre Erwartungen nicht erfüllt wurden, rücken jene Verhaltensweisen, die die ganze Zeit vorhanden waren, als störend in den Mittelpunkt der Konzentration. Sie wollen es sich nicht eingestehen, daß vielleicht sexuelle Frustration, finanzielle Probleme oder Mangel an sozialer Stimulation die eigentlichen Störfaktoren sind, und konzentrieren sich statt dessen auf Tischmanieren, Zahnputzgewohnheiten oder Kleidungsfragen. Sie fürchten vielleicht, daß die Grundprobleme ihrer Beziehung unlösbar seien. Das Eingeständnis, daß ein so grundlegender Faktor wie die Sexualität in ihrer Beziehung gestört ist, wird vielleicht als bedrohlich empfunden. Also konzentriert sich das Paar auf Streitfragen, die leicht zu bewältigen sind. Auch wenn die kritisierte Person das ärgerniserregende Verhalten ändert, wird das Problem dahinter bestehenbleiben.

Das Geschenk-Konzept für persönliche Beschwerden

Wir skizzierten ein Acht-Schritte-Schema für die Bearbeitung von Kundenbeschwerden. Wir können ähnliche Prinzipien mit kleineren Änderungen in einem Sechs-Schritte-Schema anwenden.

1. Danken Sie der Person für das Feedback.
2. Geben Sie zu, wenn Sie einen Fehler gemacht haben.
3. Entschuldigen Sie sich, wenn es angemessen erscheint.
4. Versprechen Sie, etwas zu tun – und tun Sie es dann auch.
5. Setzen Sie Maßnahmen, um sich zu verbessern.
6. Nehmen Sie die Hilfe der anderen Person in Anspruch, um Ihren Fortschritt zu kontrollieren.

1. Danken Sie der Person für das Feedback

Danken Sie dieser Person auf die gleiche Weise, wie Sie Kunden danken, die Ihnen eine Beschwerde zukommen lassen. Es ist schwierig, sich selbst zu ändern, wenn Sie sich Ihrer Fehler nicht bewußt sind. Jemand hat Ihnen gerade einen äußeren Eindruck von Ihrem Verhalten gegeben.

Es kann gelegentlich besser sein, mit einer Entschuldigung zu beginnen, statt sich zu bedanken bzw. sich nur zu entschuldigen, ohne zu danken. Wenn Sie zum Beispiel Rotwein auf einen weißen Teppich verschütten und der Gastgeber oder die Gastgeberin schreit auf: „Sie haben gerade Ihren Wein verschüttet!“ verfallen Sie nicht in die Dankesroutine; das hat in dieser Situation keinen Sinn. Beginnen Sie mit einer Entschuldigung (und suchen Sie sofort eine größere Menge Salz und schütten es auf den Wein – das Salz zieht den Wein aus dem Teppich).

Der bekannte Erfinder und populäre Redner, Buckminster Fuller*) hielt ein paar Jahre vor seinem Tod vor einer großen Zu-

*) Anm. d. Übersetzers: R. Buckminster Fuller, 1895–1983, Techniker, Architekt; seine bedeutendsten Bauten: US-Pavillon, Expo 67, Montreal (Geodädische Dome)

hörerschaft einen Vortrag über das Thema, wie sehr wir unseren Planeten in den Mittelpunkt rücken. Er meinte, daß wir die Worte „oben" und „unten" nur deshalb gebrauchen, weil wir annehmen, alles sei auf die Erde konzentriert. Er führte aus, wir verwendeten die Begriffe „innen" und „außen" im Sinne von innen, d. h. gegen den Planeten zu, und außen, d. h. gegen das Universum hin.

Er erklärte den Zuhörern, er versuche, seinen Sprachgebrauch zu ändern und die Worte „oben" und „unten" nicht mehr zu verwenden. In der nächsten Pause kam ein junger Mann zu Fuller und sagte ihm, er habe gezählt, wie oft Fuller „oben" und „unten" in den eineinhalb Stunden nach dieser Ankündigung verwendet habe. Fuller wollte sofort wissen, wie oft. „Einhundertunddreiundzwanzig Mal", eröffnete ihm der junge Mann. Fuller war entgeistert. „Danke für Ihre Information", wandte er sich an den jungen Mann. „Offensichtlich habe ich selbst noch einen langen Weg vor mir."

Für Fuller wäre es ein leichtes gewesen, in die Defensive zu gehen. Er könnte geantwortet haben: „Nun, wenn Sie meine Worte zählen, haben Sie mir offensichtlich nicht zugehört. Was für eine Zeitverschwendung." Aber er tat es nicht. Er nahm diese Information als ein Geschenk.

Sie können Ihren Dank auf verschiedene Weise ausdrücken. „Danke, daß Sie mich wissen ließen, daß Sie beunruhigt sind ... Danke für Ihre Mitteilung. Ich weiß, daß dies nicht einfach sein kann." Vermeiden Sie jeden Zynismus, denn sonst brauchen Sie sich gleich überhaupt nicht zu bedanken. Das würde die Situation nur verschlimmern.

Wenn Sie können – und es ist möglich, mit ein bißchen Übung –, schaffen Sie ein wenig Abstand zwischen Ihren persönlichen Gefühlen und der Situation. Sie werden wahrscheinlich weniger leicht zurückschlagen und sich selbst verteidigen wollen. Erinnern Sie sich daran, daß Sie an einer kontinuierlichen Verbesserung interessiert sind. Wenn es auch schmerzt, Kritik ist eine der direktesten und unmittelbarsten Möglichkeiten, reifer zu werden.

2. *Geben Sie zu, wenn Sie einen Fehler gemacht haben*

Es kann ebenso hilfreich sein, zuzugeben, daß Sie einen Fehler gemacht haben. Sagen Sie zu Ihrem Gegenüber: „Sie haben recht.“ Sie verlieren dabei nichts, genausowenig wie eine Firma etwas dabei verliert, wenn sie zugibt, daß der Kunde im Recht ist. Wenn Sie Ihre Fehler zugeben, hilft dies, Streit zu vermeiden. Wenn Sie Leuten, die darauf aus sind, anzugreifen, einfach recht geben, nehmen Sie Ihnen den Wind aus den Segeln. Wenn die Leute mit ihrer Kritik an Ihnen ein wenig rauh gewesen sind, und Sie nichtsdestotrotz zustimmen, werden sie wahrscheinlich einen Rückzieher machen. „Nun, eigentlich meinte ich es nicht so grob. Es ist nicht so schlimm. Vielleicht bin ich ein wenig übermüdet.“

Wenn andererseits die Kritik ungerechtfertigt ist, erheben Sie keinen Einspruch. Verwenden Sie innere Bilder, um zu vermeiden, daß Sie den Angriff persönlich nehmen. Halten Sie sich ein Bild vor Augen, in dem Sie selbst eine Ente sind, der die Kritik wie Regenwasser von ihrem Rücken abrinnt. Oder sehen Sie die gegen Sie gerichtete Kritik als spitzen Pfeil, dem Sie lediglich durch einen Schritt zur Seite entgehen können. Sie können sich auch in Erinnerung rufen, daß Sie mit der Zeit (wahrscheinlich schneller, als sie denken) den Angriff vergessen werden. Von der Gesamtheit ihres Lebens her gesehen, ist Kritik eine Kleinigkeit. Nehmen Sie Fehler als unvermeidbar und als Teil Ihres Lernprozesses. Das größte Hindernis in Ihrer Entwicklung ist der Glaube, Sie wüßten schon alles. Das werden Sie nie erreichen. Wenn Sie in der Hitze des Gefechtes von der Kritik so verwirrt sind, daß Sie nicht mehr daran denken, daß Sie eben ein Geschenk bekommen haben, können Sie immer noch zu einem späteren Zeitpunkt darauf zurückkommen und auf einer persönlichen Ebene „Serviceerneuerung“ betreiben. „Erinnern Sie sich an den Nachmittag, als Sie mich kritisierten? Nun, ich reagierte nicht sehr positiv und möchte Ihnen jetzt für Ihren Mut und die Informationen, die Sie mir gegeben haben, danken. Ich weiß, daß Ihnen das nicht leichtgefallen sein kann. Und dann habe ich noch alles vermiest, indem ich wütend reagierte.“ Es ist nie zu spät, ein Geschenk anzunehmen.

3. Entschuldigen Sie sich, wenn es angemessen erscheint

Sagen Sie, daß es Ihnen leid tut. Wenn notwendig, bitten Sie um Entschuldigung. Viele von uns denken, um Entschuldigung zu bitten sei eine einfache Sache. Eigentlich ist es eines der schwierigsten Dinge, die man uns abverlangen kann. Beobachten Sie, wie Leute mit sich kämpfen, um die Worte: „Es tut mir leid“ über die Lippen zu bringen. Viele Leute glauben, sie vergeben sich etwas, wenn sie sich entschuldigen. Tatsächlich haben wir eine gute Chance, daß man uns vergibt, wenn wir uns angemessen entschuldigen. Entschuldigungen sind eine der wirksamsten zwischenmenschlichen Verhaltensweisen. Aufrichtige Entschuldigungen können irritierte und verletzte Beziehungen reparieren – wenn sie aus dem Herzen kommen. Gleichzeitig können Entschuldigungen, wenn sie schlecht vorgebracht werden, Beziehungen noch mehr zerstören.

Eine Entschuldigung muß in erster Linie spezifisch sein, um zu wirken. Wenn wir uns auf eine Kritik hin entschuldigen, so können wir verhältnismäßig leicht spezifisch sein, wenn die Kritik konkrete Details betroffen hat. Wenn notwendig, erklären Sie, warum Sie sich auf diese Weise verhielten. Vielleicht waren Sie müde, abgehetzt oder überlastet. Erklären Sie, daß Sie niemanden verletzen wollten, falls dies nötig sein sollte.

Der Rektor des Medical Center der University of Massachusetts, Dr. Aaron Lazare, ein Experte in Konfliktlösung, meint dazu: „Eine gute Entschuldigung ... muß Ihnen schwerfallen. Sie müssen in Ihrer Entschuldigung echtes, tiefgehendes Bedauern ausdrücken, damit Sie glaubwürdig sind.“[2] Ihr Bedauern sollte signalisieren, daß Sie, weil Sie der anderen Person Schmerz zugefügt haben, zutiefst bekümmert sind, daß die Beziehung für Sie sehr wichtig ist und Sie deswegen von sich selbst schwer entäuscht sind. Lazare rät, nicht erst auf Kritik zu warten, um eine Entschuldigung zu äußern. Erinnern Sie sich – unzufriedene Kunden beschweren sich nicht immer, viele wenden sich einfach ab. In unseren persönlichen Beziehungen brauchen wir auch nicht darauf zu warten, daß der andere Kritik übt, um die Hand zur Versöhnung auszustrecken.

Einige CEOs begreifen allmählich, daß es von Vorteil ist, sich bei Gesellschaftern zu entschuldigen. Das Mittel, dessen sie sich bedienen, ist der jährliche Geschäftsbericht, in welchem ihre Fehler offen diskutiert werden. David Stewart, Chairman der Addison Corporate Annual Reports und Ersteller von jährlichen Geschäftsberichten für verschiedene größere Aktiengesellschaften, meint: „Das Geschäftsumfeld wird einem CEO mehr Offenheit abverlangen. Wenn Sie nicht als erster Ihre eigenen Fehler analysieren, gibt es todsicher jemanden, der es tun und gegen Sie verwenden wird.“[3]

William Dunk, ein Managementberater in New York, ist der Meinung, daß das „Mea culpa des CEO“ ein sehr gutes Zeichen sei „... weil Sie nur dann eine Chance haben, die Probleme zu lösen, wenn Sie sich dazu bekennen.“[4] Ben und Jerry's, die sehr erfolgreiche, unkonventionelle und exquisite Eiscreme-Erzeugerfirma, entschuldigte sich in ihrem Jahresbericht über die Kundenbeschwerde Nummer eins – zu wenig „fruchtige Stückchen“ pro Portion Eiscreme, und gab dazu auch eine Erklärung ab. Während des Mischprozesses ist es offensichtlich schwierig, die Fruchtstücke gleichmäßig zu verteilen. Während einige Kunden den Jackpot mit einer Menge von Heidelbeermark in ihren Behältern hatten, bekamen einige Kunden nur bleichsüchtige Eiscreme. Die Qualitätskontrollen von Ben und Jerry's erfassen die Portionen ohne Fruchtstücke nicht immer. „Es tut uns leid“, sagten sie. Möglicherweise wird jemand, der dieses Statement liest, nicht mehr so verärgert sein, wenn er oder sie zufällig einen der Behälter mit wenig „fruchtigen Stückchen“ bekommt.

Manchmal ist eine Art symbolische Buße nötig, um eine Entschuldigung auch wirklich zu demonstrieren. Das kann im Geschäftsleben bedeuten, daß man den Kunden etwas gibt – reduzierte Preise, Gutscheine für zukünftige Einkäufe oder kleine Geschenke. Das kann für uns privat ein Geschenk bedeuten, aber Sie müssen darauf achten, daß Geschenke keine Vergebung erkaufen können. Die Autoren haben Paare gesehen, die einander beschimpften, Blumen schickten als Buße und dann außer Fassung gerieten, wenn die Blumen keine Vergebung bewirkten. Die Folgegeschenke bedeuten nur dann etwas, wenn die Entschuldigung in erster Linie aufrichtig war.

Im Geschäftsleben kann eine Entschuldigung einen Geschäftskontakt erneuern, der in der Vergangenheit verlorengegangen ist – vielleicht ohne daß Sie schon in ihrer Funktion tätig waren. Eine Entschuldigung dieser Art ist besonders wirksam, weil die Person wissen wird, daß Sie das ursprüngliche Problem nicht verursacht haben. „Ich bedaure den Vorfall sehr. Ich weiß, daß ich damals nicht hier war, aber nichtsdestoweniger stand unsere Reputation auf dem Spiel. Ich hoffe, Sie geben mir die Chance, es wiedergutzumachen. Ich werde persönlich dafür sorgen, daß sich dieser Vorfall nicht wiederholen wird."

Sicher wird eine aufrichtige Entschuldigung jemandem, der Ihnen nahesteht, sehr viel bedeuten. Aber auch in einer unpersönlicheren Beziehung wie der zwischen Käufer und Verkäufer oder Kunde und Kundendienstmitarbeiter vermittelt die Entschuldigung eine überzeugende Botschaft. Mit ein wenig Übung können wir alle unser Bedauern über Vorfälle besser ausdrücken. Dies wiederum befähigt uns alle, die Dinge schneller zu vergessen, alte Wunden heilen zu lassen und in unserem Verhalten und unseren Beziehungen reifer zu werden.

Manchmal sagen Leute: „Ich werde dir das nie verzeihen." Das ist schade, denn an Zorn und Verachtung festzuhalten, bedeutet eine schwere Bürde. Entschuldigungen sind ein starker Anstoß für eine Vergebung. Sie erleichtern es dem anderen, uns zu vergeben. Aber die Worte: „Es tut mir leid" sind für sich allein nicht genug. Es bedarf einer gewissen Demonstration, daß wir es auch so meinen und willens sind, dafür etwas zu unternehmen.

4. Versprechen Sie, etwas zu tun – und tun Sie es dann auch

So wie wir Mißstände für einen unzufriedenen Kunden beheben, so müssen wir auch etwas unternehmen, um unsere persönlichen Fehler zu bereinigen. Wenn Sie beispielsweise jemand anruft und Sie darauf aufmerksam macht, daß Sie es versäumt haben, sie oder ihn, wie versprochen, abzuholen, überlegen Sie, wie Sie mit Worten die Kränkung mildern können. „Danke, daß du mich sofort angerufen hast. Wie gedankenlos von mir! Ich war so vertieft in meine Arbeit, daß ich nicht einmal bemerkt habe, wie spät es ist. Es tut mir leid. Du mußt wirklich wütend auf mich gewesen sein (oder höchst beunruhigt, daß mir etwas passiert sein könnte). Kannst du mir jemals vergeben? Ich werde mich sofort auf den Weg machen.“ Und dann gehen Sie und holen die Person ab!

5. Setzen Sie Maßnahmen, um sich zu verbessern

Vielleicht muß man Sie mehrmals daran erinnern, besser zu werden. Nötigenfalls müssen Sie Ihr Verhaltensmuster analysieren, um herauszufinden, ob irgendwelche tiefliegenden, grundsätzlichen Konflikte dahinterstehen. Viele von uns ziehen zusätzlich Nutzen aus Verhaltensweisen, die für andere sinnlos und ärgerlich sind. Vielleicht erlangen wir Aufmerksamkeit, oder, wenn wir überhaupt nichts tun und lange genug durchhalten, wird jemand anderer sich des Problems für uns annehmen. Wir haben möglicherweise eine tiefsitzende Furcht, daß etwas Schlimmes geschehen würde, wenn wir etwas tun.

In einem unserer Time-Manager-Seminare erzählte uns eine Teilnehmerin, daß sie ungern Zielsetzungen zu Papier bringe. Sie pflegte Ihrem Boss jährlich eine gewisse Anzahl von Zielen zu präsentieren, von denen sie wußte, daß sie sie erreichen konnte. Aber in ihrem Bewußtsein schwebten ihr andere, anspruchsvollere Ziele vor, die sie eigentlich anstrebte. Sie wollte diese anspruchsvolleren Ziele nicht schriftlich festhalten, aus Angst, vor sich selbst als Versagerin dazustehen, wenn sie sie nicht erreichte. Sie wollte deshalb unsere Philosophie, weitgespannte oder begeisternde Ziele niederzuschreiben, angreifen, weil sie der Meinung war, eine Menge Leute würden unsere Seminare, mit dem Gefühl, versagt zu haben, verlassen, weil sie ihre Ziele verfehlt hatten.

Wir fragten sie, ob sie nicht auch dafür bezahlen müsse, wenn sie sich nur konventionelle, leicht erreichbare Ziele setze. Sie machte sich darüber während der zwei Tage des Seminars Gedanken und kam beim Schlußvortrag zu uns, um uns für unser Feedback zu danken und uns zu erklären, sie habe erkannt, daß sie eine alte „Botschaft" aus ihrer Kindheit mit sich herumgetragen habe. Diese Botschaft laute, das Schlechteste zu erwarten, aber das Beste zu erhoffen. Diese Philosophie habe im Falle ihrer in der Depressionszeit geborenen Eltern gute Dienste geleistet, um ökonomische und soziale Rückschläge zu bewältigen. Diese bedeutete aber für sie selbst, daß sie weit unter ihrem Potential arbeitete. Obwohl sie in Ihrer Karriere erfolgreich und äußerst kompetent war, schlug sie sich immer noch mit den einfachsten Managementaufgaben herum, wie Probleme des Delegierens, des Fragenstellens und der Mitarbeiterführung.

6. Nehmen Sie die Hilfe des anderen in Anspruch, um Ihren Fortschritt zu kontrollieren

Kontrollieren Sie Ihren Fortschritt. Sie werden die Person, die Sie kritisiert, ersuchen müssen, Ihnen bei langfristigen Änderungen zu helfen. Geben Sie ihr oder ihm eine Ermunterung, Sie immer darauf aufmerksam zu machen, wenn Sie in dieses gewisse Verhalten zurückfallen. Vertrauen Sie ihr oder ihm an, daß Sie sich ändern möchten, aber ohne Feedback nicht dazu imstande wären. Es bestehen gute Aussichten, daß Sie in Zukunft über Ihr Verhalten etwas ganz anderes zu hören bekommen als beim ersten Mal. Sie stehen nun in einer partnerschaftlichen Beziehung mit den Leuten! Und immer, wenn Sie in diese Verhaltensweise zurückfallen, gebrauchen Sie einen leicht abgewandelten Ronald-Reagan-Ausspruch: „Da bin ich jetzt wieder! Es tut mir leid – und danke, daß Sie mich daran erinnert haben." Humor hilft immer.

Überprüfen Sie Ihren Reaktionslevel

Unten angeführt sind fünf verschiedene Reaktionen auf persönliche Kritik. Wir können sie als die Fähigkeit, von anderen Leuten zu lernen, bezeichnen.

1. Sie geben nicht offen zu, daß Sie einen Fehler gemacht haben. Sie erinnern die andere Person an einmal begangene Fehler. „Sie müssen mir das gerade sagen", könnten Sie bemerken. Sie heben hervor, daß niemand sich gerührt hat, als ein anderer denselben Fehler beging.
2. Sie geben einen Fehler widerwillig zu, verbrauchen Zeit und Energie, nur um zu erklären, warum Sie dies taten, und bekräftigen, daß Sie nicht der einzige wären, der so etwas tue.
3. Sie geben offen zu, einen Fehler begangen zu haben, und entschuldigen sich, aber im geheimen fühlen Sie sich zu Unrecht angegriffen. Wenn Sie sich ändern wollen, braucht es eine Weile, bis Sie Ihre negativen Gefühle überwunden haben.
4. Sie entschließen sich, die Kritik positiv aufzunehmen, und danken der Person für den Hinweis auf den Fehler. Sie danken ihr oder ihm für das Interesse an Ihrer Arbeit; falls notwendig, entschuldigen Sie sich und korrigieren den Fehler sofort.
5. Sie nehmen die Kritik als eine Gelegenheit, sich zu verbessern. Sie korrigieren nicht nur sofort den Fehler, Sie untersuchen sorgfältig die Ursache dafür. Sie finden Wege, um denselben Fehler in Zukunft zu vermeiden. Vielleicht wenden Sie sich sogar noch einmal an die Person, die Sie kritisiert hat, um ihr mitzuteilen, was Sie als Reaktion auf die Kritik unternommen haben.

Um zu überprüfen, wie Sie auf persönliches Feedback reagieren, stellen Sie sich folgende Situationen bildlich vor und klassifizieren Sie, wie vorher beschrieben, von 1 bis 5 die Wahrscheinlichkeit Ihrer Reaktion. Vergegenwärtigen Sie sich nun bei jeder Situation, daß Sie in Ihrem Innersten wissen, daß die Leute mit dem, was sie über Sie sagen, recht haben, auch dann, wenn sie selbst nicht perfekt sind.

- Ein enger Freund beschwert sich, daß Sie nie für ihn Zeit hätten.
- Ein Arbeitskollege kritisiert Sie, weil Sie Aufträge nur nachlässig durchführen! Sie haben versprochen, etwas zu tun, und es dann nicht getan.

- Ihr Chef läßt Sie wissen, daß Sie ständig zur Mitarbeiterbesprechung zu spät kommen, was anderen Probleme bereitet.
- Ihre Kinder sagen Ihnen, daß Sie sie immer kritisieren. „Hast du uns nicht mehr lieb?" fragen sie.
- Ihr Partner oder Gatte beschwert sich, daß Sie das Badezimmer stets in Unordnung verlassen und er oder sie hinterher saubermachen muß.
- Sie kommen zu einem Kundenbesuch zu spät, und der Kunde äußert sich kritisch dazu, obwohl gerade er Sie immer warten läßt.
- Ein Freund sagt Ihnen, daß Sie zuviel reden und jede Konversation zu beherrschen versuchen, besonders auf Parties.
- Ihre Belegschaft läßt Sie durch eine anonyme Feedbackumfrage wissen, daß sie der Meinung ist, Ihre Führungskompetenz lasse zu wünschen übrig.

Fragen zur Diskussion

- Nutzen die Leute Ihres Unternehmens das wechselseitige Feedback als Basis für einen persönlichen Reifungs- und Entwicklungsprozeß?
- Wieviel Energie wird bei personellen Konflikten verbraucht, weil sich die Mitarbeiter bei persönlicher Kritik unbehaglich fühlen?
- Ist Ihre Unternehmenskultur darauf ausgerichtet, daß sich Leute bereitwillig entschuldigen?

TEIL III

Wie Sie Ihr Unternehmen beschwerdefreundlich machen

Weil Beschwerden Geschenke sind, ist es eine gute Idee, möglichst viele Beschwerden zu erzeugen. Gebührenfreie Telefonleitungen sind wahrscheinlich der kürzeste Weg, um Kunden zum Reden zu bringen – kostenlos und zu Zeiten, die ihnen im allgemeinen angenehm sind. Nachdem das Unternehmen den Kunden klar zu verstehen gegeben hat, daß es im Falle von Unzufriedenheiten kontaktiert werden möchte, muß die Firma eine Koordinationspolitik entwickeln, um den Mitarbeitern übereinstimmende Richtlinien in die Hand zu geben, wie man Kunden behandelt. Außerdem müssen Kommunikationsstrukturen vorhanden sein, die es ermöglichen, daß Beschwerden ihren Weg von der vordersten Linie in das obere Management finden, so daß die Manager geeignete Maßnahmen ergreifen können, um unternehmensweit bestimmte Problemkomplexe im Umgang mit den Kunden einer Lösung zuzuführen

Ob in einem Unternehmen eine beschwerdefreundliche Kultur herrscht, darüber entscheidet an erster Stelle die Art und Weise, wie Beschwerden von den Mitarbeitern behandelt werden, und vor allem, ob Kunden sich überhaupt beschweren. Eine wesentliche Voraussetzung zur Schaffung dieser Kultur ist das Delegieren von Kompetenzen an die Mitarbeiter: Erteilen Sie Ihren Mitarbeitern Vollmachten, indem Sie gleichzeitig sicherstellen, daß sie über die Strategien des Unternehmens und über die Erwartungen der Kunden hinreichend informiert sind. Erlauben Sie ihnen, nötigenfalls von den Strategien abzuweichen, und geben Sie Ihren Mitarbeitern die Freiheit, bei der Bearbeitung von Beschwerden selbst die Initiative zu ergreifen.

Einer der wesentlichen Gesichtspunkte für eine beschwerdefreundliche Kultur ist der interne Umgang mit Beschwerden, d.h. wie werden Beschwerden durch die Mitarbeiter bearbeitet. In diesem Abschnitt des Buches erläutern wir, wie Sie die Mitarbeiter behandeln sollen, wenn sie unzufrieden sind, damit sie Unternehmensziele nicht sabotieren. Die Mitarbeiter können ihren Job schließlich nicht so einfach hinschmeißen, wie unzufriedene Kunden einen neuen Lieferanten suchen können. Am Ende zeigen wir einen Weg auf, wie man Ideen in die Tat umsetzt. Wir stellen Ihnen einen Sieben-Phasen-Aktionsplan zur Realisierung einer beschwerdefreundlichen Unternehmenskultur vor.

10

Die Förderung weiterer Beschwerden: Gebührenfreie Telefonnummern und andere Strategien

Der einzige und wirklich entscheidende Grund, warum Kunden – wie sie sagen – bereit sind, sich zu beschweren, ist, daß sie glauben, auf Grund ihrer Beschwerde werde etwas geschehen.[1]

Es mag sinnvoll sein, klar zu unterscheiden zwischen der Unzufriedenheit, die Kunden empfinden, und dem endgültigen Entschluß, sich zu beschweren. Es gibt Kunden, die überaus unzufrieden sind und dennoch kein Wort verlieren. Aber es gibt auch solche, die nur geringfügig unzufrieden sind und dies offen kundtun, weil sie der Überzeugung sind, daß etwas für sie getan wird. Um diese beiden Prozesse auf einen Nenner zu bringen – die Unzufriedenheit und das Beschwerdeverhalten –, empfehlen wir den Unternehmen die Umsetzung nachfolgender Vorschläge. Wir widmen einen großen Teil dieses Kapitels den gebührenfreien Telefonnummern, weil sie sehr verbreitet sind und ihre Auswirkung auf die ständig wachsende Zahl von Kundenbeschwerden nicht zu übersehen ist.

Gebührenfreie Telefonnummern: der Preis für zeitgemäße Geschäfte

Gebührenfreie Telefonnummern sind in den USA seit 1967 verfügbar, als man diese Form der Dienstleistung einführte. Im ersten Jahr wurden laut AT&T sieben Millionen gebührenfreie Anrufe gezählt. Fünfundzwanzig Jahre später bearbeitete man allein bei AT&T 13 Milliarden Anrufe; mittlerweile hat AT&T 500 Konkurrenten im gebührenfreien Geschäft. Große Unternehmen, die gebührenfreie Nummern unterstützen, berichten von der atemberaubenden Anzahl von Anrufen, die sie jedes Jahr erhalten. Whirlpool allein kommt auf fast neun Millionen Anrufe pro Jahr; Kraft General Food beantwortet alle 30 Sekunden einen Anruf.[2]

Heute verfügen ungefähr zwei Drittel aller Herstellungsbetriebe über gebührenfreie Nummern, dies bedeutet einen Anstieg seit 1980 um 40 Prozent. Das wird am deutlichsten aus der Tatsache ersichtlich, daß in den USA die 800er Nummern für gebührenfreie Leitungen in Kürze nicht mehr ausreichen werden. In Europa begann man 1990 mit einer eigenen Variante gebührenfreier Telefonleitungen, und diese Form der Dienstleistung scheint in Europa inzwischen in der normalen Geschäftskommunikation genauso fest verankert zu sein wie in den USA.

AT&T hat in Untersuchungen herausgefunden, daß 86 Prozent aller Kunden eher über die gebührenfreie Nummer eines Unternehmens telefonieren würden, als einen Brief zu schreiben. Und 62 Prozent der Kunden wickeln lieber Geschäfte mit Unternehmen ab, die über eine gebührenfreie Nummer verfügen, als mit solchen, die diesen Service nicht anbieten.[3] Um es kurz zu machen, Unternehmen, die über keine gebührenfreie Nummer verfügen, haben gegenüber anderen einen Wettbewerbsnachteil. Ein Marketingberater in Minneapolis drückt es so aus: „Das ist heute der Preis dafür, wenn man im Geschäft sein will. Die Unternehmen müssen ein Hilfsmittel bereitstellen, das der Kunde benutzen kann."[4]

Was kosten gebührenfreie Telefonnummern? Sie sind nicht billig. Die tatsächlichen Kosten für hereinkommende Anrufe belaufen sich durchschnittlich auf weniger als 20 Cents pro Minute. Die Prognose sagt, daß die Preise weiter fallen werden. Sie sind jedoch teuer für große Unternehmen und können jährlich Kosten in der Höhe von mehreren Millionen Dollar verursachen, besonders dann, wenn es sich um Unternehmen handelt, die einen riesigen Marktanteil an

Produkten des täglichen Bedarfs haben. Die Unternehmen sollten daher sorgfältig die entstehenden Kosten gegen den sich ergebenden Nutzen abwägen. Viele Marketingexperten sind trotz allem der Meinung, daß sich die gebührenfreien Nummern auf jeden Fall rechnen, auch wenn ein Unternehmen dadurch sein Verkaufsvolumen nicht steigert. Wegen ihrer Bedeutung für die Öffentlichkeitsarbeit sollte man sie als profitsteigernd klassifizieren und nicht als Verwaltungskosten verbuchen.

Wie gebührenfreien Nummern verwendet werden

Natürlich sind nicht alle Anrufe, die auf der gebührenfreien Leitung hereinkommen, Kundenbeschwerden. Es gibt keine genauen Daten darüber, wieviel Prozent auf Beschwerden entfallen, wenn man sie mit den übrigen Arten der Anrufe vergleicht. AT&T schätzt aber, daß eine beachtliche Anzahl dieser Anrufe Kundenbeschwerden oder Kundenfeedback sind. Das ist insbesondere dann der Fall, wenn die Telefonnummern auf den Produkten aufgedruckt sind. AT&T druckt jedes Jahr ein riesiges Verzeichnis gebührenfreier Geschäftskontakte. Viele dieser Nummern sind in erster Linie für Verkaufsaktivitäten eingerichtet, aber man kann sie auch für das Kundenfeedback verwenden.

Es gibt Firmen, die die gebührenfreien Telefonnummern nur auf manchen ihrer Produkte angeben, und zwar auf jenen, bei denen ihnen ein Feedback wichtig ist. Campell Soup gibt die Nummer nur auf Werbegeschenken an; Swanson verwendet sie nur bei Tiefkühlprodukten, nicht aber bei ihrer Pepperidge Farm Baked-Produktlinie. Celestial Seasonings gibt die Nummer auf allen, außer auf den zehn meistverkauften Produkten an.[5] Pillsbury stellt eine gebührenfreie Nummer ausschließlich für die Babyprodukte zur Verfügung.

Heutzutage gibt es hochentwickelte Telekommunikations-Baugruppen, mit deren Hilfe sich die Unternehmen eine Menge der Probleme ersparen können, mit denen sie routinemäßig bei den gebührenfreien Leitungen konfrontiert waren.

Ein Unternehmen kann zum Beispiel eine einzige Nummer auf den Markt bringen. Basierend auf dieser ursprünglichen Rufnummer, können alle Anrufe, die über diese eine Nummer hereinkommen, in verschiedene Telefonzentralen geleitet werden, abhängig von der Tageszeit, der Anzahl der Anrufe in einer Zentrale oder auch der festgestellten Bedeutung des Anrufers.

AT&T vertreibt ein Produkt, das sich Telemarketing Operation Performance Management System (Betriebssystem für Telefonmarketing) nennt und die Verteilung von Anrufen zwischen den verschiedenen Telefonzentralen regelt.[6] In Landesteilen, wo die Leute mit Entwicklungstechnologien vertrauter sind, wie zum Beispiel in Kalifornien, können Voice Response Units (Sprachausgabesysteme) Verwendung finden. Dieses System ermöglicht es den Kunden, ihre Geschäfte sehr effizient abzuwickeln, indem sie Nummern eingeben oder Informationen aufzeichnen, ohne jemals mit einer realen Person in Verbindung zu treten. Hat man eine Region in den Vereinigten Staaten als besonders technophobisch identifiziert, kann man Anrufer aus diesen Gebieten auf Anrufsysteme umleiten, wo ihnen eine Stimme live antwortet und man sie nicht über ein Band mit dem Hinweis „Bitte legen Sie nicht auf, wir melden uns in Kürze“ in eine Warteschleife einreiht.

Leitsysteme sind besonders hilfreich für Firmen, die eine fluktuierende Anzahl von Anrufen erhalten und die die Wartezeit für den Kunden reduzieren wollen. Ohne diese Systeme kann es passieren, daß Kunden in Spitzenzeiten zwischen 5 und 20 Minuten warten müssen, bevor sie jemanden erreichen. Tatsächlich wird aber jedes Warten, das länger als eine Minute dauert, als überlang empfunden. 20 Minuten erscheinen einem schon als Ewigkeit. Automatic Number Identification Systems ist sogar in der Lage, die Telefonnummern der Anrufer zu identifizieren, die während des Wartens auflegen. Somit erhält die Kundendienstabteilung die Möglichkeit, diese Kunden zurückzurufen.

Hochentwickelte Leitsysteme geben den Unternehmen auch die Möglichkeit, ihre Telefonzentrale buchstäblich überall im Land einzurichten, also praktisch auch in irgend jemandes Extraschlafzimmer. Die Anrufer brauchen nicht zu wissen, wohin sie anrufen. Es stehen jetzt auch Geräte zur Verfügung, die auf Aufzeichnungen zurückgreifen, um ein Gespräch in Gang zu bringen, bevor jemand das Gespräch nach der anfänglichen Begrüßung live fortsetzt. Das mag zwar seltsam klingen, aber bedenken Sie, wie strapaziös es sein kann, bei der Begrüßung immer noch freundlich zu bleiben, nachdem Sie im Laufe eines Tages schon Hunderte Anrufe beantwortet haben. Der Anrufer wird nie erfahren, daß die ersten munteren Worte vom Tonband kommen. Aber genau das ist der Zeitpunkt, der über die Stimmung während des gesamten Anrufs entscheidet.

Manche Unternehmen erhalten wiederholt Anrufe von ihren Kunden, und tatsächlich entwickeln manche Kunden regelrecht eine persönliche Beziehung zu den Firmenrepräsentanten. Es ist gar nicht ungewöhnlich, daß Kunden Kekse oder Geburtstagsgrüße an die Leute schicken, mit denen sie sich regelmäßig telefonisch unterhalten. Das ist dann echte Partnerschaft! In diesen Fällen können die Repräsentanten des Unternehmens auf bestimmte Nebenanschlüsse für hereinkommende Gespräche ausweichen, so daß die Anrufe bevorzugt zu ihnen durchgestellt werden. Diese Form der persönlichen Betreuung wird durch eine hochentwickelte Technologie ermöglicht.

Um Leuten, die wegen eines Problems anrufen, effizient zu helfen, muß die Person, die den Anruf entgegennimmt, so schnell wie möglich alle Daten und Informationen über den Kunden erhalten. Richten Sie Workstations ein, die einen Zugriff auf grafische Technologie und Computer-Telefon-Verknüpfungen ermöglicht, so daß den Firmenvertretern ein sofortiger Zugriff auf die Kundendatei ermöglicht wird. Manche Systeme sind sogar in der Lage, Kundendateien, die in ein Computersystem eingescannt worden sind, an den zuständigen Mitarbeiter beim Kundendienst zu übermitteln, während das Telefon noch im Kundendienstzentrum läutet, um damit 20 Sekunden pro Anruf einzusparen. Mit Hilfe solcher Systeme ist das General Motors' Customer Assistance Center in der Lage, Probleme zu lösen oder Fragen zu beantworten, mit einer Zeitersparnis, gerechnet vom Einlangen des Anrufs, von 80 Prozent gegenüber 40 Prozent vor noch nicht allzulanger Zeit.[7]

Gebührenfreie Telefonnummern – ein zweischneidiges Schwert

Wenn ein Unternehmen gebührenfreie Leitungen einrichtet und sie in der Öffentlichkeit ankündigt, ohne über ein straffes Kontrollsystem zu verfügen, kann das mehr Probleme schaffen, als wenn sich das Unternehmen vor seinen Kunden versteckt hielte. Zum mindesten muß das Unternehmen sicherstellen, daß der gesamte Umfang an potentiellen Anrufen bearbeitet werden kann. Ein größerer Einzelhändler für Möbel hat diese Lektion gelernt. Sein Unternehmensleiter ordnete – von großem Werbeaufwand begleitet – die Einrichtung von gebührenfreien Telefonleitungen an. Die ersten zwei Wochen kamen Tausende von Anrufen – weit mehr, als das System bewältigen konnte, was aufgebrachte und verärgerte Kunden zur Folge hatte, so daß die Unzufriedenheit der Kunden alle Vorstellungen der Firma übertraf. Die Lektion ist eindeutig: Unterziehen Sie Ihre gebührenfreien Leitungen einem Markttest.

TARP kommt zu dem Schluß, daß gebührenfreie Informationsdienste ein Segen für die Unternehmen sind – es sei denn, man bearbeitet die Anrufe unsachgemäß. Und dieses „Es sei denn" sollte man nicht unterschätzen. TARP spricht die Warnung aus:

„Wenn das System nicht so strukturiert ist, daß es die Kundenkontakte effizient und individuell behandelt sowie die erhaltenen Daten dazu verwendet, dem Grundübel aller Schwierigkeiten vorzubeugen, dann sollte das Unternehmen von dieser Form der Kontaktaufnahme die Finger lassen. Eine Industrie-Querschnittsuntersuchung von TARP hat ergeben, daß ein nicht funktionierendes Kundendienstsystem dem Markt mehr Schaden zufügen kann als ein lahmer Kundendienst."[8]

Sich für eine gebührenfreie Feedback-/Unterstützungsleitung zum Kunden zu entschließen ist eine strategische Entscheidung; wenn man im einzelnen festlegt, wie Anrufe beantwortet werden sollen, so ist das eine taktische Entscheidung. Manche Unternehmen entwerfen miserable Taktiken. Wenn man zum Beispiel mit einem Anrufbeantworter an eine gebührenfreie Leitung angeschlossen ist, muß dieses System sorgfältig überwacht werden, um nicht in einem Voice Mail Jail („Gefängnis für Telekommunikation") zu landen. Dies geschieht, wenn man zwischen sich wiederholenden Programmschleifen gefangen wird und keinen Menschen live erreichen kann. Der Präsident von TARP, John Goodman, meint, daß es ein reales Schadensrisiko für die Beziehung zwischen Kunden und Unternehmen bedeutet, wenn keine wirkliche Person erreichbar ist.[9] Laut Umfragen über Kundenzufriedenheit gibt Goodman an, daß der Grad der Zufriedenheit bei den Kunden um 10 Prozent sinkt, wenn sie bei der Telekommunikation gezwungen sind, ihren Namen zu hinterlassen und auf den Rückruf zu warten.

Ein gebührenfreier Anruf, der vollkommen durcheinandergeriet

Die Mitautorin dieses Buches kaufte einen tragbaren Marken-CD-Player, der mit einem Kassettentape verbunden war, das so konstruiert war, daß man es an das Stereosystem ihres Autos anstecken konnte. Das eingeschlossene Tape ermöglichte es, Musik vom tragbaren CD-Player auf das ins Auto eingebaute Lautsprechersystem zu übertragen. Als sie die Kassette hineinschieben wollte, sprang diese immer wieder aus dem Kassettenrekorder heraus, und natürlich war aus dem Lautsprecher kein Ton zu hören. Ein Produktfehler. Unsere Autorin rief die gebührenfreie Nummer, die auf der Gebrauchsanweisung angegeben war, innerhalb von drei Tagen dreimal an und hinterließ auch jedesmal ihre Telefonnummer, da sie immer wieder informiert wurde, „daß alle unsere Serviceleute zur Zeit gerade beschäftigt sind". Ungefähr eine Woche später wurde tatsächlich zurückgerufen, aber zu der Zeit war sie nicht in ihrem Büro. Man hinterließ eine andere 800er Nummer. Als sie diese Nummer anrief, erreichte sie einen Anrufbeantworter, der ihr die Auswahl zwischen drei verwirrenden Menus anbot. Sie wählte eines davon aus und erhielt drei weitere Nummern zur Auswahl. Über eine dieser Nummern wurde sie wieder mit einem Anrufbeantworter verbunden, der ihr jedoch eine weitere 800er Nummer gab. Als sie diese Nummer wählte, konnte sie wirklich jemanden erreichen. Der Angestellte nannte ihr ein Servicezentrum in ihrer Gegend und gab ihr die entsprechende Telefonnummer.

So rief die inzwischen bereits sehr frustrierte Kundin diese Nummer an, wobei es sich in Wahrheit um ein Ferngespräch handelte! Der Mann, der ihren Anruf entgegennahm, teilte ihr mit, daß er nur noch 15 Minuten lang die Serviceabteilung dieses Unternehmens vertreten werde! Ab dann repräsentiere er dieses Elektronikunternehmen nicht mehr. Die Mitautorin, zu diesem Zeitpunkt bereits wirklich erbittert, wählte wieder jene gebührenfreie Nummer, die immerhin noch zu einem Menschen geführt hatte. Sie erzählte dort alles, was ihr passiert war. Der Repräsentant sagte ihr, daß er die Beschwerde aufnehmen werde, aber sie möge bitte einen Moment warten, bis er Papier und Bleistift gefunden habe. Er fragte dann nach dem Namen der Person, mit der die Kundin gesprochen hatte, und nach dem Namen der Servicefirma, die ihr mitgeteilt hatte, sie werde die Elektronikfirma nicht länger repräsentieren. Natürlich hatte unsere Autorin weder die Namen noch die Nummern dieser Stellen. Darauf hörte sie vom Vertreter der Serviceabteilung folgendes: „Wie können wir Ihnen helfen, wenn Sie weder Namen noch Telefonnummern notiert haben?" Wissen die Unternehmen überhaupt, welche Auswirkung eine Bemerkung dieser Art auf den Kunden hat? Offensichtlich nicht.

Wurde das Problem jemals gelöst? Unsere Autorin gab es auf. Sie verwendet den CD-Player nun auf ihren Reisen und nicht mehr in ihrem Auto, wofür er ursprünglich gedacht war. Der Leser fragt sich wahrscheinlich, warum sie den CD-Player nicht in den Laden zurückgetragen hat, wo sie ihn gekauft hatte. Wie es eben bei manchen Einkäufen vorkommt, wäre es in diesem Fall sehr unbequem gewesen, denn sie hatte das Gerät auf einer ihrer Geschäftsreisen in Singapur gekauft. Glauben Sie, daß diese Kundin die Art und Weise, wie sie von dem hochangesehenen Elektronikkonzern behandelt wurde, so schnell vergessen wird? Und glauben Sie, daß dieser Konzern irgendeine Ahnung davon hat, was da geschehen ist, obwohl er auf Basis dieses Vorfalls sein System verbessern könnte?

Die Vorteile gebührenfreier Telefonnummern

Ein Überblick über die ausgedehnte Literatur, die sich mit gebührenfreien Telefonverbindungen befaßt, zeigt die nachfolgend beschriebenen Vorteile auf. Einiges davon ist nur in sehr großen Unternehmen, die Markenprodukte verkaufen, anwendbar. Anderes läßt sich jedoch auch bei Ein-Mann-Unternehmen anwenden:

- erhöhtes Konsumentenvertrauen,
- sofortiges Kundenfeedback,
- zunehmende Fähigkeiten, Beschwerden über allgemeine Probleme zu reduzieren,
- Kontrollerleichterung bei rechtlichen Verfahren,
- Steigerung des Informationsangebotes über Markt- und Produktanalysen,
- Nutzung von Gelegenheiten, zusätzliche Produkte zu verkaufen,
- verbesserte Möglichkeiten, besonderen Kunden mehr Aufmerksamkeit zu widmen und
- das Fördern zusätzlicher Beschwerden.

➪ *Erhöhtes Konsumentenvertrauen*

Untersuchungen von TARP haben ergeben, daß 86 Prozent der Konsumenten automatisch glauben, daß es sich bei Produkten, auf denen eine gebührenfreie Nummer vermerkt ist, um Qualitätsprodukte handelt. Man könnte sagen, daß eine gebührenfreie Nummer vergleichbar ist mit einem Qualitätssiegel für „Gute Haushaltsführung", jedenfalls aus der Sicht des Kunden.

Viele Unternehmen stellen fest, daß gebührenfreie Telefonnummern den Kunden eher als Sicherheitsnetz dienen, denn als Einrichtung zur Abdeckung ihrer eigentlichen Bedürfnisse. Diese Telefonnummern bestätigen den Kunden, daß man sie nicht im Stich läßt, wenn ein Problem auftaucht. Ein Sprecher von Armstrong Furniture, Lancaster, Pennsylvania, drückt es so aus: „Das ist unser

Beitrag, um folgendes zum Ausdruck zu bringen: ‚Laßt den Käufer Vertrauen zu uns haben', und nicht ‚Möge sich der Käufer vor uns hüten'."[10]

1986 richtete die Honda Motor Company eine gebührenfreie Hotline ein, um die Produktqualität bei Acura, sowie den Händlerservice zu unterstützen. Drei Jahre später hatte Honda mehr als 370 000 Acuras verkauft und diese Marke an die Spitze des Importmarktes für die Luxusklasse gebracht. Seitdem rangiert die Marke ständig auf dem Index der Spitzenmarken hinsichtlich Kundenzufriedenheit, der von J. D. Powers & Associates herausgegeben wird.[11] Obwohl Acura nicht behauptet, daß die Installierung dieser gebührenfreien Nummer dieses Ergebnis allein zustande brachte, stellen sie dennoch fest, daß man damit den Kunden eine klare Botschaft vermittelte: „Wir lassen Sie nicht im Stich, wenn Sie irgendwelche Probleme mit unserem Produkt haben."

➪ *Sofortiges Kundenfeedback*

Wenn den Kunden eine gebührenfreie Nummer zur Verfügung steht, die sie anrufen können, wenn bei dem von ihnen erworbenen Produkt ein Problem auftaucht, dann ist das Unternehmen der erste Ansprechpartner. Der Unternehmensleiter von Pillsbury, Paul Walsh, meint dazu: „Wenn es ein Problem mit einem unserer Produkte gibt, dann wollen wir es auch als erste wissen."[12]

WordPerfect hat seine gesamten Geschäftsabläufe auf schnelle und jederzeit zur Verfügung stehende Kundenunterstützung und auf Feedback der Kunden über die Einrichtung von gebührenfreien Leitungen aufgebaut. Zweifelsfrei verfügt WordPerfect über ein außergewöhnliches Produkt, aber die eigenen Leute geben zu, daß sie bezweifeln, ob ihr Produkt ohne die Unterstützung des Telefons ein Marktleader wäre. Sie meinen: „Wir geben uns große Mühe, den Leuten beim Gebrauch unseres Produktes zu helfen. Das gebührenfreie Service ist unser wichtigstes Marketing-Instrument, der Zusammenschluß mit dem Markt."[13] WordPerfect gibt zweimal soviel für eine kostenfreie Unterstützung von Kunden aus wie für Werbung. Word-

Perfect sieht in seinen Bemühungen, den Kunden zu helfen, einen Profit und keine Unkosten. Man vertritt den Standpunkt, daß die kostenfreie Unterstützung der Kunden auf keinen Fall als Aufwendungen angesehen werden sollten. Andernfalls werden Firmen versuchen, ihre Kunden übers Ohr zu hauen, um Geld zu sparen.

➪ *Zunehmende Kenntnisse, um Beschwerden über allgemeine Probleme zu reduzieren*

Manchmal kann es geschehen, daß Kunden Produkte beschädigen, weil sie nicht wissen, wie man mit ihnen umgeht. Ein Unternehmen kann dies verhindern, indem es gebührenfreie Leitungen einrichtet, über die man die Kunden einweist. Armstrong World Industries druckt die gebührenfreie Servicenummer auf seine wachsfreien Bodenbeläge und ermuntert die Kunden, bei ihnen anzurufen, um zu erfahren, wie sie die Nummer von dem Belag entfernen können. Die Nummer läßt sich eigentlich ganz einfach mit warmem Wasser entfernen. Während man aber bei Armstrong mit den Kunden telefoniert, informiert man sie darüber, wie sie ihren Boden behandeln sollen, um Probleme damit zu vermeiden. Bei Armstrong World schätzt man, daß diese gebührenfreie Instruktion möglichen zukünftigen Kundenbeschwerden entgegensteuert und ihnen langfristig durch die Erhaltung des Kundenstocks die ungeheure Summe von $ 12 000 pro Kunden einbringt.[14] Bei Armstrong World ist man der Meinung, daß die gebührenfreien Leitungen die Einkünfte steigern.

➪ *Kontrollerleichterung bei rechtlichen Verfahren*

Wenn Kunden fremde Substanzen in Nahrungsmitteln finden und ihnen sofort eine kostenfreie Servicenummer zur Verfügung steht, läßt sich das Problem lösen, bevor noch der Kunde über rechtliche Schritte nachdenkt. Wenn Kunden sich mit einer solchen Beschwerde melden und ihnen kein Schaden zugefügt worden ist, dann haben sie der Firma wirklich geholfen, und einige Einkaufkupons oder ein paar kostenlose Artikel sind die adäquate Belohnung für diese Detektivarbeit. Die Firmen können diese Art von Anrufen auch zurückverfolgen, um festzustellen, ob sie etwa den wenigen Leuten zuzuordnen sind, die versuchen zu betrügen, indem sie immer wieder zufällig in praktisch allen Produkten, die sie kaufen, fremde Substanzen finden. Führende Nahrungsmittelhersteller sagen, daß es mit einem guten Aufzeichnungssystem relativ einfach ist, Betrug durch Kunden zu kontrollieren.

➪ *Steigerung des Informationsangebotes über Markt- und Produktanalysen*

Leute, die über gebührenfreie Leitungen anrufen, teilen den Firmen mit, was ihnen gefällt und was ihnen nicht gefällt, was bei ihnen funktioniert und was nicht. Bandaufzeichnungen dieser Anrufe kann man an die Produktmanager überspielen oder auch an die Angestellten in den Fabriken, damit sie unmittelbar hören, was die Kunden denken. Kraft General Foods, wo man die gebührenfreien Servicenummern auf fast alle neuen Produkte druckt, meint: „Die Nummern auf den Etiketten sind für uns ein wichtiger Feedback-Mechanismus zur weiteren Verbesserung unserer Produkte.“[15] Ähnlich äußert sich ein leitender Angestellter von Campell Soup: „Jeder Anruf über die 800er Nummer gibt uns eine reale Chance, eine potentielle Beschwerde in eine einfache Anfrage zu verwandeln. So manche Packung wurde infolge eines Anrufs auf unserer Serviceleitung verbessert.“[16] Mit ihren Beschwerden verhelfen die Kunden den Unternehmen definitiv zu einem Geschenk.

➪ *Gelegenheiten, zusätzliche Produkte zu verkaufen*

Während die meisten Unternehmen in den gebührenfreien Telefonleitungen in erster Linie eine Möglichkeit sehen, ihr Produkt zu fördern oder die Loyalität des Kunden zur Marke zu festigen, ist es gleichzeitig bemerkenswert einfach, dem Kunden auf diesem Wege neue Produkte vorzustellen. Das läßt sich sogar dann bewerkstelligen, wenn es sich bei dem Kundenanruf um eine Beschwerde handelt. Zumindest kann die Firma Informationen über verwandte Produkte bereithalten. „Wenn Sie mit diesem Produkt zufrieden sind, könnte ich Ihnen auch empfehlen ... Die meisten unserer Kunden sagen ... Dürfen wir Ihnen einen Kupon zum halben Preis schicken, um das Produkt zu probieren?“ Die meisten Unternehmen kommen zu dem Schluß, daß beim Aufbau eines loyalen Kundenstocks die größte Hürde darin besteht, die Kunden zum Ausprobieren eines Produktes zu bewegen. Wenn sie es dann aber mögen und der Preis stimmt, werden sie es sehr wahrscheinlich wieder kaufen.

➪ *Verbesserte Möglichkeiten, besonderen Kunden mehr Aufmerksamkeit zu widmen*

Bei der Zuweisung von speziellen gebührenfreien Leitungen ist das Augenmerk bei hochkarätigen Kunden vor allem auf persönliche Zuwendung und außerordentlichen Service zu richten. United Airlines hat eine Extraleitung ausschließlich für ihre 100K-Fluggäste eingerichtet. Das sind jene Fluggäste, die jährlich mehr als 100 000 Flugmeilen mit UA fliegen. Auf Grund unserer eigenen Erfahrungen können wir sagen, daß die Mitarbeiter von UA bei Benutzung dieser Leitung mehr für uns tun und unsere Beschwerden schneller bearbeiten, als wenn wir die normale Leitung benutzen.

➪ *Das Hervorbringen von zusätzlichen Beschwerden*

Wenn ein Unternehmen eine gebührenfreie Telefonleitung für Rückmeldungen von Kunden installiert, so übermittelt es dem Kunden eine klare Botschaft: „Bitte, rufen Sie uns an und teilen Sie uns Ihre Meinung mit. Wir legen Wert auf Ihr Feedback.“ Mit einer solchen Aussage unterstreicht ein Unternehmen, daß es Beschwerden als ein Geschenk betrachtet.

Auf den Packungen der Frühstücks-Getreideflocken von Quaker Oats ist deutlich zu lesen: „Garantie: Wenn Sie Fragen haben, oder mit der Qualität dieses Produktes nicht zufrieden sind, dann bewahren Sie den Verschluß auf und rufen Sie uns unter der folgenden

Nummer an: 1-800-xxx-xxxx Montag bis Freitag zwischen 8:30 a.m. und 4:30 p.m. Central Time." Diese Aussage ist eine klare Antwort auf das, was viele Kunden denken: daß die Firmen eigentlich gar nichts von ihnen hören wollen. Gebührenfreie Leitungen werden die Anzahl von Beschwerden, die die Firmen zu hören bekommen, rasch ansteigen lassen. Tatsächlich ist es so, daß Unternehmen, die eine kostenfreie Beschwerdeleitung anbieten, sofort eine Verdreifachung der Anrufe registrieren. Machen Sie sich für dieses Geschenk bereit!

Weitere Strategien, um Beschwerden zu fördern

Wir schlagen Ihnen vor, daß Sie sich die nachfolgenden Strategien einmal ansehen und Ihr Unternehmen auf einer Skala von 1 bis 5 danach einschätzen, wie gut es bei der Anwendung der Strategien, die zu Beschwerden auffordern, abschneidet. „1" = Wir wenden diese Strategie überhaupt nicht an; „2" = Wir wenden die Strategie an, aber wir hatten Probleme bei der Einführung; „3" = Wir wenden die Strategie an, aber ohne sichtbaren Erfolg; „4" = Wir wenden die Strategie an und haben positive Ergebnisse; „5" = Wir wenden die Strategie an und betrachten sie als eine sehr wirkungsvolle Taktik, die laufende Kommunikation mit unseren Kunden aufrechtzuerhalten.

➪ *Schulen Sie Ihre Kunden, daß sie Beschwerden als Geschenke ansehen*

Es handelt sich hier um eine eindeutige Strategie – sie ist das Thema des Buches! Aber während über sie zu reden einfach ist, erweist sich die Durchführung als schwierig. Die gesamte Organisation muß die Idee akzeptieren, daß die wirksame Behandlung von Beschwerden ein Mechanismus ist, um unzufriedene Kunden zu bewegen, sich nicht von ihr abzuwenden. Wenn Sie Ihren Mitarbeiterstab nur mit dem Geschenk-Konzept dieses Buches bekanntmachen, wird das nicht dazu führen, aus Ihren Mitarbeitern ein beschwerdefreundliches Team zu machen. Tatsächlich könnte dieser Schuß nach hinten losgehen, nämlich dann, wenn die Mitarbeiter Probleme im System, in der Unternehmenspolitik, in mangelhaften Produkten oder Dienstleistungen als Ursache für die Unzufriedenheit der Kunden ansehen. Wenn die Manager den Mitarbeitern ein Acht-Schritte-Konzept in die Hand drücken, von dem diese glauben, daß sich damit alle Beschwerdeangelegenheiten lösen lassen, besteht durchaus die Möglichkeit, daß die Mitarbeiter die Bemühungen der Manager sabotieren. Wenn die Manager beim nächsten Mal den Versuch starten, in ihrem Unternehmen eine beschwerdefreundliche Politik einzuführen, kann es geschehen, daß die Mitarbeiter noch weniger bereit sind, Anregungen zu geben.

➪ *Machen Sie aus Ihrer Absicht, Beschwerden zu fördern, eine Marketing-Strategie*

„Wir haben keine Angst. Wir können nur besser werden, wenn wir Ihnen zuhören." Aussagen dieser Art übermitteln Ihren Kunden die deutliche Botschaft, daß sie mit Ihnen eine Partnerschaft eingehen, wenn sie Ihnen Feedback über das, was sie wollen, oder über Dinge, die falsch gelaufen sind, zukommen lassen. Die Unternehmen können Werbeeinschaltungen, Hinweise in ihren Läden, Werbekampagnen am Verkaufsort dazu verwenden, um die Kunden wissen zu lassen, daß sie von ihnen hören wollen. Alle diese Ansätze arbeiten für Sie, wenn Sie es schaffen, daß Ihre Mitarbeiter Ihre Ideen akzeptieren. Bevor Sie Ihre weiteren Schritte unternehmen, müssen Sie sich der Akzeptanz Ihrer Mitarbeiter versichern. Wenn das nicht der Fall ist, kann es zu Situationen kommen, denen wir bei vielen Gelegenheiten begegnet sind: Hinweistafeln informieren die Kunden: „Lassen Sie es uns bitte wissen, wenn wir Ihnen helfen sollen", das Personal verhält sich aber so, als habe es diese Tafeln nie gelesen.

➪ *Beurteilen Sie Ihre internen „Beschwerdestrukturen"*

Unterziehen Sie Ihre Garantiemodalitäten einer Beurteilung; prüfen Sie, in welchem Maße Sie Ihren Kunden bei Beschwerden zur Verfügung stehen; überprüfen Sie Ihre Abteilung für Kundenkontakte.

Ist die Beschwerdeabteilung für Ihre Kunden leicht erreichbar? Sind die Bürostunden auf die Wünsche der Kunden abgestimmt? Gehen Sie der Frage nach, wie erfolgreich Ihr Unternehmen ist, eine Sache im Interesse des Kunden durchzuziehen? Beschweren sich Ihre Kunden über Ihr Beschwerdesystem? Gibt es dort Schikanen? Rufen Sie Ihr eigenes Unternehmen an und beschweren Sie sich, und dann warten Sie, was geschieht. Schreiben Sie fingierte Beschwerdebriefe und stellen Sie fest, wie lange es dauert, bis Sie eine Antwort erhalten. Überprüfen Sie Ihr System, und setzen Sie auch Ihre Mitarbeiter davon in Kenntnis, daß sie von Zeit zu Zeit kontrolliert werden.

➪ *Richten Sie Horchposten ein*

Zu den Horchposten gehören gebührenfreie Telefonleitungen, über die wir in diesem Kapitel bereits gesprochen haben, oder Servicetelefone für Kunden, an sichtbarer Stelle im Laden angebracht, wie man es bereits in einigen großen Einzelhandelsläden sieht. Es wäre ein guter Gedanke, sie als Kunden-Feedback- oder Kundendiensttelefone zu deklarieren, um damit jene Kunden zu ermuntern, die eine negative Einstellung gegenüber Beschwerden haben. Die Manager in den Einzelhandelsläden könnten sich auch selbst als Horchposten betätigen, indem sie im Laden Gespräche mit Kunden führen.

➪ *Stellen Sie Ihren Kunden Fragebögen zur Verfügung*

Diese sollten jederzeit zugänglich und leicht auszufüllen sein. In Restaurants liegen sie auf Tischen, in Hotels legt man sie in den Umschlag, der auch die Hotelabrechnung enthält, oder hinterlegt sie in den Zimmern. Die meisten dieser Fragebogen weisen Kästchen zum Ankreuzen auf, was bedeutet, daß nur ein begrenzter Raum zum Ausfüllen zur Verfügung steht. Sie sollten also dafür sorgen, daß auch noch Platz für Anmerkungen vorhanden ist. Auf diese Weise erhalten Sie genauere Informationen, weil Sie den Kunden die Chance geben, das zum Ausdruck zu bringen, was ihrer Meinung nach wichtig ist.

➪ *Führen Sie Stellungnahmeformulare für Ihre Mitarbeiter ein, um Kundenbeschwerden festzuhalten*

Geben Sie Ihren Mitarbeitern Vordrucke, auf denen sie alles festhalten können, was die Kunden ihnen mitteilen. Beschriften Sie diese Formulare mit „Kundengeschenke“. Die Kunden sehen, daß Sie es ernst meinen, wenn Sie sich Notizen über ihre Beschwerden machen. Wenn Sie solche Kundenkommentare nicht sammeln, gehen sie verloren oder werden vergessen.

➪ *Geben Sie Ihren Kunden auch die Möglichkeit, sich in einem privaten Umfeld zu beschweren*

Wenn Sie Telefonnummern von Kunden haben, die sich beschweren, dann rufen Sie sie an und bitten Sie sie um weitere Informationen. Sie können dabei bestätigen, daß die Beschwerde erfolgreich bearbeitet wurde, und die Beziehung zum Kunden festigen. Allen Susser, der Besitzer von Chef Allen's, ein Restaurant in North Miami Beach, ruft Gäste, die eine Dinnerparty für mehr als acht Leute hatten, an, auch wenn sie sich nicht beschweren. Er meint: „Wir wissen, daß es bei einer großen Dinnerparty passieren kann, daß wir die Kontrolle verlieren. Der Gastgeber der Party will sich vielleicht vor seinen Gästen nicht beschweren. Aber solche Gastgeber sind meistens wichtige Kunden, die eine Menge Geld ausgeben.“[17]

➪ *Setzen Sie einen Kundenombudsmann ein*

Wählen Sie einige Ihrer bevorzugten Kunden aus, rufen Sie sie regelmäßig an und fragen Sie nach ihrem Befinden. Bitten Sie sie nachdrücklich darum, sich zu beschweren. George Riggs, Unternehmensleiter (CEO) von Embroidery Services hat ungefähr ein Dutzend solcher Vertrauenskunden. „Ich kann jederzeit zum Telefon greifen und mit ihnen reden. Wo haben wir Mist gebaut? Sie sagen es mir.“[18]

➪ *Seien Sie niemals mit der ersten Antwort Ihrer Kunden zufrieden*

Wenn Sie auf Feedback ernsthaft Wert legen, müssen Sie mehr tun, als einige oberflächliche Fragen stellen. Granite Rock, eine kalifornische Baufirma, gewann 1992 den Malcolm Baldrige National Quality Award. Der Unternehmensleiter Bruce Woolpert beschreibt, wie seine Firma zu dem Feedback kam, das ihr zu jenen Veränderungen verhalf, die ihr schließlich den Baldrige-Award einbrachten. Er meinte: „Wenn man lange genug mit einem Kunden zusammensitzt, wird er irgendwann einmal sagen, ‚Da ist übrigens eine Sache ...' Man muß nur lange genug sitzen, um das zu hören."[19]

➪ *Kümmern Sie sich um diejenigen, die auf Ihre Kundenbefragungen nicht antworten*

Wenn Sie regelmäßig Umfragen machen, dann schreiben Sie jene Kunden, die nicht geantwortet haben, erneut an oder rufen Sie sie an. Es könnte sich um die Kunden handeln, die sich von Ihrem Unternehmen trennen wollen oder es bereits getan haben. Der Vizepräsident von Ruppert Landscape, Chris Davitt, meint: „Wir nehmen immer das Schlimmste an. Jene Kunden (die nicht antworten) könnten im Begriff sein, sich von uns zu trennen, und so müssen wir sie unbedingt erreichen ... Das ist zeitraubend, aber es zahlt sich aus, wenn man sich die zunehmende Zahl von Vertragsverlängerungen und den Rückgang bei abgeschriebenen Forderungen ansieht."[20]

➪ *Verwenden Sie für das Feedback ein Beurteilungssystem, das die emotionalen Faktoren bewertet*

Die meisten Unternehmen benutzen für eine Bewertung eine 5- oder 10-Punkte-Skala oder lächelnde/traurige Gesichter oder ausgezeichnet/sehr gut/etc. Granite Rock, wir erwähnten das Bauunternehmen bereits, empfiehlt das in amerikanischen Schulen angewendete Beurteilungssystem von A, B, C, D, F. Sie fanden nämlich heraus, daß die Kunden eher bereit waren, auf einer Skala von 1 bis 10 eine 10 zu vergeben als die Note „A". Der Unternehmensleiter Bruce Woolpert erklärt das so: „Wenn einem die Kunden mitteilen, warum man ihrer Meinung nach die Note ‚A' verdient, dann sagt das eine Menge über die emotionale Zufriedenheit in der Geschäftspartnerschaft aus."[21] Die meisten von uns erinnern sich gut daran, daß es nicht einfach war, sich in der Schule die Note „A" zu verdienen, deshalb sind wir auch zurückhaltender, sie zu vergeben. Granite Rock schätzt, daß man eine ehrlichere Bewertung von den Kunden erhält, wenn man das Buchstabensystem verwendet.

➪ *Ersuchen Sie um Feedback nach dem Zufallsprinzip*

Die Automobile Association of America (AAA = Amerikanischer Automobilclub) befragt regelmäßig jeden 34ten Anrufer nach seiner Meinung. AAA berichtet, daß sie Informationen bekommen, die sie vorher nie erhalten haben und auch nie erhalten hätten, wenn sie nur die Beschwerden der Kunden als Informationsquelle benutzt hätten.[22] AAA erfuhr zum Beispiel, wenn Clubmitglieder auf der Autobahn eine Panne hatten und die AAA-Monteure, die ihnen zu Hilfe kamen, zunächst eine ganze Serie von Motorchecks durchführten, dann hatten diese Autofahrer den Eindruck, die Mechaniker wüßten nicht, was sie zu tun hätten. Bei AAA war man davon ausgegangen, daß die Autofahrer diese Aufmerksamkeit besonders schätzen würden. Über den normalen Beschwerdekanal wäre man bei AAA vermutlich nie auf diese Information gestoßen.

➪ *Fragen Sie nach Bewertungen für Nutzen und Qualität*

Wenn Sie die Frage stellen: „Wie hat es Ihnen beim Einkaufen gefallen?" oder „Hat Ihnen das Essen zugesagt?" oder „Wie war der Flug?", dann haben Sie lediglich mit dem Kunden ein Gespräch begonnen. Hierbei handelt es sich nicht um das Sammeln von Beschwerden, sondern um das Sammeln von Komplimenten. 60 bis 80 Prozent aller Kunden, die nie wieder etwas mit einem bestimmten Unternehmen zu tun haben, beschreiben sich als zufrieden oder sehr zufrieden.[23] Allen Paison, Unternehmensleiter bei Walker Customer Satisfaction Measurements (ein Meinungsforschungsinstitut), betont: „Die Kundenzufriedenheit ist ein kaum meßbarer Indikator. Qualitätsbewertung und Werteinschätzung sind bessere Indikatoren für Kundenverhalten.“[24] Und wenn es einmal so weit ist, daß die Kunden Ihnen sagen, daß sie zufrieden sind (weil sie Ihre Gefühle nicht verletzen wollen), aber daß sie für Qualität und Nutzen Ihres Produktes die Note „C“ geben, dann wird es Zeit, sich darum zu kümmern.

➪ *Lassen Sie sich bei Ihren Kunden sehen*

Geben Sie Ihren Kunden die Chance, Ihnen während der Verwendung Ihrer Produkte ihr Feedback zu übermitteln. Weyerhaeuser erfuhr auf diesem Wege etwas, das seine Kunden verärgerte, ohne daß sie sich darüber geäußert hätten. Weyerhaeuser pflegte auf Zeitungspapierrollen, die an die Druckerpressen geliefert wurden, das Bar-Code-Etikett mit der Inventarnummer anzubringen, was dann immer an den Druckerpressen dieses Kunden haften blieb. Ohne große Umstände versetzte man bei Weyerhaeuser dieses Etikett um ein paar Inches und hatte somit ein für den Kunden ärgerliches Problem gelöst.[25] Bedenken Sie, welche partnerschaftliche Aussage Sie damit Ihren Kunden zukommen lassen, besonders im Falle von Weyerhaeuser, wenn man seine Kunden wissen läßt, daß die Veränderung auf Grund ihres Feedbacks vorgenommen wurde.

Fragen zur Diskussion

- Wenn Sie gebührenfreie Leitungen eingerichtet haben, wie zufrieden sind Ihre Kunden mit dem Tempo und der Effizienz bei der Bearbeitung der Anrufe? Rufen Sie regelmäßig Ihre eigene gebührenfreie Telefonnummer an, um etwas über den Service, den Sie darauf anbieten, zu erfahren?
- Fördern Ihre Bemühungen im Marketingbereich das Beschwerdewesen?
- Sind Ihre internen Unternehmensstrukturen beschwerdefreundlich?
- Welche Horchposten haben Sie eingerichtet, um möglichst viele Beschwerden von Kunden festzuhalten?
- Wie verfügbar sind Ihre Kundenfragebogen?
- Haben Sie ein System entwickelt, um Kundenbeschwerden, die das Personal hört, festzuhalten?
- Haben Sie bestimmte Kunden, die Ihnen ein umfassendes und ehrliches Feedback über Ihre Produkte und Serviceleistungen übermitteln?
- Welche verschiedenen Methoden wenden Sie an, um das Kunden-Feedback zu erfassen?
- Sind Ihre Feedback-Systeme so strukturiert, daß sie eher Komplimente erfassen oder eher Beschwerden?
- Welcher Ihrer Mitarbeiter hält sich regelmäßig bei den Kunden auf? Fließen die Informationen, die sie draußen sammeln, in das Unternehmen zurück?

11

Wie man eine beschwerdefreundliche Politik entwirft

Die Kunden hassen es, bestimmte Worte zu hören, die leider nur zu oft geäußert werden: „Es tut mir leid, da kann ich nichts machen. Das ist Unternehmenspolitik." Viele Firmen haben keine beschwerdefreundliche Politik. Tatsache ist, daß viele Unternehmen überhaupt keine Beschwerdepolitik haben.

Wenn es eine offizielle Firmenpolitik gibt, dann enthält sie kaum Richtlinien, wie man Kunden zufriedenstellen und ihre Beschwerden fördern kann. Die Politik ist vielmehr darauf aus, dem Unternehmen Auseinandersetzungen zu ersparen. Eine unsachgemäß gehaltene Firmenpolitik trägt eher dazu bei, die Mitarbeiter in vorderster Linie dazu zu bringen, die Vorschriften der Firma einzuhalten, als aufgebrachte Kunden zufriedenzustellen.

Wir schlagen vier Prinzipien für die Entwicklung einer beschwerdefreundlichen Politik vor. Erstellen Sie erstens Ihre Beschwerdepolitik so, daß sie dem beschwerdeführenden Kunden zugute kommt. Stellen Sie zweitens sicher, daß Ihre Politik mit den verschiedenen Abteilungen Ihres Unternehmens abgesprochen ist. Stellen Sie drittens Ihren Mitarbeitern Belohnungen in Aussicht, wenn es ihnen gelingt, beschwerdeführende Kunden zufriedenzustellen. Und schaffen Sie schließlich Kommunikationsstrukturen, die Beschwerden von Kunden von der Basis ins obere Management transportieren. Bevor Sie jedoch die folgenden Vorschläge durchführen, sollten Sie einige Schritte unternehmen:

- Sammeln Sie alle Unterlagen über Ihre derzeit bestehende Firmenpolitik und auch Aufzeichnungen über die Behandlung von Beschwerden, gleichgültig, wie rudimentär sie sind.
- Analysieren Sie diese Unterlagen, um herauszufinden, welche davon die Kunden irritieren könnten. Gehen Sie sie gründlich durch – sozusagen wie mit einem Kammfilter –, und versetzen Sie sich in die Rolle des Kunden, dem man sagt: „Tut uns leid, aber das ist unsere Unternehmenspolitik."
- Stellen Sie auch Vergleiche zur Unternehmenspolitik Ihrer Konkurrenz an. Viele Unternehmen sind hilfreich und gern bereit, Informationen weiterzugeben, wenn Sie im Gegenzug etwas von sich anbieten können. Vielleicht können Sie Einzelheiten der Unternehmenspolitik gemeinsam verwenden, nachdem Sie Ihre Unterlagen bearbeitet und vervollständigt haben.

Konzipieren Sie ein Beschwerdewesen, das beschwerdeführenden Kunden einen Nutzen bringt

Wenn Unternehmen ihre Strategien und Systeme überdenken, so steht am Beginn immer die Frage, welche Strategien und Systeme das Unternehmen besser und wirksamer funktionieren lassen. Es handelt sich dabei um Unternehmen, bei denen das System im Vordergrund steht. Die Argumentation sieht dann etwa so aus: Wenn unser System bei uns funktioniert, dann funktioniert es auch bei den Kunden. Leider muß das aber nicht immer der Fall sein. Betrachten Sie die folgenden Beispiele einer Firmenpolitik, die auf die Interessen des Unternehmens abzielt, nicht aber auf die der Kunden:

- *Servicestellen sind während der Stunden geöffnet, die für den Kunden ungünstig sind.* Viele Kundendienstabteilungen schließen über Mittag, und das ist die einzige Zeit, in der Berufstätige die Produkte, mit denen sie nicht zufrieden sind, zurückgeben können. Oder diese Stellen sind in Spitzenzeiten mit so wenig Mitarbeitern besetzt, daß sich lange Schlangen bilden, so daß die Kunden frustriert aufgeben.

- *Rückgabeverfahren machen es notwendig, daß die Kunden Originalverpackungen aufbewahren müssen.* Den meisten Leuten fehlt der Platz, um eine Menge Kartons zu Hause zu lagern. Sie wollen das auch gar nicht, selbst wenn der Platz vorhanden wäre.

- *Garantieverfahren erfordern die Aufbewahrung der Originalbelege.* Bei den heutzutage so hoch entwickelten Computersystemen gibt es überhaupt keinen Grund dafür, daß die Kunden riesige Garantiescheine aufbewahren oder kostenpflichtig an die Firma zurücksenden müssen, um die Garantie registrieren zu lassen. Computer sind durchaus in der Lage, diese Informationen zu verwalten, ohne dafür ein einziges Stück Papier zu benötigen.

- *Kunden, die mit ihrem ursprünglichen Kauf nicht zufrieden sind, dürfen bei einer Rückgabe jetzt bestehende Preisvorteile nicht ausnutzen.* Eine unserer Kolleginnen bekam zu Weihnachten ein Paar teure italienische Schuhe geschenkt, die nicht paßten. So brachte sie diese Schuhe zurück. Im Schuhladen war ihre Größe jedoch nicht vorhanden. Dennoch wollte man ihr den Geldbetrag nicht zurückerstatten, obwohl die Schuhe nicht getragen und auch bar bezahlt worden waren. Statt dessen erhielt sie eine Gutschrift, die sie ja verwenden könnte, wenn die richtige Größe eingetroffen sei. Als sie nach einigen Wochen wiederkam, um es erneut zu versuchen, fand sie die Schuhe in der richtigen Größe vor. Inzwischen waren sie aber im Ausverkauf. Der Schuhhändler erklärte ihr, es sei im Rahmen ihrer Geschäftspolitik nicht üblich, daß sie (die Kundin) diesen Preisvorteil ausnütze.

➪ *Kunden mit Problemen bei Haushaltsartikeln müssen in großen Zeitspannen auf die Zustellung oder auf Serviceleute warten.* „Der Techniker wird zwischen dreizehn und siebzehn Uhr kommen.“ Diese Art der Behandlung ist für viele moderne Familien, wo beide – Ehepartner oder Lebensgefährten – während der üblichen Geschäftszeiten berufstätig sind, unangenehm und kostspielig. Viele Leute müssen einen halben oder sogar einen ganzen Tag ohne Bezahlung zu Hause bleiben, um den Techniker hereinzulassen. Mit Hilfe von Funktelefonen sollte es möglich sein, die Ankunftszeit der Serviceleute bekanntzugeben.

➪ *Ärgerliche Prozeduren werden beibehalten, auch wenn sich die Kunden darüber beschweren.* Einer der Autoren besuchte eine Handelsmesse, und man hatte ihm Sticker mit seinem Namen und seiner Adresse gegeben. Diese konnte er an die Adressenliste seiner Lieferanten heften, ohne diese Basisinformation ständig wiederholen zu müssen. Als er sich im Hotel anmeldete, nahm er einen seiner Sticker und heftete ihn auf das Anmeldeformular. Der Angestellte schaute ärgerlich auf den Sticker und riß ihn vom Formular herunter. „Sie müssen das Formular mit der Hand ausfüllen“, grinste er. Er legte ein neues Anmeldeformular auf den Tisch. Der Autor steckte einen neuen Aufkleber darauf. Der Angestellte riß ihn wieder herunter. Aber unser Autor hatte ungefähr hundert solcher Sticker. Also würde er diesen Krieg gewinnen!
Schließlich sagte der Angestellte: „Sie verstehen da etwas nicht. Das ist ein Anmeldeformular. Ihr Name gehört hier oben hin und nicht dort unten. Ihre Adresse muß dort stehen und Ihre Telefonnummer hier.“ Der inzwischen gründlich verärgerte Gast bat nun den Angestellten, das Formular für ihn auszufüllen. Dieser lachte spöttisch über das Ansinnen. Der Gast hatte keine andere Wahl, als das Formular auszufüllen, wenn er in diesem Hotel bleiben wollte. Und das war wichtig für ihn, da er am nächsten Morgen in dem Hotel ein Seminar

> leiten sollte. Am nächsten Morgen erwähnte der Autor in seinem Seminar über Kundendienst diesen Vorfall. Zufällig nahm der Direktor des Hotels an dem Seminar teil. „Da muß irgendein Fehler vorliegen. Ich werde der Sache nachgehen", sagte er. Als er zurückkam, meinte er: „Es handelt sich tatsächlich um einen Irrtum." „So, kann ich also meine Sticker benutzen?" fragte der Autor. „Nein, aber das hat einen anderen Grund, als unser Mitarbeiter angegeben hat", sagte der Direktor. „Der Mann teilte Ihnen mit, daß Sie die Sticker wegen der Zeilen auf dem Formular nicht benutzen könnten. In Wahrheit ist es deshalb, weil das Formular in dreifacher Ausführung aufliegt."

Wie viele Unternehmen haben Vorschriften, die ihre Kunden verärgern, und sind nicht bereit, sie trotz deren Beschwerden zu ändern? Davon gibt es genug, sofern sie nicht auf Kundenbeschwerden achten. In einem Fünf-Sterne-Hotel in Taipeh, Taiwan müssen die Gäste zuerst einen Hürdenlauf absolvieren, wenn sie den Fitneß-Club benutzen wollen. Am Eingang des Clubs gibt es ein wunderschönes, in Leder gebundenes Buch. Die Gäste werden gebeten, ihren Namen in Druckschrift einzutragen, dann zu unterschreiben, ihre Zimmernummer anzugeben, ebenso den Zeitpunkt, an dem sie den Club betreten haben, und welche Einrichtungen sie benutzen wollen, obwohl sie vielleicht noch gar nicht wissen, was sie tun werden, da sie ja zum ersten Mal in diesem Fitneß-Club sind. Wenn sie dann den Club verlassen, müssen sie alles noch einmal wiederholen: ihren Namen in Druckschrift eintragen, unterschreiben, die Zimmernummer angeben (hätte sich die in der Zwischenzeit ändern können?), die Zeit eintragen und angeben, welche Einrichtungen benutzt wurden. Für wen wird das alles gemacht? Sicherlich nicht für die Gäste. Als ein Gast sich über diese Prozedur beschwerte, wußte die unschuldige Empfangsdame an der Rezeption keine Antwort. Aber sie bestand darauf, daß die Eintragungen dennoch vorgenommen wurden. Sie will es lieber ihrem Boß als den Gästen rechtmachen.

Koordinieren Sie die Politik zwischen den verschiedenen Abteilungen

Viele Kunden lernen zunächst den Service einer Abteilung kennen, haben es aber am Ende mit dem Rechnungsbüro zu tun. Das ist so bei Autohändlern, die auch eine Reparaturwerkstatt haben, in Krankenhäusern und in Finanzierungsbüros. Die ursprüngliche Bearbeitung der Angelegenheiten des Kunden kann durchaus persönlicher Art sein, aber sie wird in dem Augenblick entpersönlicht, wenn diese im Finanzbereich landen.

In Krankenhäusern zum Beispiel haben die Patienten oft einen persönlichen und vertrauten Kontakt mit Ärzten, Schwestern und Laboranten. Dann verlassen die Patienten die Klinik und sehen sich plötzlich mit der Abteilung für die Abrechnungen konfrontiert. Hier behandelt man sie sozusagen als „Schuldner", besonders dann, wenn sie nicht damit rechnen, daß sie den gesamten Betrag auf einmal bezahlen müssen.

Die früheren Patienten, um die man sich während ihres Krankenhausaufenthaltes so liebevoll gekümmert hatte, um einen guten Heilerfolg zu erzielen, erhalten nun Drohbriefe. Sie schlagen sich mit Leuten herum, die sie nicht kennen und die anscheinend nichts anderes zu tun haben, als den Kunden (Patienten) auszufragen, wann immer er anruft. Wenn dann noch eine Versicherung involviert ist, erhöht das die Frustration. Rechnungen von Krankenhäusern sind höchst kompliziert, oft undurchschaubar und im allgemeinen ein Schock für die Patienten. Wenn eine tägliche Gebühr von $ 10 für Kleenextücher verrechnet wird, so sagt sich der Patient: „Wenn ich das gewußt hätte, dann hätte ich mir die Tücher mitgebracht. Ich hätte das Essen, das mir ohnedies nicht geschmeckt hat und für das ich nun zahlen muß, nicht gegessen. Und ich hätte auf das Bad verzichtet, wenn ich gewußt hätte, daß es mich $ 150 kostet."

Was wünschen sich Patienten, wenn sie das Krankenhaus verlassen? Die Zeitschrift „Healthcare Financial Management" hat die folgenden Punkte zusammengestellt:[1]

- ➪ Sie möchten freundlich behandelt und respektiert werden.
- ➪ Sie möchten, daß die Buchhaltungsabteilung Versicherungszahlungen kontrolliert und mit ihren eigenen Rechnungen abstimmt.
- ➪ Sie möchten, daß das Krankenhaus ihre finanziellen Schwierigkeiten, falls sie welche haben, berücksichtigt, so daß sie nicht gerade im Obdachlosenasyl landen.
- ➪ Sie wünschen sich eine einzige Bezugsperson.
- ➪ Sie möchten, daß man ihnen komplizierte Fachausdrücke erklärt.
- ➪ Sie möchten keine Zahlungen leisten, bevor nicht alle Versicherungsfragen gelöst sind.
- ➪ Sie möchten, daß man sie über alle Vorgänge informiert, um Überraschungen auszuschließen.

Ist das wirklich zuviel verlangt? In der heutigen Wettbewerbssituation zweifellos nicht. Und dennoch scheinen die meisten Krankenhäuser die Beschwerden der Patienten nicht ernst zu nehmen.

American Express (AE) hatte früher Schwierigkeiten, Probleme mit Rechnungen zu klären. Nach dem alten System übten verschiedene AE-Angestellte unterschiedliche Funktionen im Prozeß des Beschwerden-Handlings aus. Einer hatte die Aufgabe, das Briefkuvert zu öffnen, ein weiterer trieb die Kopien über den Erhalt von Empfangsbestätigungen auf, und ein dritter schrieb den Brief an den Kunden. Das dauerte eine Ewigkeit, und wenn die Kunden bei AE anriefen, konnte ihnen kein Mensch über ihr Konto Auskunft geben.

Roger Ballou, Präsident von AE's Travel Services Group, hörte sich die Klagen über die mangelhafte Koordination an und änderte das System. Nun bearbeitet eine Person alle Fragen, die eine einzelne Beschwerde betreffen. Das Ergebnis ist, daß alle Punkte innerhalb von sechs Tagen geklärt werden, anstatt von 35 Tagen. Aus Rückmeldungen der Kunden weiß man, daß sie von diesem System sehr angetan sind. Noch wichtiger ist, daß sich – laut Aussage von Ballou – nach Einführung des neuen Systems die Fluktuation bei den Angestellten in der Travel Services Group um 30 Prozent verringert hat.[2] Sowohl die Angestellten als auch die Kunden berichten, daß sie zufriedener sind.

Bei einer Umfrage von Unternehmen in den USA kam die Boston Consulting Group zu dem Ergebnis, daß praktisch allen (95 bis 99 Prozent) internen Aktivitäten im Unternehmen jeglicher Kundenbezug fehlt. Als Beispiel führen sie die durchschnittlichen 22 Tage an, die eine Versicherung benötigt, um das Antragsformular eines Kunden zu bearbeiten. Wenn man die effektive Bearbeitungszeit der Versicherung mißt, so kommt man auf 17 Minuten. All die Ausfertigungen, Berichte und Besprechungen verwandeln eine Arbeit von 17 Minuten in ein 22-Tage-Ereignis für den Kunden. Dasselbe geschieht auch bei Beschwerden. Wenn also Unternehmen die Funktionen bei der Bearbeitung von Beschwerden besser zwischen den einzelnen Abteilungen koordinieren, wird jeder dabei gewinnen.

Schaffen Sie Anreize für die Mitarbeiter, indem Sie sie für Aktionen belohnen, die beschwerdeführende Kunden zufriedenstellen

Manche Unternehmen haben ein Belohnungssystem, das mit dem Vorsatz, eine erfolgreiche Beschwerdepolitik zu führen, kollidiert. Ein Unternehmen mag beispielsweise versuchen, auf dem Markt eine Reputation als absolut kundenfreundlich zu erwerben, aber seine Verkaufspolitik erreicht das Gegenteil. Man kann kaum kontrollieren, was das Verkaufspersonal dem Kunden alles erzählt, nur um etwas zu verkaufen, und welche absurd hohen Erwartungen dadurch in ihm geweckt werden. Wenn die Kunden dann ein Problem haben, so muß der Kundendienst damit fertig werden.

Es gibt in den USA einen bedeutenden Einzelhändler, dessen Verkaufsmitarbeiter regelmäßig bei den Kunden anrufen, um ihnen einen Service für ihre langlebigen Geräte wie Waschmaschinen, Trockner, Kühlschränke oder Geschirrspüler anzubieten. Das geschieht einen Monat, nachdem die Garantie für das Produkt oder eine erweiterte Gewährleistung abgelaufen ist. Nun will man ihnen einen Service verkaufen, der einen Monat vorher noch kostenlos gewesen wäre. Dieser Händler sieht sich nun mit einem zunehmend schlechteren Image auf dem Markt konfrontiert.

Manche Unternehmen führen kurzfristig rechnungsabhängige Leistungskontrollen durch, die ebenfalls ein erfolgreiches Beschwerden-Handling beeinträchtigen können. Man kann zum Beispiel einem bestimmten Manager aufgrund kurzfristiger Gewinne einen Bonus geben. Diese Gewinne wurden aber dadurch erreicht, daß er den Rücknahmeprozeß der Abteilung beschränkte. Als Louis Gerstner Präsident von American Express war, umriß er das Problem so:

„Viele Unternehmen sind so strukturiert, daß derjenige, der die Serviceleistung durchführt und die Unkosten trägt, keinen Gewinn hat. Ein solcher scheint vielleicht im Marketingbereich oder bei der Entwicklung von neuen Produkten auf. Aber er scheint nie in seiner Gewinn- und Verlustrechnung auf."[4]

MBNA America, das Kreditkartenunternehmen der Maryland National Bank, hat sein System so organisiert, daß ihm an der Erhaltung der Kunden mehr gelegen ist als an kurzfristigen Gewinnen. Präsident Charles Cawley überprüfte, was es die Bank koste, einen neuen Karteninhaber anzuwerben, und beschloß, sein System so anzupassen, daß der finanzielle Anreiz, Kreditkartenbesitzer zu behalten, in Beziehung gebracht wurde zu den Zielen von MBNA. Kreditkarteninhaber wollen schnelle Reaktionen und korrekte Rechnungen. MBNA berücksichtigt diese Wünsche der Kunden in den Zielvorgaben der einzelnen Abteilungen. Wenn eine Abteilung 97 Prozent dieser Vorgaben erreicht, dann erhält diese Gruppe einen Bonus, der bis zu 20 Prozent der Bezüge eines Mitarbeiters betragen kann. Es ist daher kein Wunder, daß MBNA eine Fluktuation bei den Beschäftigten von nur 7 Prozent hat, während diese in der Branche landesweit im Durchschnitt bei 21 Prozent liegt.[5]

Stellen Sie sicher, daß Kundenbeschwerden an das obere Management weitergeleitet werden

Die Frontlinien-Mitarbeiter haben den unmittelbarsten Kontakt zum Kunden. Wenn sie nicht ermutigt werden, Informationen von den Kunden nach oben weiterzuleiten, dann versickern die meisten Beschwerden in der vordersten Linie. Tatsächlich läßt sich ein guter Service ohne Kommunikation zwischen dem Frontlinienmitarbeiter und der Geschäftsführung nur schwer erreichen.[6]

Die Autoren haben verschiedene Beschwerdesammelberichte durchgesehen. Diese waren von der Frontlinienbelegschaft gesammelt und an die übergeordnete Management-Ebene ihrer Unternehmen weitergegeben worden. Es ist schwierig, die Struktur und Vielschichtigkeit von Beschwerden zu erkennen, wenn diese in angekreuzten Kästchen und Ziffern dargestellt sind. Bei Beschwerden handelt es sich fast immer um einmalige Fälle, die durch das Ankreuzen von Kästchen nicht hinreichend erfaßbar sind. Das gilt besonders bei Beschwerden auf dem Dienstleistungssektor. Wir empfehlen daher den direkten Bericht, wann immer es möglich ist. Nur so wird etwas von dem Ärger des Kunden vermittelt. Als zweite Möglichkeit könnte das unmittelbar betroffene Personal auch den Grad der Verärgerung des Kunden auf einer Bewertungsskala von eins bis fünf festhalten. Es spielt auch immer eine Rolle, um welche Kunden es sich handelt. Ferner empfehlen wir den Unternehmen, den Informationsfluß von Kundenbeschwerden von der Basis bis zum Management hinauf zu überprüfen. Wie viele Beschwerden erreichen eigentlich das obere Management, und wie exakt sind sie noch, wenn sie dort ankommen?

Die Firma Pizza Hut versucht, umfassendere Informationen über beschwerdeführende Kunden zu sammeln und sie durch alle Ebenen des Unternehmens laufen zu lassen. Dazu zeichnet man die Tonlage der Stimme des Kunden am Anfang und Ende des Gesprächs über die Hotline des Kundendienstes auf. Die vollständigen Berichte über die Kunden gehen dann an die zuständigen Zweigstellenleiter. Diese müssen die betreffenden Kunden innerhalb von 48 Stunden zurückrufen. Pizza Hut verlangt dann von den Managern einen Bericht über die Bearbeitung der Beschwerde.[7]

Management durch „Rundgänge" zu betreiben, ist eine wirkungsvolle Methode, mehr Zeit im unmittelbaren Kontakt mit den Vorfeldorganisationen des Unternehmens zu verbringen. Sam Walton, der verstorbene Chef von Wal-Mart bemerkte einmal: „Unsere besten Ideen bekommen wir von den Burschen, die in der Auslieferung und im Lager beschäftigt sind."[8] Hier besteht nämlich immer die Chance, daß ihre Ideen auf Kundenbeschwerden basieren. Mit seiner Bemerkung wollte Walton auch ausdrücken, daß es ihm in der Tat um den Kunden zu tun war, und er nicht bloß davon redete. Wenn Manager sagen, sie möchten aus den Beschwerden der Kunden lernen, und sofort, wenn die Kunden den Raum verlassen, abfällige Bemerkungen über sie machen, dann wird die Belegschaft daraus schließen, daß die Beschwerdepolitik des Unternehmens mit echter Besorgnis um den Kunden nichts zu tun hat. Wir haben vielen Managern bei Diskussionen mit dem Personal über Kundenbeschwerden zugehört. Um es offen zu sagen, manchmal sind wir rot geworden, wenn wir hörten, mit welchen Ausdrücken die Kunden bedacht wurden. Wir können Managern nur dringend empfehlen, ein solches Benehmen nicht zu fördern. Eine Ermahnung, die wir wahrscheinlich in unserer Kindheit gehört haben, drückt unsere Einstellung über beschwerdeführende Kunden deutlich aus: „Wenn du nicht irgend etwas Nettes sagen kannst, dann sage lieber gar nichts."

Zusammenkünfte, in denen Beschwerden diskutiert werden, sind ein weiterer Ansatz, um oft komplexe und vielschichtige Informationen, die im Unternehmen über unzufriedene Kunden zusammengetragen werden, über die Befehlskette nach oben zu transportieren. Wenn man sich dort die Zeit nimmt, Beschwerdebriefe oder Befragungsbogen zu lesen, so ist das ein weiterer Schritt des obersten Managements, die Finger am Puls des Geschehens – soweit es die Zufriedenheit der Kunden betrifft – zu haben. Von William Marriott wird erzählt, daß er alle Kommentare der Kunden persönlich zu lesen pflegte, 56 Jahre lang, in denen er dem Unternehmen vorstand, das seinen Namen trug.

Eine drastische, aber zunehmend praktizierte Methode, die Kommunikation zwischen Vorfeldorganisationen und dem Top-Management zu beschleunigen, besteht darin, die Hierarchie des Unternehmens zu verflachen. Weniger Ebenen bedeuten, daß, wenn ein Problem auftritt, es nicht Tage und Wochen dauert, bis es die vielen Ebenen des Managements durchlaufen hat. Die Geschwindigkeit, mit der heutzutage Veränderungen stattfinden, machen eine beschleunigte Bearbeitung mehr als notwendig. In den letzten 10 Jahren haben sich die Produktzyklen wesentlich verkürzt. Infolgedessen muß auch der Zyklus bei der Beantwortung von Beschwerden drastisch verkürzt werden.

TMIs unternehmensweite Beschwerdepolitik

Unten finden Sie die Strategien der Beschwerdepolitik, die in den TMI-Niederlassungen überall in der Welt übernommen wurden, nachgedruckt. Wir gestatten Ihnen, unsere Strategien für sich zu kopieren, wenn Sie uns dafür den Namen Ihres Unternehmens zur Verfügung stellen. Nehmen Sie die notwendigen Anpassungen für Ihr Unternehmen vor. Machen Sie die auf Ihr Unternehmen abgestimmte Politik unter Ihren Mitarbeitern bekannt, weisen Sie sie in der Anwendung ein und verwenden Sie sie auch bei Ihren Schulungsprogrammen. Beauftragen Sie die Mitarbeiter, diese Strategien auf die Bedürfnisse Ihrer Abteilungen abzustimmen. Dann werden sie sich auch wirklich damit identifizieren.

Die Beschwerdepolitik von TMI

TMI hat eine positive Einstellung zu Beschwerden.

Wir sind der Überzeugung, daß die Zukunft von TMI von unserer Fähigkeit abhängt, uns unsere Kunden zu erhalten und ihnen eine kontinuierliche Zufriedenheit zu garantieren.

- Alle beschwerdeführenden Kunden:
  - sind Freunde;
  - sollten ein Dankeschön dafür erhalten, daß sie sich die Mühe machen, eine Beschwerde in die Wege zu leiten,
  - sollten ihr Problem gelöst erhalten.
- Jede Beschwerde:
  - ist gerechtfertigt;
  - ist ein Geschenk;
  - sollte sofort und professionell bearbeitet werden.
- Das Ergebnis einer wirksamen Bearbeitung und Administrierung von Beschwerden lautet folgendermaßen:
  - wir behalten unsere Kunden;
  - Kunden, die sich beschweren, werden zu „Goodwill"-Botschaftern von TMI;
  - wir bekommen zufriedenere Kunden und eine zufriedenere Belegschaft.
- TMI sieht in der Bearbeitung von Beschwerden eine Investition – keine Unkosten.

TMI ermutigt seine Kunden dazu, sich zu beschweren.

- TMI ermuntert seine Kunden, sich mit ihren Beschwerden zu melden.
- TMI belohnt Kunden, die sich beschweren.

Wir machen es unseren Kunden leicht, sich zu beschweren.

- Wir sind bemüht, unseren Kunden deutlich zu erklären, wo und wie sie sich beschweren können.
- Kunden, die sich beschweren wollen, sollten niemals ergebnislos von einer Abteilung zur anderen geschickt werden.

Beschwerden werden prompt erledigt.

- Wann immer es möglich ist, werden alle verbalen Beschwerden sofort bearbeitet.
- Zumindest erhalten die Kunden sofort eine vorläufige Antwort; endgültige Entscheidungen werden innerhalb von zwei Wochen gefällt.
- Im Falle von schriftlichen Beschwerden erhalten die Kunden innerhalb von zwei Tagen ein Dankschreiben mit einer vorläufigen Antwort von uns. Die endgültige Beantwortung der Angelegenheit erfolgt innerhalb von zwei Wochen.

Jeder Mitarbeiter bei TMI ist in der Handhabung von Beschwerden geschult.

- Alle Beschäftigten kennen die Produkte und Dienstleistungen bei TMI.
- Jeder Mitarbeiter mit Kundenkontakt ist im Kundendienst geschult, ebenso wie in einer effizienten Behandlung von Beschwerden.
- Alle Mitarbeiter wissen, wie man mit Kritik umgeht und wie man eine Beschwerde aus etwas Negativem in etwas Positives umwandelt.
- Alle Mitarbeiter kennen die Beschwerdepolitik von TMI und die Maßnahmen, die ergriffen werden, um diese zu unterstützen.

Die Mitarbeiter bei TMI sind mit Vollmachten ausgestattet.

- Wir behandeln Beschwerden in engem Kontakt zum Kunden und zu der Situation, die die Dienstleistung betrifft.
- Die Mitarbeiter sind geschult und bevollmächtigt, Entscheidungen zu treffen, die im Einklang stehen mit den Strategien und Prinzipien von TMI bei der Bearbeitung von Beschwerden.
- Wenn eine Vorschrift oder ein System in einer spezifischen Situation nicht sinnvoll erscheint – nämlich weder aus der Sicht des Kunden noch aus der von TMI –, dann ist das Personal autorisiert, von dieser Vorschrift abzuweichen.

- Wenn ein Mitarbeiter wirklich eine Ausnahme macht, dann benötigen wir eine Analyse der Gründe. Das ist dann vielleicht eine Gelegenheit für TMI, sein System zu adaptieren, um die Zufriedenheit weiterer Kunden und auch auf anderen Gebieten sicherzustellen.

TMI lernt aus Beschwerden.

- Wir erfassen alle Kundenbeschwerden zentral. So werden uns sich wiederholende Fehler bewußter, und wir analysieren deren Ursachen. Wir lernen aus allen Fehlern. Wir korrigieren unsere Fehler und versuchen, sie beim nächsten Mal zu vermeiden.
- Wir informieren die Mitarbeiter im Kundendienst über alle erfaßten Beschwerden, über die Ergebnisse und den Erfolg bei deren Bearbeitung.
- Wir verändern Produkte, Dienstleistungen, Systeme und Strategien bei TMI aufgrund der Beschwerden, die wir erhalten.
- Wir verknüpfen unsere Philosophie über die Handhabung von Beschwerden mit unseren Vorgaben entsprechend unseren Wertvorstellungen.
- Wir informieren unsere Kunden über das, was sie uns gelehrt und über die Veränderungen, die ihre Beschwerden bei uns bewirkt haben.

TMI behandelt unvernünftige Beschwerden vernünftig.

- Eines unserer Grundprinzipien ist es, jede Beschwerde als gerechtfertigt und vernünftig anzusehen.
- Der Kunde hat recht. Es ist uns in bestimmten Situationen lieber, den Kunden zu behalten, als ein Geschäft zu machen.
- Wir akzeptieren jedoch keine Kundenbeschwerden, die offensichtlich übertrieben sind.
- Wir haben klar definiert, was wir als übertriebene Forderung ansehen. Alle Mitarbeiter mit Kontakt zu Kunden kennen die definierten Faktoren.

TMI prämiert eine effiziente Erledigung von Beschwerden.

- Wir zollen allen Beschäftigten Anerkennung, die uns dabei helfen, Fehler zu finden, sie zu korrigieren oder ihnen überhaupt zuvorzukommen.
- Mitarbeiter, die beschwerdeführende Kunden in Goodwill-Botschafter verwandeln, finden offene Anerkennung und werden belohnt.

TMI hat ein kundenfreundliches System.

- TMI-Systeme sind so konzipiert, daß sie die Dinge eher für den Kunden erleichtern als für uns selbst.
- Die TMI-Systeme sind flexibel und lassen es zu, schnelle und effiziente Entscheidungen zu treffen, mit der Absicht, die Erwartungen der Kunden zu erfüllen.

TMI überwacht den Zufriedenheitsgrad des Kunden.

- Wir informieren uns laufend über die Einstellung der Kunden zum Unternehmen, zu seinen Mitarbeitern, seinen Produkten und Dienstleistungen.
- Wir können immer die folgenden Fragen beantworten:
  - Wie groß ist unser Kundenstock?
  - Wie viele neue Kunden gewinnen wir?
  - Wie viele Kunden verlieren wir und warum?

TMI sorgt dafür, daß unsere internen Kunden – die Mitarbeiter – zufrieden sind.

- Wir nehmen Beschwerden von unseren internen Kunden ernst.
- Wir sind überzeugt, daß es für ein Unternehmen mit zufriedenen Mitarbeitern leichter ist, auch externe Kunden zufriedenzustellen.
- Wir ermutigen alle Mitarbeiter dazu, auf die Kritik von Kollegen zu hören. Das soll ihnen helfen, einen höheren Grad der Zufriedenheit mit ihrer Arbeit zu erreichen und ihre Selbstachtung zu stärken.

Fall-Studie: TMI setzt seine Beschwerdepolitik in die Praxis um

Anhand eines Falles führen wir näher aus, wie die beschwerdefreundliche Politik in unserem Unternehmen gehandhabt wird. Eine von unseren TMI-Firmen erhielt kürzlich das Fax eines Kunden. Wie sie aus dem Brief ersehen können, hatte TMI diesen Kunden schwer im Stich gelassen.

An den Generaldirektor

Betreff: ***Beschwerde über Ihren Service***

Ich bin von Ihrem Service sehr enttäuscht.

Vor vier Monaten bestellte ich bei Ihnen ein Diary-Set. Seitdem habe ich mindestens zweimal bei Ihnen angerufen, und jedes Mal teilte man mir mit, daß ich meine Bestellung bald erhalten würde. Einer Ihrer Mitarbeiter rief mich vor drei Monaten an, um mir mitzuteilen, daß mein Set versehentlich an einen anderen Kunden geliefert worden war. Meines würde ich erhalten, sobald die neue Lieferung eingetroffen sei.

Seitdem habe ich nichts mehr von meiner Bestellung gehört, weder telefonisch noch schriftlich. Deshalb rief ich vor zwei Wochen bei Ihnen an und stornierte den Auftrag. Man sagte mir, daß man mich in den nächsten Tagen zurückrufen werde, um die Stornierung zu bestätigen. Aber wiederum meldete sich niemand.

Als meine Sekretärin in der vergangenen Woche bei Ihnen anrief, wurde sie dahingehend informiert, man könne ihr nicht helfen, wenn sie die Bestellnummer nicht angeben könne.

Ich bin verwundert über die Art und Weise, wie ein Unternehmen, das Schulungen über Zeitmanagement und Servicequalität durchführt, meinen Auftrag bearbeitet hat.

Bitte betrachten Sie das als meinen letzten Versuch, Sie in dieser Angelegenheit zu kontaktieren. Ich hoffe, Sie werden dieses Mal sofort reagieren. Wenn ich die Rückerstattung nicht bis Ende dieses Monats erhalte, werde ich die Angelegenheit an die Zentrale Ihres Unternehmens in Dänemark weiterleiten.

Ein solcher Brief trifft einen hart! Hal F. Rosenbluth, Unternehmensleiter von Rosenbluth Travel – von Tom Peters 1989 als „Service Company of the Year“ vorgeschlagen – erklärt, daß ihm ganz übel wird, wenn er entdecken muß, daß er einen Kunden im Stich gelassen hat. Rosenbluth sagt, daß er viel Zeit in der Nähe der Firmentoilette verbringt, wenn er eine größere Beschwerde erhält. Wir bei TMI hatten ein ähnliches Gefühl. Wir bilden die Leute dafür aus, daß sie gute Dienstleistungen erbringen. Als wir jedoch dieses Fax erhielten, wurde uns schmerzlich bewußt, daß wir in diesem Fall versagt hatten.

Wie sind wir also mit der Situation fertiggeworden? Zuerst rief unsere Direktorin den Kunden an, konnte ihn aber nicht erreichen. Zwei Stunden später gelang es ihr, mit ihm zu sprechen. Sie dankte ihm, daß er sich die Zeit genommen und die Mühe gemacht hatte, uns über die Angelegenheit schriftlich zu informieren. Nur so könnten wir sichergehen, daß solche Vorkommnisse sich in Zukunft nicht wiederholen. Sie entschuldigte sich für jeden einzelnen Mitarbeiter des Büros, denn offensichtlich waren mehrere Personen in dieses Fiasko verwickelt. Und sie sagte ihm, daß sie persönlich einen Satz undatierter Einlageblätter am nächsten Morgen in sein Büro bringen werde. Bis dahin hätten wir auch den Refundierungsscheck für seine ursprüngliche Bestellung.

Am selben Tag ging folgendes Fax an den Kunden:

> *Ich danke Ihnen nochmals, daß Sie mich auf die mangelhafte Bearbeitung Ihrer Bestellung aufmerksam gemacht haben. Es war ohnehin schon überaus freundlich von Ihnen, daß Sie Verständnis dafür gezeigt haben, daß Ihre Bestellung einem anderen Kunden zugeschickt worden ist. Diese neuerliche Verzögerung ist ganz einfach unverzeihlich.*
>
> *Ich bitte noch einmal aufrichtig für alle Unannehmlichkeiten, die Sie durch uns hatten, um Entschuldigung.*

Wir refundieren Ihnen den vollen Betrag für die Einlageblätter. Morgen früh erhalten Sie kostenlos den kompletten Satz von datierten Einlageblättern. Ich weiß es ganz besonders zu schätzen, daß Sie sich die Zeit genommen haben, mich von Ihrer Beschwerde in Kenntnis zu setzen. Im Hinblick auf Ihren überfüllten Terminkalender war das sicherlich nicht leicht. Ich werde nun nach den Lücken in unserem Bestell- und Lieferungssystem suchen, um sicherzugehen, daß solche Vorkommnisse in Zukunft unterbleiben. Ich danke Ihnen, daß Sie TMI weiterhin Ihr Vertrauen schenken.

Am nächsten Morgen erschien ein Kurier von TMI frohgemut an der Haustür des Kunden. Nochmals dankte die Direktorin ihm für die Reklamation und versicherte ihm, wie froh wir waren, daß er uns über sein Problem informiert hatte. Sie entschuldigte sich nochmals im Namen der gesamten Abteilung. (Inzwischen sagte er bereits: „Oh, es macht nichts. Machen Sie sich nicht zu viele Gedanken darüber. Es handelt sich wirklich nicht um eine bedeutende Angelegenheit.") Und sie gab ihm die Einlageblätter und einen Scheck über den ursprünglich an uns überwiesenen Betrag.

Inzwischen haben wir einen sehr freundlichen Brief von diesem Herrn erhalten, der ganz gewiß mit uns in Geschäftsverbindung bleiben wird. Auch haben wir mittlerweile eine gründliche Untersuchung durchgeführt, um herauszufinden, wie dieses Mißgeschick passieren konnte. Und wir haben die Prozesse markiert, die einer Änderung bedürfen, um dieses Problem in Zukunft zu vermeiden. Diese Niederlassung von TMI listet alle ähnlichen Beschwerden, wenn sie zum ersten Mal vorkommen, auf einer Tafel auf, so daß jeder sie sehen kann. Auf diese Weise besteht eine größere Chance, daß eine solche Folge von Irrtümern nicht mehr geschehen kann. Von diesem Kunden haben wir also wirklich etwas gelernt.

Fragen zur Diskussion

- Besteht in Ihrem Unternehmen ein koordinierter Zugang zur Beschwerdepolitik?
- Ist Ihr Beschwerden-Handling im großen und ganzen darauf ausgerichtet, dem beschwerdeführenden Kunden dienlich zu sein?
- Sind Ihre Strategien innerhalb der einzelnen Unternehmensbereiche koordiniert?
- Verleiten Ihre Kaufanreiz-Programme zu Käufen, die übertrieben hohe Erwartungen bei den Kunden erwecken?
- Wie viele Beschwerden Ihrer Kunden werden, inhaltlich exakt, ins obere Management weitergeleitet.

12

Wie man eine beschwerdefreundliche Kultur entwickelt

Viele Unternehmen pflegen keine beschwerdefreundliche Kultur. Es gibt keine allgemein definierte Philosophie über die Einstellung eines Unternehmens zu Beschwerden, und die Geschäftspolitik unterbindet oft einen effizienten Umgang mit Beschwerden. Einige Unternehmen haben Richtlinien für den Umgang mit Beschwerden verfaßt, aber ausschließlich für die Kundendienstabteilung oder das Beschwerdebüro. Und es gibt kein allgemeines Konzept darüber, wie das gesamte Unternehmen das Beschwerdewesen sieht.

In seinem Buch „Organizational Culture and Leadership" definiert Edgar Schein Unternehmenskulturen als Strukturen mit gemeinsamen Prämissen, die von bestimmten Gruppen auf Grund von Erfahrungen erlernt wurden und von diesen Gruppen als erfolgreich genug eingeschätzt wurden, daß auch Neulinge entsprechend eingeschult werden.[1] Schein hebt hervor, daß, wenn Unternehmen ihre Kultur ändern oder modifizieren wollen, sie diese zunächst einmal verstehen müssen. Dann müssen die Leiter neue Überzeugungen einbringen und „ihre Vorstellungen in unterschiedliche Abläufe des Unternehmens einbetten". Eine Möglichkeit des Beschwerden-Handlings ist die Definierung einer eigenen Beschwerdephilosophie und die Kontrolle über deren Beachtung seitens der Mitarbeiter auf allen Ebenen des Unternehmens.

Eine einfache Philosophie, wie ein Unternehmen zu Beschwerden steht, könnte in etwa so aussehen: „Wir glauben, daß die Beschwerden unserer Kunden ein Geschenk für uns sind. Wir gehen davon aus, daß die Kunden uns damit eine Chance geben wollen, weiterhin mit ihnen im Geschäft zu bleiben. Andernfalls würden sie sich nicht die Mühe machen, sich bei uns zu beschweren. Darüber hinaus teilen sie uns etwas über unseren Service oder unsere Produkte mit, das wir vielleicht übersehen haben. Wenn wir ihre Meinung in unsere Betrachtungsweise einbeziehen, werden wir eher in der Lage sein, auf ihre Bedürfnisse einzugehen. Hinzu mag kommen, daß wir dann auch erfolgreicher bei riskanten Unternehmungen sind. Weil wir der Meinung sind, daß Beschwerden Geschenke sind, weichen wir auch manchmal von unserer Linie ab, um möglichst viel Feedback zu erhalten."

Eine solche Erklärung, überall im Unternehmen verbreitet, kann der Beginn dafür sein, ein beschwerdefreundliches Klima zu schaffen und die Mitarbeiter ebenfalls dazu zu ermutigen, in Beschwerden Geschenke zu sehen. Letztlich bestimmt das Verhalten der Belegschaft darüber, wie beschwerdefreundlich das Klima in einem Unternehmen ist. Aber es gibt schon gewisse Praktiken, die gewährleisten, daß beschwerdefreundliche Aspekte in die Abläufe eines Unternehmens verankert werden.

Informieren Sie Ihre Mitarbeiter ausreichend über unabänderliche Grundsätze

Wie oft hören Kunden die Frontlinien-Mitarbeiter sagen: „Es tut mir leid, aber ich weiß nicht, was ich in diesem Fall machen soll", oder „Es tut mir leid, aber da kann ich wirklich nichts machen." In manchen, extremen Fällen sagt der/die Mitarbeiter/in geradezu wörtlich: „Da ich befürchte, in diesem Fall einen Fehler zu machen, tue ich schlichtweg gar nichts, um Ihnen zu helfen. Sie müssen zu einer Zeit wiederkommen, die Ihnen wahrscheinlich weniger paßt, aber es ist mir lieber, Sie haben Unannehmlichkeiten als ich. Sie sind nur einer von vielen Kunden, aber ich risikiere meinen Job." In anderen Fällen denken diese Leute einfach nur an ihren Lebensunterhalt, wenn sie nicht wissen, was sie tun sollen und Angst vor Fehlentscheidungen haben.

Auch wenn sie es den Kunden recht machen, kann es passieren, daß Angestellte schwerwiegende Fehler begehen, weil sie mit der Unternehmenspolitik nicht ausreichend vertraut sind. Die Vorgesetzten müssen bei der Besprechung solcher – in guter Absicht begangener – Fehler behutsam mit den Mitarbeitern umgehen, um sie nicht zu „demotivieren". Gleichzeitig können Vorgesetzte solche Gelegenheiten dazu benutzen, um Alternativen für das Verhalten des Personals vorzuschlagen. Einer unserer Seminarteilnehmer berichtete über ein Erlebnis vor Jahren mit Pan American. Damals waren die Flughäfen noch kleiner als heutzutage. Der Passagier kam erst fünf Minuten vor dem Abflug seiner Maschine zum Check-in-Schalter. Eine gerade erst neu eingestellte junge Dame am Schalter sagte ihm, daß er sein Flugzeug auf keinen Fall mehr erreichen würde, das Gate sei zu weit entfernt. Der Fluggast mußte aber „um jeden Preis" mit dieser Maschine fliegen, um ein größeres Geschäft abschließen zu können. Alles wäre verloren, wenn er dort nicht erschiene. Wiederum bat er um Hilfe.

Die Dame am Schalter war geistesgegenwärtig und gutmütig. „Springen Sie auf das Gepäck-Förderband", sagte sie, „es befördert Sie geradewegs zum Flugzeug, und so werden Sie es schaffen." Er machte es, und obwohl das Bodenpersonal leicht erstaunt war, als er am Gate ankam, konnte er seine Maschine erreichen. In unserer Zeit, mit ihren sehr schnellen und komplizierten Gepäck-Beförderungssystemen und den Sicherheitsvorkehrungen auf Flughäfen wäre ein solches Vorgehen unmöglich, aber vor 20 Jahren gab es das noch. Der Mann, der uns dieses Erlebnis schilderte, sagte, daß er niemals vergessen hatte, wie man ihn bei PanAm betreut hatte, und ließ dieser Airline jedes nur mögliche Geschäft zukommen. Natürlich verstößt eine derartige Ausnahmeregelung gegen alles, was wir über Sicherheit auf Flughäfen wissen, und kann nicht generell toleriert werden. Wie aber sollte sich nun die Geschäftsführung in so einem Fall verhalten? Wenn der Vorgesetzte der Mitarbeiterin am Check-in-Schalter seine Untergebene tadelte, dann würde sie vielleicht nie wieder einen selbständigen Schritt unternehmen, um einem Passagier in einer Zwangslage zu helfen. Und es wäre völlig gerechtfertigt, wenn sie den Fluggästen sagte: „Ich halte mich an meine Vorschriften – wie man mir beigebracht hatte." Eine solche Situation erfordert Fingerspitzengefühl von seiten des Vorgesetzten. Einerseits soll die Mitarbeiterin für die schnelle Entscheidung zum Besten des Kunden gelobt werden, andererseits muß man ihr klarmachen, daß insbesondere eine solche Entscheidung „nie wieder" getroffen werden sollte.

Die Belegschaft muß über unumstößliche Prinzipien Bescheid wissen. Man muß sie regelmäßig über den neuesten Stand informieren, da sich die Industrienormen und Strategien ändern. Manager, die sicherstellen wollen, daß die Mitarbeiter diese unumstößlichen Prinzipien und deren Anwendung verstehen, können sich einer beliebten Technik des Rollenspiels für organisatorische Abläufe bedienen. Beschreiben Sie das Szenarium eines Serviceversagens, bei dem es wirklich Grund für die Kunden gibt, sich zu beschweren, und bitten Sie die Mitarbeiter, sich zwischen zwei Möglichkeiten zu entscheiden: entweder jemanden von dem Problem zu berichten (in diesem Fall nennen die Mitarbeiter den Namen der Person, die sie informieren würden) oder zu handeln (in diesem Fall sagen die Mitarbeiter, was sie machen würden). Wenn die Mitarbeiter falsche oder unpassende Antworten geben, dann können ihre Vorgesetzten sie auf eine angemessenere Option hinweisen. Diese formlosen Trainingssitzungen tragen dazu bei, die Mitarbeiter darin zu schulen, daß sie sich beim Auftreten von Beschwerden entsprechend verhalten. Sie verhindern gleichzeitig Überraschungen bei Vorgesetzten, wenn diese feststellen, daß sie von einer Angelegenheit nichts wissen, über die man sie hätte informieren müssen.

Ermächtigen Sie die Mitarbeiter, geringfügig vom Kurs der Firmenpolitik abzuweichen

Wenn ausschließlich die Manager Ausnahmen machen dürfen, dann werden die Mitarbeiter der Vorfeldorganisationen in eine beschwerdefeindliche Position gedrängt. Denn jedesmal müssen sie sich der Zustimmung ihrer Vorgesetzten versichern – sogar bei geringfügigen

Anlässen –, um von der üblichen Firmenpolitik abzuweichen. Wenn Unternehmen sich beständig weigern, einmal auch ihre Prinzipien außer acht zu lassen, teilen sie letztlich ihren Kunden mit: „Unsere Geschäftspolitik ist uns wichtiger als die Geschäfte mit Ihnen." Mitarbeiter haben uns zu verstehen gegeben, sie hielten es für übertrieben, daß Kunden die Firmenpolitik in Frage stellen dürften. Das klingt geradezu so, als ob diese Politik vergleichbar mit der obersten Gesetzgebung unseres Staates sei, für die die Mehrheit der Bürger gestimmt hat. Die Kunden kümmern sich nicht um Firmenpolitik. Sie sind gekommen, damit man sich ihrer Probleme annimmt, nicht um einen Streit über interne Strategien vom Zaun zu brechen.

Die meisten Kunden verstehen, daß die Unternehmen Richtlinien für ihre Politik erstellen, um damit einen Parameter für erwünschtes Mitarbeiterverhalten zu schaffen. Klarerweise kann man nicht jeder Forderung des Kunden nachkommen, aber es gibt eine beachtliche Palette, wie man Direktiven beugen, strecken oder auspressen kann. Zum Beispiel wurden wir Zeuge eines Vorganges am Flughafen. Eine zierliche Asiatin stand am Check-in-Schalter, und ihr Gepäck war zu schwer. Die Fluggesellschaft wollte ihr den vollen Preis für das Übergewicht verrechnen. Sie wies darauf hin, daß der Mann, der vor ihr abgefertigt worden war, mindestens 200 Pfund mehr auf die Waage bringe als sie. „Ich wiege nicht annähernd so viel wie dieser Mann; könnten Sie das nicht auf mein Gepäck anrechnen", fragte sie, sehr freundlich. Die Mitarbeiter der Fluglinie lachten und verrechneten ihr nicht einen Cent extra.

Ein anderes Beispiel: Unsere Mitautorin flog im Verlauf einer vierwöchigen Geschäftsreise um die ganze Welt. Bei jedem Aufenthalt hatte ihr Gepäck Übergewicht, aber die meisten Fluggesellschaften hatten, wenn sie ihr Flugticket ansahen, Verständnis für ihre Situation und verrechneten keinen Zuschlag. Nur eine in Hongkong wollte eine zusätzliche Gebühr, und das ausgerechnet für die kürzeste Verbindung ihrer Reise, nämlich von Hongkong nach Manila, einem Flug von anderthalb Stunden. Die Autorin beschwerte sich, indem sie erklärte, daß sie nun bereits einen ganzen Monat unterwegs sei, $ 6000 für das gesamte Ticket bezahlt habe, und daß bis zu diesem

Zeitpunkt ihr keine andere Fluggesellschaft einen Zuschlag verrechnet habe. Das Personal in Hongkong weigerte sich nachzugeben. Es wurde betont, daß man von der Unternehmenspolitik nicht abweichen könnte. Was glauben Sie? Wird die Autorin noch einmal diese Fluglinie benutzen, wenn sie es vermeiden kann?

Dieser Fall ist deshalb so bemerkenswert, weil sich herausstellte, daß die Fluggesellschaft nicht mit eigenem Bodenpersonal in Hongkong vertreten ist. Ihre Route von Hongkong nach Manila ist der Anschlußflug eines Fluges aus dem Mittleren Osten. Man hat hier eine lokale Agentur, die auch andere Fluglinien betreut, mit der Wahrnehmung der Geschäfte beauftragt. Die Mitarbeiter der Agentur sind natürlich nicht ermächtigt, von der Unternehmenspolitik abzuweichen. Hätte die Fluggesellschaft ihre eigenen Vertreter dort, hätte man möglicherweise auf den Einwand der Geschäftsfrau gehört. Statt dessen hat man einen Passagier verärgert, und das zweifellos, ohne eine Ahnung davon zu haben.

In dem Augenblick, da Mitarbeiter sagen müssen: „Ich muß erst bei meinem Chef nachfragen", nehmen die Kunden zur Kenntnis, daß das Personal keine Vollmachten hat. Wenn die Leute schon bei der Unternehmensführung nachfragen müssen, dann zumindest sollten sie das niemals in Gegenwart des Kunden dokumentieren. Sie könnten sagen: „Ich stehe Ihnen in dieser Angelegenheit so schnell wie möglich wieder zur Verfügung." Ist es ein Wunder, daß die meisten Kunden gleich nach dem Vorgesetzten oder dem Abteilungsleiter fragen, wenn es sich um eine etwas außergewöhnliche Angelegenheit handelt? Denken Sie darüber nach, was das moralisch für den Frontlinienstab bedeutet. Und bedenken Sie auch den Zeitaufwand für den Manager. Anstatt sich mit strategischen Fragen zu befassen, ist er gezwungen, Schiedsrichter zwischen Belegschaft, Firmenpolitik und Kunden zu spielen.

Wenn die Mitarbeiter entsprechend bevollmächtigt sind, Abweichungen von der Unternehmenspolitik vorzunehmen, dann werden Beschwerden, die trotzdem bis ins obere Management gelangen, dort kaum anders entschieden werden, als der Mitarbeiter vor dem Kunden ohnehin bereits entschieden hat. Ein Unternehmen hat dann

Probleme mit der Aufgabendelegation, wenn Vorgesetzte regelmäßig gegen das sind, was die Frontlinienmitarbeiter den beschwerdeführenden Kunden gesagt haben. Das gilt auch für den Fall, daß Manager ungebührlich viel Zeit darauf verwenden, Kundenbeschwerden einer Lösung zuzuführen.

Viele Manager zeigen wenig guten Willen, diese Fragen zwischen Belegschaft und Kunden klar zu entscheiden. Entweder sie sagen: „Nun gut, in diesem Fall machen wir eine Ausnahme – aber nur dieses eine Mal", oder sie untergraben die Autorität der Mitarbeiter, wenn sie etwa äußern: „Ja, dies entspricht unserer Politik, aber wenn ich hier erscheine, kann man die Unternehmenspolitik natürlich modifizieren." Wenn einer von Ihnen schon einmal die mangelnde Unterstützung des Vorgesetzten erfahren mußte, dann kennen Sie die unangenehme Situation. Auch die Kunden fühlen sich peinlich berührt und denken sich: „Wenn Sie schon eine Ausnahme für mich machen, dann erledigen Sie das wenigstens mit etwas Eleganz. Hören Sie auf, sich wie ein verwöhntes Kind zu benehmen, das erst einwilligt und dann schmollt. Ich fühle mich in dieser peinlichen Situation, in die Ihre Mitarbeiter geraten sind, auch nicht wohl. Außerdem fühle ich mich beinahe schon schuldig, weil ich auf meinem Recht bestanden habe." In einer solchen Situation gewinnt keiner.

Die Belegschaft muß wissen, bis zu welchem Grad man die Unternehmenspolitik durchsetzen kann, wann keine Ausnahmen mehr gemacht werden können, selbst wenn das Management involviert ist, und warum in diesem Fall die Prinzipien des Unternehmens Vorrang haben müssen. Das ist eine weitere Gelegenheit für die Vorgesetzten, Rollenspiel-Situationen zu schaffen und auf diese Weise den Mitarbeitern bei der Einübung angemessener Verhaltensweisen behilflich zu sein. Da die Vorfeldorganisationen am häufigsten direkten Kontakt zu den Kunden haben und im allgemeinen am ehesten merken, wo Probleme entstehen, sollte man sie ermuntern, in Meetings änderungsbedürftige Strategien zur Sprache zu bringen.

Mit Vollmachten ausgestattete Mitarbeiter werden im allgemeinen dem Unternehmen nicht schaden, wenn sie Ausnahmen von einer Politik machen, die sie in ihren grundsätzlichen Richtlinien verstehen. Wenn zum Beispiel ein Hotelgast erst später abreisen möchte – sagen wir um 18.00 Uhr –, dafür aber keine zusätzliche Gebühr entrichten möchte, dann sollte der überwiegende Teil des Hotelpersonals in der Lage sein, die Kosten für das Zimmer zu eruieren, und dann entscheiden können, wie hoch das Hotel in diesem Fall kostenmäßig belastet wird. Wenn das Hotel voll belegt ist, kann man die Abreisezeit vielleicht auf 14.00 oder 15.00 Uhr verschieben, nicht aber auf 18.00 Uhr. Handelt es sich um einen häufig anwesenden VIP-Gast, so wird man ihm die spätere Abreisezeit in jedem Fall einräumen, ganz unabhängig davon, wie voll das Hotel ist. Wenn man den betreffenden Angestellten mitteilt, weshalb in einem bestimmten Fall eine Ausnahme gemacht worden ist, dann sind die meisten von ihnen durchaus fähig, darüber zu entscheiden, wann diese Ausnahmen zukünftig gerechtfertigt sein würden und wann nicht. Viele Hotels, leider auch die vornehmen, erlauben es ihren Angestellten, die unmittelbaren Kontakt mit den Gästen haben, nicht, solche Entscheidungen zu treffen, ohne vorher das Management einzuschalten. Hat man da oben Angst, daß die Mitarbeiter das Hotel verschenken könnten? Das Gegenteil trifft nämlich zu. Aus Untersuchungen geht hervor, daß die Manager viel großzügiger mit Vergünstigungen umgehen als das unmittelbar betroffene Personal.

Manche Hotels mögen mit dieser Einstellung zu Dienstleistungen ohne Mitarbeitervollmachten zurechtkommen; Luxushotels aber ganz gewiß nicht. Wenn ein Gast pro Tag $ 250 bis $ 500 für sein Zimmer zahlt, dann erwartet er sich prompte und kompetente Dienstleistungen. Tatsächlich muß ein Luxushotel seine organisatorischen Strukturen so abflachen, daß jemand vom Zimmerservice praktisch nicht minder berechtigt ist, eine Beschwerde zu behandeln, als der Direktor. Das ist mit ein Grund dafür, daß die Gäste so hohe Preise zahlen.[4]

Im Ritz-Carlton Hotel, das auf rasante Weise mit Nordstrom gleichzieht, über das ja legendäre Geschichten kursieren, ist es den Angestellten gestattet, bis zu $ 2000 aufzuwenden, um Beschwerden von Gästen zu erledigen.[5] Sie haben auch die Befugnis, so lange von den üblichen Vorschriften abzuweichen, wie es notwendig ist, um den Gast zufriedenzustellen. Zahlen sich diese Vollmachten für das Ritz-Carlton aus? Über 90 Prozent der Gäste kommen wieder, und Leute, die Veranstaltungsräume benutzen, buchen diese wieder, sogar zu höheren Gebühren.

Ein besonders eindrucksvolles Beispiel für die Übertragung von Vollmachten lieferte United Parcel Service. Ein Gebietsmanager mietete auf eigene Faust einen Zug und ließ zwei 727-Maschinen umleiten, nachdem er entdeckt hatte, daß eine Sendung von Weihnachtsgeschenken in die falsche Richtung unterwegs war. Das Top-Management lobte ihn dafür und belohnte ihn für seine Anstrengungen.[6]

Das Kaufhaus Nordstrom hat ein ganz einfaches Konzept, mit dem es Befugnisse an die Mitarbeiter überträgt. Betsy Sanders, Vizepräsidentin, beschreibt das so: „Ich weiß, daß es die Anwälte zum Wahnsinn treibt, aber unser ‚Handbuch zur Firmenpolitik' besteht aus einem einzigen Satz: ‚Machen sie immer von Ihrem gesunden Urteilsvermögen Gebrauch.'"[7]

Bevollmächtigen Sie Ihre Mitarbeiter soweit, daß sie Differenzen immer schnell regeln können

Tempo ist wichtig. Bei Smith & Hawken – Versandhaus für Gartenartikel – stellte man fest, daß der große Zeitaufwand, den man für die Erledigung von Kundenbeschwerden benötigte, den guten Absichten schadete, die man zur Basis einer großzügigen Refundierungspolitik gemacht hatte. Zeitweise war ein aufwendiger Schriftverkehr mit den Kunden erforderlich, um Probleme zu erledigen. Smith & Hawken reorganisierte seine Beschwerdepolitik. Die Mitarbeiter in der Telefonzentrale erhielten die Anweisung, Beschwerden noch während des Gesprächs mit dem Kunden zu erledigen. Obwohl die Telefongebühren anstiegen, nahmen dennoch die Kosten – durch die Reduktion der Schreibarbeit – beträchtlich ab. Die Kunden sind von den Veränderungen bei Smith & Hawken überaus angetan. Und die Mitarbeiter fühlen sich auch wohler, wenn sie den Kunden sofort helfen können.[8]

Um auf die Bedürfnisse der Kunden prompt eingehen zu können, müssen Unternehmen möglichst durchlässig und dezentralisiert strukturiert sein. Drei Ebenen einer organisatorischen Hierarchie haben eine viel engere Beziehung zum Kunden als fünf Ebenen. Das ist durchaus keine neue Idee. Tatsächlich bauen immer mehr Unternehmen Führungsebenen ab. Damit diese abgeflachte Organisation auch funktioniert, müssen die Führungskräfte ebenfalls den Führungsstil ändern. In einem abgeflachten und auf allen Ebenen mit Befugnissen ausgestatteten Unternehmen funktioniert ein Kontrollmechanismus nicht. Unterstützende Coachingmethoden sind dafür besser geeignet; d. h. man schafft ein Klima, das es den Mitarbeitern ermöglicht, in rasch eskalierenden Situationen nach eigenem Urteilsvermögen zu entscheiden und trotzdem den Grundsätzen des Unternehmens zu folgen. Es ist so wie bei einem Sport-Coach, der die Vorgänge nach Beginn eines Spiels auch nicht mehr steuern kann. Die Situation auf dem Spielfeld entwickelt sich während des Spielverlaufs, und man kann nur hoffen, daß die Spieler die Gesamtstrategie im Kopf haben und erfolgreich anwenden. In diesem Kontext sollte man auch den Umgang mit beschwerdeführenden Kunden sehen.

Aus der Sicht des Managements gibt es drei Überwachungsprinzipien, die in einem solchen mit Befugnissen ausgestatteten Umfeld zum Tragen kommen sollten: (1) Entwurf der erwünschten Verhaltensmuster, (2) Überwachung der Situation zum Zeitpunkt ihres Auftretens und (3) Belohnung von erwünschtem Verhalten. Manager können diese Prinzipien in Sitzungen, in Einzelbesprechungen, auf ihren Rundgängen, in Schulungsprogrammen oder schriftlichen Anleitungen vermitteln. Am signifikantesten wäre es, wenn Manager ein Modell für erwünschtes Verhalten beim Beschwerden-Handling entwickelten, und zwar wie folgt: Sie behandeln Beschwerden von Mitarbeitern in derselben Weise, wie sie erwarten, daß ihre Mitarbeiter mit Kundenbeschwerden umgehen.

Die Dienstleistungsindustrie erbringt 74 Prozent der US-Inlandsproduktion, bezahlt 79 Prozent aller US-Jobs und erreicht einen Handelsüberschuß von $ 55,7 Milliarden (im Vergleich zu einem Defizit von $ 132,4 Milliarden bei fabrikmäßig hergestellten Gütern). Die

Dienstleistungsindustrie erhält die Beschwerden unmittelbar von den Kunden, und das erfordert einen anderen Führungsstil als in den Produktionsbetrieben. Leonard Schlesinger, Professor an der Harvard Business School, drückt es so aus: „Alte Legenden sterben langsam. Viele Dienstleistungsunternehmen haben die schlimmsten Management-Fehler von Produktionsbetrieben nachgeäfft. Dort wird überbeaufsichtigt und überkontrolliert.“[9]

Wenn das Übertragen von Vollmachten nicht die Grundlage für das TQM (Total Quality Management) eines Unternehmens ist, nämlich ständige Verbesserung, unaufhörliche Anstrengung, dann ist alles, was wir erhalten, ein altes Schema für Management-Kontrolle im neuen Gewand. Das Ziel der Dienstleistungsindustrie sind besonders zufriedene Kunden. Das Ziel der Fertigungsindustrie sind handfeste Waren. Beide Ziele sind in keiner Weise miteinander vergleichbar, und in dem Maße, wie Manager versuchen, damit umzugehen, als ob es sich um ein und dieselbe Ware handelte, werden sie auf Frustration und mangelhafte Ergebnisse stoßen.

Schulen Sie Ihre Mitarbeiter auf Sachkenntnis und Kundenzufriedenheit

Wir Menschen kommen nicht mit Kenntnissen über das Beschwerden-Handling auf die Welt. Wie schon vorher bemerkt wurde, besteht die erste natürliche Reaktion der Leute darin, sich zu entschuldigen, wenn sie mit einer Beschwerde konfrontiert werden. Um die Mitarbeiter so weit zu bringen, daß sie in einer Beschwerde ein Geschenk sehen, bedarf es einer gewandelten Einstellung, und diese wiederum verlangt neue Kenntnisse. Das trifft besonders auf junge Mitarbeiter zu. Zahlreiche Posten in der Dienstleistungsindustrie sind mit jungen Leuten besetzt, von denen viele sogar noch die High School besuchen. Da sie oft an unkonventionelle Beziehungen gewöhnt sind, kann es passieren, daß sie schnell beleidigt oder wütend sind, wenn man sie kritisiert. Ein solches Verhalten funktioniert im Geschäftsleben nicht. Erstaunlicherweise zeigen auch Leute mit jahrelanger Erfahrung im Geschäftsleben dieselben Reaktionen.

Die Walt Disney Company hat die Wichtigkeit von Schulungen erkannt. Alle neuen Mitarbeiter besuchen zunächst ein drei Tage dauerndes Orientierungsprogramm in den Disneyparks. Der verantwortliche Direktor dieser Seminare, Rick Johnson, meint dazu: „Disney World umfaßt ein Gelände von über 120 km^2 mit mehr als 175 Attraktionen. Jeder begegnet durchschnittlich 73 Mitarbeitern. Das Disney-Management kann diese nicht ständig überwachen. Statt dessen versuchen wir, eine Unternehmenskultur zu schaffen, daß die Mitarbeiter stolz darauf sind, wenn sie für einen Besucher Extrakilometer zurücklegen können."[10]

Die Sachkenntnis ist auch hier relevant. Viele Mitarbeiter haben ein begrenztes Wissen über Produkte oder Dienstleistungen, die ihr Unternehmen verkauft. John Goodman, Präsident von TARP, schätzt, daß etwa ein Drittel aller Reklamationen daraus resultieren, daß die Kunden über die Anwendung eines Produktes nichts wissen. So machen sie es entweder kaputt, oder sie waschen es unsachgemäß oder installieren es so, daß es nicht funktionieren kann. Er fährt fort: „Wenn man dann noch diejenigen dazurechnet, die das Produkt aus einem falschen Grund gekauft haben, oder falsche Vorstellungen darüber haben, was man mit dem Produkt alles anfangen kann, dann steigt die Zahl über das genannte Drittel. (Wie oft haben Sie z. B. etwas in einer Eisenwarenhandlung gekauft und dann festgestellt, daß der Einkauf falsch war, obwohl Ihnen irgendein Verkäufer versichert hatte, es sei genau das Richtige für Sie?!)"[11]

Manchmal handelt es sich auch um ein kompliziertes oder sehr teures Produkt, und der Verkäufer hat so etwas selber noch nie besessen. Denken Sie nur an die Bootsindustrie. Boote der Luxusklasse befinden sich im Besitz einer relativ kleinen Anzahl von Leuten. Kunden berichten, daß die Händler oft kläglich versagen, wenn sie dem neuen Besitzer Auskunft über eventuell auftretende Wartungsprobleme geben sollten. Und das bringt dann den Besitzer in alle möglichen Schwierigkeiten. Der Besitzer eines neuen Bootes beklagte sich, daß er fortwährend Probleme mit der Frischwasserpumpe hatte. Erst nach einiger Zeit und vielem Suchen kam er darauf, daß eine zweite Pumpe unter dem Kabinenbett versteckt war! Der Bootshändler hatte davon keine Ahnung gehabt.[12] Bedenken Sie, wie der Handel prosperieren könnte, wenn man wüßte, daß er über ein kenntnisreiches Verkaufs- und Servicepersonal verfügt. Dann könnte man auch die Kunden dazu bewegen, sich zu melden, wenn Probleme bei ihren Produkten auftreten.

Wie können Unternehmen aus eigener Initiative Kundenbeschwerden entgegenwirken, die sich aus dem begrenzten Wissen des Mitarbeiterstabes ergeben? Wie wäre es, wenn das gesamte medizinische Personal darüber Bescheid wüßte, wie man die Patienten über die beste Pflege während ihres Krankenhausaufenthaltes berät? Wie wäre es, wenn Pagen die Hotelgäste beraten könnten, wie man ein endlos dauerndes Zimmerservice oder lange Schlangen bei der Abmeldung vermeidet? Was, wenn die Verkäufer im Einzelhandel genau wüßten, was das Unternehmen eigentlich verkauft? Wie kann ein Unternehmen festlegen, was die Mitarbeiter in den Vorfeldorganisationen wissen sollten? Das ist ganz einfach. Hören Sie auf die Beschwerden der Kunden. Daraus können Sie jederzeit lernen. Machen Sie die Probleme der Kunden zum Mittelpunkt Ihrer Trainingsprogramme.

Sorgen Sie dafür, daß die Belegschaft für die Erwartungen der Kunden Verständnis aufbringt

Die Mitarbeiter müssen die Erwartungen der Kunden kennen, wenn sie eine Chance haben wollen, deren Bedürfnissen Rechnung zu tragen. Ernst & Young befragte z. B. Kunden in High Tech-, Bank- und Produktionsunternehmen, welches für sie der wichtigste Faktor bei einer Dienstleistung sei. Allem voran stellten sie „den persönlichen Kontakt". Den hielten sie für wichtiger als die schnelle Lieferung von Waren, ihre Funktionstüchtigkeit oder Zweckmäßigkeit. Unter „persönlichem Kontakt" verstanden sie das Engagement des Angestellten, ihnen behilflich zu sein, oder einfach die Tatsache, daß er sich an ihren Namen erinnerte.[13] Genau diese Informationen müssen die Mitarbeiter, die in unmittelbarem Kontakt mit den Kunden stehen, erhalten.

Wenn man davon ausgeht, daß die Untersuchungen von Ernst & Young korrekt sind, dann sollten sich die Unternehmen auch genau überlegen, mit wem sie die Vorfeldorganisationen besetzen. Die Maryland National Bank (MBNA) hat genau das soeben gemacht. Die Filialleiter von MBNA, die ihre Frontlinien-Mitarbeiter überdurchschnittlich lange behalten, stellen niemanden über das zentrale Personalbüro der Bank ein. Sie holen sich die Leute aus der Gegend, in der die Filiale liegt. Und wenn sich Kunden beschweren, so bemühen sich die ortsansässigen Angestellten um ein persönliches Gespräch und verweisen sie nicht an die telefonische Beschwerdestelle. MBNAs Kunden sind die Freunde des Schalterbeamten und der will ihnen helfen.[14] Oft werben Marketingabteilungen für ein besonders günstiges Produkt, machen sich aber nicht die Mühe, die Mitarbeiter darüber zu informieren. Manche Unternehmen starten ihre Programme zur Verbesserung von Dienstleistungen mit Marketing-Kampagnen. Sie stellen riesige Transparente auf, die niemand übersehen kann, und darauf steht dann „Der Kunde ist König". Man hat Erwartungen geweckt, und die Gefahr, Kunden zu enttäuschen, ist dann gegeben, wenn das Verhalten der Belegschaft vom Slogan der Werbekampagne abweicht. Eines von Abraham Lincolns liebsten Rätseln war: „Wie viele Beine hat ein Hund, wenn sie den Schwanz auch als Bein bezeichnen?" Die meisten Zuhörer antworteten darauf: fünf. Lincoln sagte dann: „Nein, er hat noch immer vier Beine. Wenn man auch den Schwanz als Bein bezeichnet, so wird noch lange kein Bein daraus." Wenn man auch behauptet, daß man einen guten Service anbietet, bedeutet das noch lange nicht, daß man es auch wirklich tut.

Unsere Mitautorin betrat die Filiale einer Drogeriehandelskette, die gerade eine Werbekampagne mit dem Slogan „Der Kunde ist König" gestartet hatte. Nachdem sie alles hatte, was sie brauchte, ging sie zur Kasse. Die Frau, die vor ihr stand, war irrtümlich der Meinung gewesen, eines der Produkte sei billiger, als es die Kasse tatsächlich auswies. Also sagte sie zur Kassiererin, daß sie das Produkt zu diesem Preis nicht kaufen wollte. Die Kassiererin konnte aber die Eingabe nicht schnell genug löschen. Deshalb seufzte sie, verdrehte die Augen, rief über die Lautsprecheranlage nach der Filialleiterin und bat sie, zur Kasse zu kommen. Die Filialleiterin erschien nicht. Inzwischen hatte sich eine Schlange von Käufern gebildet, die abgefertigt werden wollten. Die Kassiererin wandte sich erneut zum Lautsprecher, um dieses Mal über den ganzen Laden kundzutun, daß es da eine Kundin gäbe, der ein Artikel zu teuer sei, und daß deshalb die Filialleiterin gebraucht werde. Die Kundin sah inzwischen schon so aus, als würde sie vor lauter Verlegenheit am liebsten in den Boden versinken. Noch immer war keine Filialleiterin zu sehen. Nun war der Punkt erreicht, an dem die Kassiererin anfing, laut zu rufen, dieses Mal ohne Benutzung der Lautsprecheranlage. Es war nur eine Kasse offen, und die Käuferschlange hatte sich beträchtlich verlängert. Die ganze Aufmerksamkeit war nun auf die verlegene Kundin gerichtet, die für jeden hier ein Problem geschaffen hatte. Schließlich kam die Filialleiterin. Ohne einen Blick auf die Kundin zu werfen und ohne ein Wort der Entschuldigung, griff sie in ihre Tasche und zog einen Schlüssel, der an einer Kette befestigt war, heraus. Sie steckte ihn in die Registrierkasse, drückte ein paar Knöpfe und ging sofort wieder weg. Sie hielt es nicht für notwendig, eine andere Kasse zu öffnen, um die wartenden Käufer abzufertigen. Am Eingang des Geschäftes aber hing ein hübsches Transparent, das verkündete: „Der Kunde ist König“.

Binden Sie die Mitarbeiter und das mittlere Management in Ihre Planungen ein

Die Zufriedenheit der Kunden steht in enger Beziehung zur Zufriedenheit des Personals. Die Kunden sehen Ihre Bedürfnisse durch die Qualität der Produkte und die Qualität der Dienstleistung erfüllt. Die Bedürfnisse der Angestellten erfüllt man, indem man ihnen Belohnungen, Anerkennung, die Aussicht auf eine Karriere und die Freude an der Arbeit verfügbar macht. Personalabteilungen tragen viel dazu bei, daß Mitarbeiter in den Unternehmen sich wohlfühlen. Weil dies so ist, werden sie im allgemeinen in Trainingsprogramme und Umstrukturierungsprozesse eingebunden.[15]

Wenn Führungskräfte im mittleren Management, zu deren Aufgaben auch die Rekrutierung von Mitarbeitern gehört, nicht beim Erstellen einer beschwerdefreundlichen Unternehmenskultur eingebunden werden, dann könnte es geschehen, daß sie alle Bemühungen sabotieren. Normalerweise ist es leicht, die Mitarbeiter der vordersten Linie davon zu überzeugen, daß Kunden eine effiziente Behandlung ihrer Beschwerden zu schätzen wissen. Und die Top-Manager sind ebenfalls dieser Ansicht. Am schwierigsten ist es, die Leute im mittleren Management davon zu überzeugen. Der Leadership-Guru Warren Bennis drückt es so aus: „Echte Führungspersönlichkeiten sind Leute, welche richtige Handlungen durchführen. Manager sind Leute, welche Handlungen richtig durchführen. Und das ist der entscheidende Unterschied."[16] Um Handlungen richtig durchzuführen, bedarf es einer gewissen Kontrolle, und das ist Sache des Managements. Um richtige Handlungen durchzuführen, bedarf es einer Orientierung an der Zukunft, es geht um Führungsqualität. Bennis meint ferner: „Führungspersönlichkeiten denken über die Erteilung von Vollmachten nach, nicht über Kontrolle. Und die beste Definition für Vollmacht ist, den Leuten nicht die Verantwortung zu entziehen."

Leute im mittleren Management fühlen sich leicht bedroht, wenn sie ihren Angestellten Vollmachten übertragen, denn was bleibt für sie dann übrig? Warum soll man die Mitarbeiter im Vorfeld Diskussionen mit den Kunden führen und deren Probleme lösen lassen, wenn das bedeutet, daß ein mit Kontrollfunktionen ausgestatteter Manager weniger Kontrolle ausüben kann? Natürlich fühlen sich nicht alle Manager in dieser Weise bedroht, aber es gibt genug. Wir haben folgendes herausgefunden: Wann immer versucht wird, die Unternehmenskultur in irgendeiner Weise zu verändern, ohne dabei das gesamte mittlere Management einzubinden und sich seiner Unterstützung zu versichern, dann ist das Programm zum Scheitern verurteilt. Wir haben ebenso festgestellt, daß die Leute im mittleren Management ihrem eigenen Verhalten gegenüber oft blind sind. Sie sehen sich als die Vorreiter von Veränderungen in einem Unternehmen und alle anderen als Opponenten.

Fragen zur Diskussion

- Welches sind die grundsätzlichen Voraussetzungen für eine Beschwerdekultur in Ihrem Unternehmen? Haben Sie eine klare Vorstellung darüber, wie Ihre Organisation Beschwerden betrachtet?
- Gibt es Fälle, daß Ihre Mitarbeiter unzureichend über die Beschwerdepolitik informiert sind? Wie bringen Sie solche Fälle in Erfahrung?
- Unter welchen Umständen können Mitarbeiter von der Firmenpolitik abweichen? Haben die Mitarbeiter das Gefühl, unterstützt zu werden, wenn Manager Ausnahmen für Kunden machen?
- Wie schnell ist Ihr Unternehmen bei der Erledigung von Kundenbeschwerden? Ist der Mangel an Befugnissen der Grund dafür, daß sich die Bearbeitung von Beschwerden oft verzögert?
- Verfügen die Führungskräfte über die entsprechenden Befähigungen, in einem selbstverantwortlichen, beschwerdefreundlichen Umfeld zu agieren?
- Verfügen die Mitarbeiter über ausreichendes Know-how hinsichtlich der Produkte und Dienstleistungen des Unternehmens? Wissen sie, wie man Beschwerden effektiv behandelt?
- Sorgt Ihre Marketingabteilung immer dafür, daß die Mitarbeiter über Sonderkampagnen informiert sind? Ist jeder im Unternehmen über alle Vorgänge informiert, die Qualität und Kundenservice betreffen?
- Unterstützen die Personalabteilung und das mittlere Management Ihre Bemühungen um eine beschwerdefreundliche Firmenpolitik?

13

Wie man ein beschwerdefreundliches Umfeld für interne Kunden schafft

Die Mitarbeiter, oder wie es heute immer öfter heißt – die internen Kunden –, haben, ebenso wie die zahlenden Kunden, Beschwerden über ihr Unternehmen vorzubringen. Wenn man für die Ursachen dieser Unzufriedenheit keine Lösungen findet und sie mit einer gewissen Regelmäßigkeit auftreten, dann kann das so weit führen, daß die Leute sich zur Wehr setzen, um eine Besserstellung zu bewirken. Beinahe jedes größere Unternehmen trifft heute Sicherheitsvorkehrungen, zum Teil auch als Schutz vor der eigenen Belegschaft. In den USA kommen jährlich fast 100 Fälle von Totschlag am Arbeitsplatz vor.[1]

Viele Unternehmen ziehen ihre Sicherheitskräfte bei, wenn sie Angestellte entlassen. Ein Unternehmen in Silicon Valley in Kalifornien machte Verluste und mußte Mitarbeiter kündigen. Da man Vergeltungsmaßnahmen seitens der Mitarbeiter befürchtete, ließ die Geschäftsleitung einen Probealarm durchführen. Als alle Mitarbeiter draußen waren, wurden heimlich die Türschlösser ausgewechselt und die Parkgenehmigungen für den Firmenparkplatz eingezogen.

Viele Leute betrachten das als ein spezifisch amerikanisches Phänomen. Es stimmt schon, daß die Verfügbarkeit von Feuerwaffen eher in das Bild von Amerika paßt. Aber es gibt auch andere Taktiken, die verärgerte Mitarbeiter anwenden, um es ihren Arbeitgebern heimzuzahlen. Wir wissen von einem Unternehmen in Asien, das eine Consultingfirma gekauft hatte und die Fusion sehr ungeschickt durchführte. Als die neuen Besitzer die Firma übernahmen, mußten sie dann feststellen, daß sämtliche Daten (der gesamte geistige Besitz der Firma) aus den Computern gelöscht worden waren. Das hatten die Mitarbeiter getan, nachdem man sie am Freitag zuvor alle auf einmal gefeuert hatte.

Es handelt sich hier um extreme Fälle, aber wenn jemand wirklich außer sich ist und auch keine Angst vor einer Bestrafung hat, so kann sich ein Unternehmen vor dem Betreffenden schwerlich schützen. In diesem Kapitel befassen wir uns mit der Atmosphäre bei ganz normalen Routineabläufen und den Auswirkungen, die entstehen, wenn die Mitarbeiter keine Gelegenheit erhalten, ihre Ansichten zu äußern oder ihr Mißfallen zum Ausdruck zu bringen. Ebenso wie die externen Kunden sind auch die internen ab und zu unzufrieden. Auch sie bringen dabei wertvolle Ideen vor, die dazu beitragen, das Unternehmen zu besseren Serviceleistungen, Systemveränderungen und einer Steigerung der Produktqualität zu veranlassen. Die Mitarbeiter verfügen jedoch nicht über ein solches Ausmaß von Flexibilität, daß sie jedes Mal, wenn man sie schlecht behandelt, gehen können.

Beschwerdeführende Mitarbeiter überreichen ein Geschenk

Im allgemeinen ist es schwierig, wenn ein Kollege sich über einen anderen beschwert. Sie haben vielleicht das Gefühl, daß sie jemandem zu nahe treten oder in sein Arbeitsgebiet eindringen. Noch schwieriger ist es für die Mitarbeiter, sich bei einem Vorgesetzten über das Verhalten des Managements zu beschweren. Warren Bennis, den wir schon früher zitiert haben, USC Professor und Autor von mehr als einem Dutzend Büchern über Führungsverhalten, ist in seinen Untersuchungen zu folgendem Ergebnis gekommen: 70 Prozent der Leute in den Unternehmen machen den Mund nicht auf, wenn sie glauben, daß ihre Ansicht unkonventionell ist oder nicht der Ansicht ihres Chefs entspricht. Dies gilt auch dann, wenn sie überzeugt sind, daß ihr Chef auf dem falschen Weg ist.[2] Diejenigen aber, die sich beschweren, eröffnen dem Management Probleme, die sonst nie ans Licht kämen.

Fragen Sie bei Alden's nach, einer Ladenkette der Bekleidungsindustrie in New England, ob das Feedback von Angestellten ein Geschenk sei. Man installierte dort für die Angestellten des Unternehmens eine gebührenfreie 24-Stunden-Hotline – Watchline genannt –, damit sie Beschwerden, die im Zusammenhang mit ihrer Arbeit stehen, vorbringen und ebenso Verbesserungsvorschläge machen können.[3] Durch diese Watchline hat man bei Alden's den Angestellten die Möglichkeit gegeben, ihre Beschwerden ungeachtet der Hierarchie vorzubringen. Wenn Mitarbeiter das Gefühl haben, daß sie in ihrer Firma nicht fair behandelt werden, können sie die Watchline benutzen und so dafür sorgen, daß auch die Firmenleitung von ihrem Problem erfährt. Michael Price, Präsident bei Alden's, umreißt das Programm seiner Firma so: „Wenn ein Angestellter das Gefühl hat, daß er von einem Vorgesetzten nicht fair behandelt wird, kann er die übliche Befehlskette umgehen und die Hotline benutzen, um die Firmenleitung über sein Problem zu informieren."[4]

Auch Verbesserungsvorschläge innerhalb des Unternehmens werden über die Watchline registriert. Man hat bei diesem Unternehmen das Gefühl, daß man seit dem Bestehen der Watchline viel mehr Informationen von der Belegschaft erhält. Nebenbei benutzen die Mitarbeiter die Watchline, um Verstöße gegen die Sicherheit zu melden. Seither haben Diebstahlsdelikte innerhalb der Belegschaft abgenommen.

Fragen Sie bei Hal Rosenbluth nach, ob das Feedback von Mitarbeitern ein Geschenk ist: Das Reiseunternehmen Rosenbluth Travel ist inzwischen weltweit führend mit einem jährlichen Umsatz von $ 1,5 Milliarden. Die meisten Leute führen diesen Erfolg auf den CEO Hal Rosenbluth zurück, der sich bei Gesprächen, die er auf Rundgängen führt, sein Feedback holt. Vor einigen Jahren startete er eine Aktion, die er „vertikale Kommunikation" (Vertical interviewing) nennt. Jeder, der Rosenbluth in irgendeiner Form Bericht erstattet, wird mindestens einmal im Jahr zu einem offiziellen Gespräch von ihm eingeladen und aufgefordert, ihm ehrlich seine Meinung über ihn zu sagen. Zunächst, so gibt Rosenbluth zu, waren seine Leute vorsichtig. Sie machten einige in behutsame Worte gekleidete Verbesserungsvorschläge, um dann aber gleich eine Reihe von Komplimenten folgen zu lassen. Seitdem hat er jedes Jahr diese Gespräche geführt, und die konstruktiven Rückmeldungen haben zugenommen. Nun wenden auch die meisten seiner Manager diese Methode bei ihren Mitarbeitern an. Rosenbluth hat ihnen das nicht vorgeschrieben, aber sie sehen ein, daß diese Art von Feedback ihnen selbst auch hilft. Erst kürzlich verlas Rosenbluth bei einer Konferenz, an der alle seine Gesprächspartner teilnahmen, diese Kritiken. Dann sagte er ihnen, was er persönlich für seine Weiterentwicklung zu tun gedenke, und bat sie, ihn beim Wort zu nehmen.[5] Die Fluktuation in der Belegschaft ist bei Rosenbluth Travel so gering, wie es in der unbeständigen Reiseindustrie nur möglich ist – 6 Prozent, verglichen mit den üblichen 45 bis 50 Prozent gemäß der Branchennorm.

Rosenbluth ist überzeugt, daß seine Mitarbeiter glücklicher sind, weil er ihnen zuhört. Wenn die Leute sich bei ihrer Tätigkeit unglücklich fühlen – so glaubt er –, steigen die Unkosten auf Grund des Zeitverlustes, der durch Mitarbeiterprobleme, Sorgen und Streß erfolgt. Rosenbluth wendet ungewöhnliche Methoden an, um herauszufinden, was seine Mitarbeiter denken. Einmal schickte er weißes Zeichenpapier und eine Packung Buntstifte an 100 seiner Teilhaber und forderte sie auf, in einem Bild darzustellen, was das Unternehmen ihnen bedeute. Er bekam 54 Bilder zurück, von denen eins – nach Rosenbluths Worten – „besonders unerfreulich" war.

Das Bild bestand aus zwei Teilen. Teil 1 zeigte eine gemütliche Familienszene unter einem Christbaum mit einem anheimelnden Kaminfeuer und einem spielenden Kind. Darunter stand „Vorher". Teil 2 zeigte dieselbe Szene, aber das Feuer war erloschen, die Familie fror, und das Spielzeug des Kindes war verschwunden. Rosenbluth rief seinen Mitarbeiter an, um mit ihm über das Bild zu sprechen. Er erfuhr, daß es in der betreffenden Abteilung eine Veränderung gegeben hatte. Man hatte einen Bereich aus der Abteilung verlegt, und die Leute wußten nun nicht, wie es für sie weitergehen würde. Sie fürchteten um ihren Job. Rosenbluth gelang es, den Kommunikationsmangel zu beheben, und in der Abteilung kehrte wieder Frieden ein.[6]

Wie viele Unternehmen verlieren gute Mitarbeiter – so, wie sie auch gute Kunden verlieren –, nur weil das Arbeitsklima so unerträglich geworden ist, daß die Leute gehen? Das Modell beschwerdeführender Kunden, das wir Ihnen in Kapitel 3 vorgestellt haben, kann ebenso auf den Mitarbeiterstab übertragen werden (die Passiven, die Kommunikativen, die Zornigen, die Aktivisten). Die Passiven stauen ihre negativen Gefühle so lange auf, bis sie für sie unerträglich werden. Sie sind diejenigen unter den Mitarbeitern, die versuchen, mit einer unangenehmen Situation fertigzuwerden, nichts zu sagen, bis sie eines Tages einfach kündigen. Wenn man sie nach dem Grund für ihre Kündigung fragt, dann suchen sie nach allen möglichen Ausreden, sprechen u. a. von einem höheren Gehaltsangebot, den wahren Grund für ihre Kündigung werden sie aber nicht nennen. Im Unternehmen mag man ihren Ausreden Glauben schenken, aber man wird nie einen Nutzen aus deren Input ziehen können.

Dafür haben wir genügend Beweise in den Unternehmen unserer Klienten gefunden. Immer, wenn wir unser Schulungsprogramm „Putting People First“ eingerichtet haben, wurde die Fluktuation bei den Mitarbeitern rückläufig, oft in geradezu beeindruckender Weise. In diesem Programm schulen wir die Leute darin, wie sie ihren Mitarbeitern, Kollegen und Vorgesetzten auch ein negatives Feedback übermitteln können. Wir glauben, daß nach dem Kurs viele Mitarbeiter beginnen, die Dinge aktiver anzugehen, und nicht erst so lange zu warten, bis sie unerträglich geworden sind.

Die Aktivisten unter den Mitarbeitern sind jene, die überzeugt sind, daß ihre Beschwerde berechtigt ist, und sie dem Unternehmen auch zur Kenntnis bringen. Aber sie sind mit der Reaktion auf die Beschwerde unzufrieden. Sie steigern sich dann hinein, verbreiten negative Geschichten über die Firma, oder sie gehen möglicherweise sogar zu einem Anwalt, um rechtliche Schritte einzuleiten. Es ist durchaus auch möglich, daß sie sich durch einen Sabotageakt an der Firma rächen. Viele Leute, die man des Diebstahls in ihrer Firma überführt hat, begründen das so: „Das war einfach eine Reaktion auf die Art und Weise, wie man mich hier behandelt hat."

Die Zornigen sind jene Mitarbeiter, die sich ihren Vorgesetzten gegenüber nicht äußern, aber innerhalb und außerhalb des Unternehmens Gerüchte verbreiten. Es ist interessant, wenn man während des Mittagessens in der Kantine hört, wie sich die Leute über ihre Arbeit und Kollegen im Verlauf des Vormittags unterhalten! „Hast du das schon gehört über ...?" „Das ist noch gar nichts, warte erst, bis ich dir erzählt habe ..." Und nach einer Stunde derart „motivierender" Unterhaltung sollen die Leute an ihren Schreibtisch zurückkehren und produktiv sein?!

Die Kommunikativen, das sind diejenigen, die wirklich etwas zu sagen haben. Dazu muß man sie aber meistens ermutigen. Diese Mitarbeiter sind loyal und entschlossen, Verantwortung zu tragen. Sie haben das Wohl des Unternehmens und sogar das des ihnen übergeordneten Managements im Auge. Sie sind bereit, schwierige Dinge zu sagen, wenn sie gesagt werden müssen, selbst wenn manche sie lieber nicht hören würden. Genauso wie die Kunden wollen diese Leute mit ihrer Beschwerde die ernsthafte Botschaft vermitteln: „Ich werde mir einen anderen Arbeitsplatz suchen, wenn hier keine Veränderungen stattfinden."

Wenn manche Manager Beschwerden von Angestellten hören, so antworten sie leider oft: „Wenn es Ihnen hier nicht gefällt, dann steht es Ihnen frei, sich nach einem anderen Job umzusehen." Es ist Aufgabe der Manager, Mechanismen in Gang zu setzen, die es ihren Mitarbeitern erlauben, Beschwerden innerhalb des Unternehmens in positiver und konstruktiver Weise vorzubringen, ohne Repressalien fürchten zu müssen. Die Manager würden einen großen Fehler begehen, anzunehmen, daß Mitarbeiter, die das System kritisieren, schwierige Leute sind. Gerade sie sind möglicherweise die nützlichsten und loyalsten Mitarbeiter.

Wie man Mitarbeiterbeschwerden/Mitarbeiter-feedback fördern kann

Wie kann ein Unternehmen seine Mitarbeiter dazu motivieren, sich zu äußern, um dann die konstruktiven Aspekte ihrer Kritik zu überdenken? Es gibt Strukturen – einige davon wurden ausprobiert und haben sich bewährt –, die sich geradezu als Geschenke der internen Kunden erweisen. Diese Strukturen fördern auch eine beschwerdefreundliche Kultur.

➪ *Briefkästen für Vorschläge und Kritik*

Solche Briefkästen sind ausgesprochen naheliegend, und dennoch ist es interessant festzustellen, wie selten sie zweckmäßig oder überhaupt verwendet werden. Manche Mitarbeiter halten so wenig davon, daß sie sie als Abfalleimer benutzen. Oft weiß man überhaupt nicht, wo sie zu finden sind. Das ist etwa so, wie wenn man eine externe Consultingfirma mit einer kostspieligen Unternehmensberatung beauftragt, und keiner weiß, worum es geht. Diese Briefkästen für Vorschläge und Kritik sind Ausdruck eines Systems, nicht einfach Kästen, die an der Wand hängen. Wenn es sich dabei nur um ein recht freies System handelt, bei dem man einfach nur ein paar gute Ideen loswerden kann, dann ist das ein zu geringer Anreiz für die Mitarbeiter, ihre Vorstellungen einzubringen. Einige Schritte sind dazu schon notwendig.

- Die Regeln für die Benutzung des Systems müssen eindeutig sein. Wenn z. B. Probleme aufgelistet werden, so müssen auch Lösungsvorschläge dafür da sein. Anregungen müssen schriftlich erfolgen, die Namen müssen bekannt sein. Ideen könnten in eigenen Boxen gesammelt werden oder online. Wenn jemand in einer Sitzung einen guten Vorschlag macht, so sollten die Manager diesen in das Boxensystem einschleusen, um damit die Benutzung des Systems zu unterstützen.
- Respektieren Sie jeden Vorschlag, auch wenn die „naiven Vorstellungen“ nicht durchgeführt werden. Sprechen Sie aber in

Sitzungen darüber, schreiben Sie darüber in der Firmenzeitung, rufen Sie sich die Ideen von Zeit zu Zeit in Erinnerung.

- Wenn es Belohnungen für Anregungen gibt, dann sorgen Sie dafür, daß sie fair zugeteilt werden. Die gerechte Zuteilung einer Belohnung ist wichtiger als ihr realer Wert. Auch hier bedarf es klarer Richtlinien. Manche Unternehmen zahlen für Anregungen, die dem Unternehmen Geld sparen helfen, Prämien. Manche zahlen nur den freien Mitarbeitern etwas. Andere wiederum zahlen jedem etwas, mit Ausnahme der Geschäftsleitung. Andere sammeln die Namen aller Leute, die Vorschläge gemacht haben, und veranstalten monatlich eine Ziehung, bei der es Preise zu gewinnen gibt, wie z. B. freie Essensbons.
- Ideen müssen rasch umgesetzt werden. Lassen Sie Ihre Mitarbeiter an der Durchführung guter Ideen teilnehmen.
- Ermutigen Sie Ihre Mitarbeiter dazu, Vorschläge zu machen, wie man das „Briefkastensystem" verbessern kann! Beleben Sie das System durch regelmäßiges Ändern der Regeln. Dann bleibt es auch beim Personal immer frisch im Gedächtnis.

➪ *Organisatorische Audits*

So wie die Unternehmen ihre Kunden durch vertrauliche Feedback-Fragebogen befragen, machen es auch einige bei ihren Mitarbeitern. Durch Heranziehung solcher Audits, können dann die Probleme auf der Führungsebene in Arbeitsgruppen behandelt werden. Viele Unternehmen benutzen die Audits als Benchmarking-Methode, bevor sie umfassende Veränderungen in der Firmenpolitik durchführen. Wenn die Audits übersichtlich geordnet werden, kann man im Unternehmen jederzeit erfassen, ob und welche Veränderungen stattgefunden haben. Um den optimalen Nutzen aus solchen Audits zu ziehen, sollte das Management seine Mitarbeiter wiederum über seine Ergebnisse informieren und sie daran teilhaben lassen. Mit dem Input der Mitarbeiter ausgestattet, ist es nun die Aufgabe eines jeden Managers, Strategien zu entwickeln, um die Arbeitsleistung des Mitarbeiters oder der Mitarbeiterin zu erhöhen.

Wenn sich ein Unternehmen für diesen Weg des Feedbacks von seiten der Mitarbeiter entscheidet, dann muß es auch bereit sein, den Leuten zuzuhören. Wir können bezeugen, daß es Führungskräfte gibt, die sich schlicht weigern, solchen Audits Glauben zu schenken. „Wenn es so schlecht aussieht, warum sind wir dann so erfolgreich?" fragen sie. Wir haben auch gehört, wie sie sagten: „Entweder es stimmt irgend etwas bei der Umfrage nicht oder bei der Belegschaft. Ich war immer schon der Ansicht, die sind ein Haufen von Nörglern." Solche Führungskräfte erkennen vielleicht nicht, daß man noch vor gar nicht allzu langer Zeit den Erfolg nur im unmittelbaren Ertrag gemessen hat. Hohe Gewinne haben aber oft auch weniger mit den Führungskräften zu tun als vielmehr mit den aktuellen Marktbedingungen. Die Belegschaft mag erfolgreich sein, aber wenn man ihr ein ermutigendes Umfeld schafft, könnte sie doppelt so erfolgreich sein.

➪ *Die Politik der offenen Tür*

Die „Politik der offenen Tür" läßt sich ganz kurz umreißen als die Bereitschaft seitens der Führungskräfte, allen Mitarbeitern zuzuhören, auch wenn sie den offiziellen Weg über die Hierarchien umgehen. Das muß nicht bedeuten, daß man die Tür für jedermann zu jeder Zeit offenhält. Wenn aber ein Unternehmen diese Politik der offenen Tür betreibt, dann muß es auch die Leute schützen, die davon Gebrauch machen. In dem Augenblick, wo Mitarbeiter erfahren, daß jemand bestraft wurde, weil er die Hierarchie außer acht ließ, werden sie es selbst niemals tun. Ein Amerikaner, der bei Sony in Japan arbeitete, stellte fest, daß sein Chef ihm überhaupt nie zuhörte. So beschloß er, die Politik der offenen Tür, für die Sony berühmt war, zu testen. Eines Abends marschierte er nach der Arbeit in das Büro von Akio Morita – damals oberster Boß bei Sony – und informierte ihn über die bewußten Vorgänge. Morita hörte höflich zu. Am nächsten Morgen wußte jeder, was der Amerikaner getan hatte, und alle waren schockiert. „Wie konnten Sie das nur tun?" fragten sie ihn. Alle waren beleidigt. Bald darauf verließ der Amerikaner Sony. Man hatte schon bald keine Aufgaben mehr für ihn.

Das Gegenteil geschah bei Hewlett Packard (HP). Vor einigen Jahren machte dort das Gerücht die Runde, daß John Young, damals Unternehmensleiter bei HP, die Firma verlassen werde und zwar schon einige Zeit vor seiner eigentlichen Pensionierung. Sogar die Zeitungen berichteten darüber. Ein engagierter junger Ingenieur griff zum Telefon, wählte Youngs Nummer und fragte ihn geradeheraus, was von dem Gerücht zu halten sei. Sofort ließ Young per E-Mail überall im Unternehmen die Nachricht übermitteln, daß dieses Gerücht nicht stimmte, daß niemand je bestraft worden war, weil er eine Frage gestellt hatte. Dieses Gerücht, das für Unruhe bei HP gesorgt hatte, war an die richtige Adresse gelangt und entkräftet worden. Das nennt man eine erfolgreiche Anwendung der Politik der offenen Tür.

Die meisten Manager werden einer solchen Politik zustimmen, solange es sich um die Abteilung eines anderen handelt. Oder sie behaupten vielleicht, daß sie eine solche Politik verfolgen, tragen aber nicht dazu bei, sie voranzutreiben. Den Mitarbeitern, die bereit sind, vom Prinzip der offenen Tür Gebrauch zu machen, muß das Top-Management Beispiele einer erfolgreichen Anwendung dieses Systems vor Augen führen.

➪ *Informations-Hotlines für die Bediensteten*

Solche Hotlines sind manchmal sehr nützlich, wenn größere Veränderungen in einem Unternehmen stattfinden, wie zum Beispiel bei Fusionen. Der Berater und Bestseller-Autor Bill Bridges empfiehlt die Schaffung von Supervisions-Teams für solche Veränderungen, damit sie die Mitarbeiter im Falle von falschen Informationen oder widersprüchlichen Gerüchten aufklären.[7] Wenn die Leute eine Frage haben oder ein Gerücht hören, über das sie sich nicht sicher sind, können sie ein Mitglied dieses Teams kontaktieren. Diese Person wird ihnen die Tatsachen, soweit sie ihr bekannt sind, auseinandersetzen. Eine Hotline entkräftet alle Kommentare, die hinter Ihrem Rücken unter Ihren Mitarbeitern verbreitet werden, und schwächt dadurch deren Schlagkraft.

➪ *Fokusgruppen in der Belegschaft*

Die Unternehmen nennen solche Fokusgruppen auch „Leistungssteigerung-Teams", „Qualitätssicherungsteams" oder auch „Qualitätszirkel". Es handelt sich, vom Standpunkt des Marketing aus, um Fokusgruppen, die nicht aus Kunden, sondern aus Mitarbeitern bestehen. Man kann sie einsetzen, um spezifische Probleme zu lösen oder Rückmeldungen an das Top-Management weiterzuleiten. Manche Gruppen werden nur vorübergehend eingesetzt, andere bestehen permanent. Manche sind dazu da, um sich mit allgemeinen Angelegenheiten in dem Unternehmen zu befassen, andere kann man dafür einsetzen, spezifische Probleme zu lösen. Damit sie erfolgreich arbeiten können, brauchen die Mitglieder zunächst einmal eine Unterweisung im gruppendynamischen Prozeß, an der jeder teilnehmen muß.

Toyota verwendet am Ende jeder Schicht eine halbe Stunde darauf, daß sich die Fließbandarbeiter dazu äußern, was an ihrer Arbeit verbesserungswürdig ist. Bei einer kürzlich durchgeführten jährlichen Zählung stellte sich heraus, daß Toyota über zwei Millionen Verbesserungsvorschläge von Mitarbeitern bekommen hatte, und davon wurden 96 Prozent durchgeführt. Kein Wunder also, daß sich Toyota von einem kaum beachteten Automobilhersteller vor 20 Jahren zu dem bewunderten Giganten von heute entwickelt hat.

Als Toyota und General Motors das Montagewerk Fremont, Kalifornien, im Jahre 1983 wiedereröffneten (jetzt NUMMI genannt), richteten sie Gesprächsgruppen ein, die über die Qualität der Arbeitsbedingungen diskutierten. Im alten GM Montagewerk hatte sich das Management jährlich mit Tausenden von Beschwerden zu beschäftigen. Seit Einführung des neuen Systems hat NUMMI in den 18 Monaten seines Bestehens gerade fünf Beschwerden erhalten. Man kann sagen, daß diese Gesprächsgruppen bei NUMMI „Aktivisten" in „Kommunikative" verwandelt haben. Und das ist ein unschätzbares Geschenk für ein Unternehmen!

➪ *Mitarbeiterbesprechungen*

Wann immer es Mitarbeiterkonferenzen gibt, ist das eine Chance, um Feedback zu sammeln. Die Manager können bei jedem dieser Meetings fragen: „Was haben Sie seit unserem letzten Treffen von den Kunden erfahren? Was funktioniert in den Vorfeldorganisationen nicht? Haben Sie irgendwelche Probleme?“ Wenn Manager diese Fragen über einen langen Zeitraum immer wieder stellen, werden die Mitarbeiter nach Wegen suchen, um die Kunden zufriedenzustellen. Sie werden interne Systeme verändern und sich um eine Verbesserung bei der Kommunikation und bei den Produkten bemühen, sobald sie das Meeting verlassen haben.

➪ *Rundum-Leistungsbeurteilungen*

Wenn solche Leistungsbeurteilungen sich als gute Idee für die Mitarbeiter erweisen, dann sind sie wahrscheinlich auch eine gute Idee für die Manager. In manchen Unternehmen geschieht das ganz zwanglos, indem die Manager ihre Mitarbeiter fragen: „Wie kann ich Sie in meiner Eigenschaft als Manager besser unterstützen?“ Andere Unternehmen beschäftigen Berater, die anonyme Umfragen unter den Mitarbeitern durchführen, aus denen dann deren Meinung über die Arbeitsweise des Managements abgeleitet werden kann. Eine zunehmend beliebte Technik ist die sogenannte 360-Grad-Leistungsbeurteilung, wo jeder von jedem beurteilt wird: von Kollegen, Chefs, Untergebenen, möglicherweise auch von Kunden und Lieferanten. In dem Maße, wie die Unternehmen den Vorfeldorganisationen immer mehr Befugnisse übertragen, werden solche Rundumleistungsbeurteilungen zur Norm werden.

Die Unternehmen müssen aber sorgfältig darauf achten, daß diese Bewertungssysteme keine Klone produzieren. Um den Unternehmensleiter von General Electric, Jack Welch, zu zitieren: „Wir wollen nicht so lange an jedem und allem herumschleifen, bis alles rund und glatt ist.“[8] Es soll nicht das Ziel sein, alles zu nivellieren, sondern wir wollen entdecken, ob bestimmte Verhaltensweisen Störfaktoren sind auf dem Weg zu höheren Zielen.

➪ *Ombudsmann-Programme*

Das ist ein formales, vertrauliches Vermittlungssystem, um Beschwerden von Mitarbeitern zu beurteilen. Viele Unternehmen sind zu der Erkenntnis gekommen, daß die Geschäftsleitung eine solche Art der Beschwerdeführung dringend nötig hat. Ombudsmann-Programme weisen fünf charakteristische Merkmale auf:

1. Unterstützung der Geschäftsleitung,
2. absolute Vertraulichkeit,
3. Zugang zum Unternehmensleiter, dem Aufsichtsrat und dem Top-Management,
4. erfahrener Stab, der beratend tätig ist, und
5. Leute, die eher vermittelnd tätig sind und selbst wenige Entscheidungen treffen.[9]

Die Canadian Imperial Bank of Commerce fand heraus, daß das Aufspüren von internen Beschwerden mit Hilfe des Ombudsmann-Programmes es ermöglichte, auf bisher unbemerkte Probleme zwischen den einzelnen Abteilungen zu stoßen. McDonald's verwendet den Ombudsmann dazu, sich mit Verfahrens- und Franchiseangelegenheiten zu befassen, mit Angelegenheiten, die die Fairneß auf regionaler Ebene betreffen und mit Beschwerden von Mitarbeitern.[10] Die Bank of America hat einen Stab von 21 Mitarbeitern, die an einem „Let's Talk"-Programm arbeiten, was soviel heißt wie „Laßt uns darüber reden". Das klingt nach einer großen Gruppe, aber es bedeutet lediglich, daß auf 4000 Bankangestellte ein Mitarbeiter dieses Programms kommt. Ein gutes Ombudsmann-Programm kann als Frühwarnsystem für ernsthafte Belegschaftsprobleme dienen, die, wenn man ihnen nicht entgegentritt, ein Unternehmen ruinieren können.

Fragen zur Diskussion

- Ist man in Ihrem Unternehmen bereit, sich Beschwerden von Mitarbeitern anzuhören?
- Kennen Sie die wahren Beweggründe, warum Mitarbeiter Ihr Unternehmen verlassen?
- Welche Systeme halten Sie bereit, um Mitarbeiter zu Beschwerden zu ermutigen?

14

Wie man eine beschwerdefreundliche Organisation verwirklicht

Ideen sind der erste Schritt, und sie sind der einfachere Teil. Die Durchführung ist es, die die Dinge erst ins Rollen bringt. Unternehmen, die Beschwerden sowohl von Kunden als auch von Mitarbeitern zu einem Bestandteil ihres Erfolgskonzeptes machen wollen, müssen viel Zeit aufwenden, um sich auf Details oder Strategien der Durchführung zu konzentrieren. Einige der Schritte, die nachfolgend angeführt sind, können in Ihrem Unternehmen vielleicht schon eingesetzt werden. Ob man andere einsetzt, hängt von den Bedürfnissen in Ihrem Unternehmen ab. Sicherlich muß man die Unternehmenskultur, die gegenwärtige Situation und die bestehenden Erfordernisse in Erwägung ziehen, wenn man unternehmensweit eine wirksame Beschwerdepolitik ins Auge faßt.

Wenn Sie einmal begonnen haben, dann machen Sie auch weiter

Wie immer man sich in Ihrem Unternehmen zur Durchführung einer besseren Beschwerdepolitik entscheidet – man sollte einen Fehler vermeiden: anfangen und dann wieder aufhören. Wenn ein funktionierendes Programm für das Beschwerden-Handling eingeführt und dann abgebrochen wird, weil der Marktanteil sinkt oder die Gewinne zurückgehen, werden die Mitarbeiter daraus schließen, daß ihr Unternehmen nicht ernsthaft daran interessiert ist, in Kundenbeschwerden ein Mittel zur Umsatzsteigerung zu sehen. Man wird dann in einer effizienten Beschwerdepolitik nur eine Strategie des Unternehmens vermuten, die angewendet wird, solange die Geschäfte gutgehen, aber nicht als eine unumstößliche Methode zur Aufbereitung des Marktes.

Um es noch einmal zu sagen: Wenn man den Ansatz nur als periodisch auftretende Notlösung betrachtet, dann werden die Mitarbeiter zu der Auffassung gelangen. „Was ist denn neu daran? Warten wir noch etwas, und das Ganze ist bald wieder vorbei." Viele Unternehmen starten Qualitätssicherungsprogramme, nur um sie dann wieder abzubrechen, wenn sich plötzlich neue Erfordernisse ergeben. Wenn man die Zufriedenstellung der Kunden nicht als das Kernanliegen seiner Geschäftstätigkeit sieht, die ja der Grund für den Bestand eines Unternehmens ist, dann werden die Mitarbeiter die Handhabung von Beschwerden nie richtig in den Griff bekommen.

Bei unserer Arbeit mit Dutzenden von Unternehmen haben wir die Erfahrung gemacht, daß die erfolgreichen von ihnen diesen Prozeß nicht als einen Einzelschritt betrachten, sondern vielmehr als eingebettet in die Gesamtabläufe des Unternehmens. Diese Unternehmen wissen auch, daß weder ein einzelnes Seminar noch Slogans an Wänden oder auf Kaffeebechern oder auch eine entsprechende Anweisung durch den Unternehmensleiters zu echten Ergebnissen führt. John Rock, Direktor der Oldsmobile-Fachgruppe bei General Motors, drückt aus, was wir auch empfinden, wenn er beschreibt, was häufig bei solchen Zielsetzungen schiefgeht. „Ein paar Typen ziehen die Mäntel aus, binden die Krawatten ab und verbringen drei Tage in einem Motel, um einen Haufen Mist auf ein Stück Papier zu schreiben. Anschließend kehren sie an ihren Arbeitsplatz zurück, als wäre nichts gewesen."

Veränderungen in der Unternehmenskultur oder Qualitätssteigerungen bestehen in der Regel aus Dutzenden von kleineren Projekten, die von Dutzenden von Teams quer durch das ganze Unternehmen in Angriff genommen werden. Die Führungskräfte müssen die

Richtung bestimmen, die Geldmittel zur Verfügung stellen, die Motivation wecken, um alle diese Aktivitäten in Gang zu setzen.

Wenn man sich auf die Beschwerdepolitik konzentriert, bedeutet das, daß man von einer ausschließlich auf Produkte, auf Dienstleistungen, Finanzen und Administration ausgerichteten Sicht abrückt und die Mitarbeiter dazu bringt, den Kunden in den Mittelpunkt zu stellen. Was ist für den Kunden wichtig? Wie kann das Unternehmen die Ansprüche der Kunden erfüllen? Was wollen die Kunden? Und was geschieht, wenn man die Wünsche der Kunden nicht erfüllen kann? Gibt es einen Weg, mehr Informationen von den Kunden zu erhalten, um die Unternehmenspolitik an diese fortwährend anzupassen und bessere Ergebnisse zu erzielen?

Sieben Schritte für die Durchführung

Eine beschwerdefreundliche Politik in einem Unternehmen einzuführen läßt sich nicht über Nacht bewerkstelligen. Das kann sich mitunter als so schwierig erweisen, daß man zunächst einmal die inneren Strukturen auf Vordermann bringen muß. Unternehmen, die ein Programm durchziehen, bei dem es darum geht, Spitzenqualität zu erreichen, betrachten den Umgang mit Beschwerden als einen Teil dieser Bemühungen. Klienten, die wir beraten haben, fragen uns, was nach ihrem Total-Quality-Management-Programm zu kommen hat. Der nächste Schritt könnte eine beschwerdefreundliche Politik sein. Jene Leser, die an einem TQM-Programm teilgenommen haben, werden bemerken, daß die unten aufgeführten Schritte denen ähnlich sind, die man auch bei einem Qualitätssteigerungsprogramm anwendet.

1. Treffen Sie rechtzeitig Ihre Vorbereitungen.
2. Sichern Sie sich die Unterstützung der Geschäftsleitung.
3. Entwerfen Sie eine Beschwerdepolitik.
4. Bearbeiten Sie Beschwerden auf Teambasis.
5. Schulen Sie Ihre Mitarbeiter.
6. Stellen Sie ein Set geeigneter Instrumente zusammen.
7. Sorgen Sie dafür, daß die Motivation wachbleibt.

Wir haben diese Schritte ganz bewußt in einem aktiven Modus abgefaßt, um auf ein aktives Unternehmen hinzuweisen, das sich auf dem Weg befindet, ein beschwerdefreundliches Unternehmen zu werden.

1. Treffen Sie rechtzeitig Ihre Vorbereitungen

Das Unternehmen bildet ein Team zur Implementierung des Systems. Es setzt sich aus Mitarbeitern des Top-Managements und der verschiedenen Abteilungen zusammen. Da dieses Team aus wichtigen Leuten besteht, sollte man bei der Auswahl der Teilnehmer sorgfältig vorgehen. Es sollte sich dabei um Leute handeln, die über echte Führungsqualitäten verfügen, beliebt sind und die in der positiven Einstellung zu Beschwerden eine wirksame Strategie sehen, um zu besseren Geschäftsergebnissen zu kommen. Dieses Implementierungsteam bereitet einen Aktionsplan vor, der einige der folgenden Vorbereitungsschritte enthält:

- Die interne Untersuchung von Umfrageberichten über Kundendienst und die Kundenzufriedenheit. Wo steht unser Unternehmen zur Zeit? Wie viele Kunden verlieren wir, und warum? Die Antworten auf diese elementaren Fragen bilden die Grundlage bei der Vorbereitung von Veränderungen.
- Man führt ein Audit durch, um die gegenwärtige Beschwerdepolitik besser zu durchschauen. Wir führen nachfolgend einige der Fragen auf, die man bei einer solchen Befragung stellen könnte:

  Wie stehen unsere Mitarbeiter grundsätzlich zu Beschwerden?

  Wie ermutigen wir Kunden zu Beschwerden?

  Haben unsere Kunden das Gefühl, daß ihre Beschwerden willkommen sind und leicht vorzubringen?

  Wie gut bearbeiten unsere Mitarbeiter Beschwerden?

  Sind unsere Schulungsprogramme so, daß sie eine hochentwickelte Beschwerdepolitik zulassen?

  Welche Vollmachten besitzen unsere Mitarbeiter bei der Bearbeitung von Beschwerden?

Sind wir bereit, Änderungen durchzuführen, wenn sich der Kunde beschwert hat?

Belohnen wir ein positives Beschwerden-Handling?

Unterstützt unsere Kundendienstpolitik und unser Kundendienstsystem eine wirksame Bearbeitung von Beschwerden?

Was wissen wir über unsere Kunden?

Wie gehen wir mit firmeninternen Beschwerden um?

– Das Beschwerdeprogramm wird intern lanciert. Der Mitarbeiterstab muß sich bewußt sein, daß es notwendig ist, Verbesserungen in der Behandlung von Kundenbeschwerden vorzunehmen.

– Man entscheidet, welche Beschwerdemaßstäbe man anwendet. Nachdem man die ermittelten Daten analysiert hat, beginnt das Implementierungsteam, Problembereiche zu identifizieren, die rasch in Ordnung gebracht werden können, und andere, die eine längerfristige Bearbeitung erfordern. (Ein Einzelhändler möchte zum Beispiel etwas über den Warenrücklauf in Erfahrung bringen: Warum, wann und wie oft wurde die Ware zurückgegeben? Ein Unternehmen für Gartengestaltung will einzelne Varianten von Beschwerden untersuchen: Wie oft, wo und warum? Ein Krankenhaus könnte Beschwerden über den Pflegeservice mit Beschwerden über die Interaktion vergleichen wollen. Ein Hotel könnte Beschwerden aus verschiedenen Abteilungen untersuchen oder die Beschwerden von Dauergästen denen von Kurzzeitgästen gegenüberstellen wollen.) Das Implementierungsteam führt ein Brainstorming über alle meßbaren Beschwerden aus und einigt sich auf fünf oder sechs Parameter, auf die es sich konzentriert.

2. Sichern Sie sich die Unterstützung der Geschäftsleitung

– Die Unternehmensführung leitet den Implementierungsprozeß, indem es dem Team seine Unterstützung garantiert.

- Manager der mittleren Ebene und Vorgesetzte in den Vorfeldorganisationen bekennen sich ebenfalls zu dem Programm. Denn sie sind diejenigen, die die Vollmachten in die vordersten Linien des Unternehmens weiterleiten. Sie sind es in erster Linie, die sich des Programms bedienen und nach ihrem beschwerdefreundlichen Verhalten beurteilt werden.
- Das Top-Management sendet entsprechende Signale der Unterstützung (Lob und vorbildliches Verhalten) an das mittlere Management und die Leiter der Vorfeldorganisationen, damit diese wiederum ihre Leute mit mehr Vollmachten ausstatten. Wenn die Manager der mittleren Ebene und die Leiter der Vorfeldorganisationen befürchten müssen, daß man sie wegen irgendwelcher Fehler, die bei einer effizienten Bearbeitung von Beschwerden auftreten können, tadelt, dann werden sie auch ihren Mitarbeitern keine Vollmacht übertragen.
- Das Team richtet seine Aufmerksamkeit zu Beginn der Durchführung seines Programms auf Erfolge. Das geschieht, indem man sich auf einen Bereich im Unternehmen konzentriert, von dem man weiß, daß zwischen Belegschaft und Kunden gute Beziehungen bestehen. Eine kleine Gruppe aus der Belegschaft richtet eine Beschwerdestelle ein. Man unterstützt diese Gruppe, indem man ihr Kategorien für die Einordnung von Beschwerden bekanntgibt. Nun beginnt das Team, die Erfolge der Gruppe nachhaltig publik zu machen. Dazu gehören Anerkennungsschreiben von Kunden, denen geholfen wurde, beispielhafte Geschichten über die Rückgewinnung ehemaliger Kunden und verbesserte Beschwerde-Daten. Führen Sie die Erfolgsgruppe überall im Unternehmen herum und lassen Sie sie über ihre Erfolge berichten.

3. *Entwerfen Sie eine Beschwerdepolitik*

- Wenn in Ihrem Unternehmen keine offizielle Beschwerdepolitik gepflogen wird, dann sollte das Team eine festlegen. Man kann sich ja dabei einer Abwandlung der Politik von TMI bedienen, wie wir sie in Kapitel 11 vorgelegt haben. Das Team nimmt Anpassungen an diese Politik dergestalt an, daß man den beschwerdefreundlichen Aspekt besonders betont.

– Das Team wandelt Praktiken im Unternehmen so weit ab, daß Beschwerden eher gefördert werden. Das muß sich zu einem dauerhaften Prozeß entwickeln: beschwerdeführende Kunden helfen Ihnen dabei, zu entdecken, welche Systeme nicht kundengerecht funktionieren.

4. *Bearbeiten Sie Beschwerden auf Teamebene*

– Teams oder Abteilungen stellen Listen zusammen, in denen die häufigsten Beschwerden erfaßt sind, die ihnen unterkommen, und übergeben sie dem Implementierungsteam zur Analysierung.

– Nun versucht das Implementierungsteam, durch eine gründliche Analyse der vorgelegten Daten die Ursachen für die Probleme innerhalb der Abteilungen und auch zwischen einzelnen Abteilungen, die man dort nicht so leicht entdecken kann, herauszufinden.

– Das Implementierungsteam bereitet Aktionspläne vor, die die Kunden zu Beschwerden ermutigen sollen, es beseitigt Hindernisse, die Beschwerden mühsam machen, es schafft die Voraussetzungen dafür, daß die Kunden das Gefühl haben, daß ihre Beschwerden positiv aufgenommen werden. Und schließlich sorgt es dafür, daß Beschwerden prompt und kompetent bearbeitet werden. Es ist wichtig, daß alle kleineren Teams und Abteilungen eine beschwerdefreundliche Politik nachhaltig und engagiert unterstützen. Darauf muß das Implementierungsteam sein ganzes Augenmerk richten.

– Man muß die Belegschaft darin schulen, wie sie mit Beschwerden umgeht. Innerhalb des Teams und mit Unterstützung des

Top-Managements arbeitet man alle Details aus, die eine Übertragung von Vollmachten betreffen.

- Informieren Sie neue Mitarbeiter genau über diese Vorgehensweise in Ihrem Unternehmen.
- Die Behandlung von Beschwerden wird ständig überwacht. Man führt Korrekturen und Anpassungen sofort durch und informiert im gesamten Unternehmen darüber.

5. *Schulen Sie Ihre Mitarbeiter*

- Im gesamten Unternehmen werden Schulungen für eine wirkungsvolle Behandlung von Beschwerden durchgeführt. Manche Mitarbeiter werden Seminare besuchen, während man andere auf andere Weise trainiert. Das Seminar „Die Kundenbeschwerden als Geschenke" sollte die Teilnehmer dazu ermutigen, in einer Beschwerde wirklich ein Geschenk zu sehen, und sie in ihrer persönlichen und beruflichen Entwicklung zu unterstützen. Spezifische Methoden, um Beschwerden zu bearbeiten, wie das Geschenk-Konzept, werden in dem Seminar erläutert. Die Struktur eines Trainingsprogramms könnte auf den einzelnen Abschnitten dieses Buches aufgebaut sein: das Bewußtsein, daß die Beschwerde eine Rettungsleine zum Kunden ist, die Aneignung einer beschwerdefreundlichen Terminologie und das Verhalten in einem Unternehmen, das diese beschwerdefreundliche Politik vertritt. Die Schulungen darf man nicht dem Zufall überlassen. Obwohl die Mitarbeiter in alltäglichen Situationen durchaus verständnisvoll und kompetent sein mögen, brauchen sie in besonders schwierigen Situationen Betreuung.
- Die Mitarbeiter erhalten nach dem Seminar schriftliche Unterlagen, auf die sie immer wieder zurückgreifen können.
- Die Arbeitgeber bereiten einen Aktionsplan vor, aus dem ersichtlich ist, was sie zu tun beabsichtigen, um die Bearbeitung

von Beschwerden effizienter zu gestalten. Manager und Vorgesetzte behandeln die einzelnen Punkte dieses Plans in ihren Besprechungen mit Belegschaftsmitgliedern.

6. *Stellen Sie ein Set geeigneter Instrumente zusammen*

– Man entwickelt ein Instrumentarium für „Beschwerden“, das aus folgenden Hilfsmitteln besteht:
  - eine Checkliste für die wirksame Bearbeitung von Beschwerden,
  - Verfahren, um die Kundenzufriedenheit zu überwachen,
  - Vorschläge, wie es Mitarbeiter den Kunden erleichtern können, Beschwerden vorzubringen,
  - Vorschläge, wie Mitarbeiter Beschwerden immer im Auge behalten, und
  - Vorschläge, wie die Mitarbeiter Beschwerden in einen umfassenden Qualitätssteigerungsprozeß integrieren.

7. *Sorgen Sie dafür, daß die Motivation wachbleibt*

– Diskutieren Sie Kundenbeschwerden regelmäßig bei hausinternen Besprechungen. Das Implementierungsteam schickt regelmäßig Zeitungsausschnitte und andere relevante Literatur an die Manager, so daß sie in ihren Besprechungen darauf zurückgreifen können.

– Analysieren Sie die Statistiken über den Kundenstand und verteilen Sie diese unter allen Mitarbeitern.

– Das Implementierungsteam koordiniert den regelmäßigen Austausch von Checklisten und weiteren Maßnahmen zwischen den einzelnen Abteilungen.

– Lassen Sie auch andere an Ihren Erfolgen teilhaben. Veröffentlichen Sie die Ergebnisse in den Firmenzeitungen, an Anschlagtafeln oder in Rundschreiben.

- Belohnen Sie eine erfolgreiche Bearbeitung von Beschwerden, indem Sie solche Fälle bei Besprechungen besonders erwähnen oder in Publikationen des Unternehmens zusammenfassen. Zahlen Sie einen Bonus für die wirksame Bearbeitung von Beschwerden – aber machen sie diesen Bonus nicht abhängig von einer reduzierten Anzahl von Beschwerden!
- Binden Sie das Management unübersehbar in diesen Prozeß, der die Zufriedenstellung der Kunden gewährleisten soll, ein.
- Sorgen Sie dafür, daß alle diese Abläufe auch bei internen Beschwerden zur Anwendung kommen. Jeder hat die Chance, den Geschäftsgang zu verbessern, indem er auf Qualität innerhalb des Unternehmens besteht.

Viel Glück! Und geben Sie uns Ihr Feedback (oder auch Ihre Beschwerden) zu diesem Buch bekannt. Wir wünschen Ihnen viel Erfolg bei der Realisierung all dieser Vorschläge.

Bitte schreiben Sie an:

JANELLE BARLOW
bei TMI, N. A.
48 Saint Francis Lane
San Rafael, California 94901
(800) 541-3800 (nur in den USA gebührenfrei)
JBarlow@eWorld.com
(415) 957-1133 oder Fax (415) 882-4960

oder

CLAUS MØLLER
bei TMI A/S
Huginsvej 8
DK-3400 Hillerød
Denmark
(45) 42 26 26 88 oder Fax (45) 42 26 44 49

Anmerkungen

Kapitel 1:
Die „Beschwerde-ist-gleich-Geschenk"-Philosophie

1. Mehr über Kundenzuordnung (customer attribution) siehe Bernard Weiner, „‚Spontaneous' Casual Thinking", Psychological Bulletin 97 (1985), S. 74–84; Valerie S. Folkes, „Consumer Reactions to Product Failure: An Attributional Approach", Journal of Consumer Research 10 (March 1984), S. 398–409; Valerie S. Folkes „Recent Attribution Research in Consumer Behavior: A Review and New Directions", Journal of Consumer Research 14 (March 1988) S. 548–65; und S. Krishnan und Valerie A. Valle, „Dissatisfaction Attributions and Consumer Compliant Behavior", in William L. Wilkie, ed., Advances in Consumer Research (Miami, Assn for Consumer Research, 1979), S. 445–449.
2. David Webb, „The Point Is to Keep the Customer from Becoming Unhappy", Eletronic Business 18, Nr. 13 (October 1992), S. 115–116.
3. Matt Barthel, „Bank Worker Gets Kudos for Cracking ATM Scam", American Banker 158, Nr. 204 (October 25, 1993), S. 24.
4. „Wayne-Dalton: Package Design Preserves Quality", Professional Builder and Remodeler 58, Nr. 8 (August 1993), S. 72–73.
5. Michael S. Luehlfing, „Driving Out Inefficiency", Management Accounting 74, Nr. 9 (March 1993), S. 33–36.
6. Norman C. Reimich, Jr., „Damage Reduced While Output Gains by 45%", Appliance Manufacturer 41, Nr. 6 (June 1993), S. 58–59.

7. Robert Marks, „Putting It All Together: RTA Manufacturers Build Value by Updating Assembly Processes“, HFD-The Weekly Home Furnishings Newspaper 67, Nr. 16 (April 1993), S. 21–22.
8. Day gibt in seiner Forschungsarbeit an, daß die Zahl der chronischen Beschwerdeführer sehr gering ist. Ralph L. Day, Klaus Grabicke, Thomas Schaetzle, und Fritz Staubach, „The Hidden Agenda of Consumer Complaining, „Journal of Retailing 57, Nr. 3 (Herbst 1981), S. 86–106.
9. Marcia Macleod, „Never Say Sorry“, Airline Business (April 1994), S. 48–50.

Kapitel 2:
Der größte Nutzen in der Marktforschung

1. „Get the Dope from the Customer“, American Salesman (August 1990), S. 22.
2. Sharyn Hunt und Ernest F. Cooke, „It's Basic but Necessary: Listen to the Customer“, Marketing News (March 5, 1990), S. 22.
3. Murray Raphael, „Bring Them Back Alive“, Direct Marketing 53, Nr. 1 (May 1990), S. 51.
4. Jackie Sloane, „Seeking Satisfaction: Marine Customers Left Wanting“, Boating Industry 57, Nr.10 (October 1994), S. 42–47.
5. Für eine umfassende Schilderung zu General Tires Kundenorientierung siehe David W. Trella, „Cut Costs, Improve Service: A New Transportation Management System Nets Big Benefits for General Tire“, Transportation & Distribution 35, Nr. 11 (November 1994), S. 78–81.
6. „Customers Air Their Dissatisfaction“, Interviews by Marine Matrix Boating Industry 57, Nr. 10 (October 1994), S. 46.
7. Ibid., S. 47.
8. Neil Ross, „Marina Profits: Use Your ‚Head‘“, Boating Industry 57, Nr. 6 (June 1994), S. 30–32.
9. Priscilla A. LaBarbera und David Mazursky, „A Longitudinal Assessment of Consumer Satisfaction/Dissatisfaction: The Dynamic Aspect of the Cognitive Process“, Journal of Marketing Research 20 (November 1983), S. 393–404.
10. Rahul Jacob, „Why Some Customers are More Equal Than Others“, Fortune (September 19, 1994), S. 216.
11. La Barbera und Mazursky, „A Longitudinal Assessment“, S. 393–404.

12. IBM stellt fest, 95 Prozent würden der Firma eine Chance geben, wenn die Probleme zur Zufriedenheit gelöst worden sind. Zitiert in Christopher W. L. Hart, Extraordinary Guarantees (New York, Amacom, 1993), S. 21.
13. Corbett L. Ourso, „Keep Customers Coming Back", Drug Topics 138, Nr. 21 (November 7, 1994), S. 14–16.
14. John Tschohl, „Do Yourself a Favor: Gripe About Bad Service", American Salesman 39, Nr. 6 (June 1994), S. 4.
15. Joseph P. Cavaness und G. H. Manoochehri, „Building Quality into Services", SAM Advanced Management Journal 58, Nr. 1 (Winter 1993), S. 4–10.
16. Als Ergebnis dieser Zahlen reduzierten einige Banken ihre Tarife und Grundgebühren für ihre Langzeitkunden, damit sie für noch längere Zeit gehalten werden können. Penny Lunt, „Don't Let Your Cardholders Go", ABA Banking Journal 84, Nr. 8 (August 1992), S. 70–73.
17. Jaclyn Fierman, „The Death and Rebirth of the Salesman", Fortune (July 25, 1994), S. 82. Die Menge „fünfmal so viel an neue Kunden verkaufen" ist zitiert in Frank Uller, „Follow-Up Surveys Assess Customer Satisfaction", Marketing News 23, Nr. 14 (January 1, 1989), S. 16.
18. Chris Lee, „1-800 Training", Training: The Magazine of Human Resources Development (August 1990), S. 39.
19. Das Beispiel ist zitiert in Ronald A. Nykiel, You Can't Lose if the Customer Wins, (Stamford, Conn., Longmeadow Press, 1990), S. 28–29.
20. Das Beispiel stammt von Edgar Schein, Organizational Culture and Leadership, 2nd Edition (San Francisco, Jossey-Bass Publishers, 1992), S. 285–287.
21. Bernice Kanner, „Seams Like Old Times: A Clothier Brings Back Quality", New Yorker 27, Nr. 1 (January 3, 1994), S. 14.
22. „Will the Public Buy SP's Quality Plan?" Chilton's Distribution 92, Nr. 10 (October 1993), S. 20.
23. Charles D. Miller, „Seeking the Service Grail", Financial Executive 9, Nr. 4 (July–August 1993), S. 24.
24. David Webb, „Tough Talk, Not Praise, Makes Motorola Quality Meetings Work", Electronic Business 18, Nr. 13 (October 1992), S. 121–122.

25. Linda Deckard, „IAAPA Panel: The Pros and Cons of Franchises at Amusement Parks", Amusement Business 105, Nr. 50 (December 13, 1993), S. 15.
26. Katherine Morrall, „Service Quality: The Ultimate Differentiator", Bank Marketing 26, Nr. 10 (October 1994), S. 35.
27. Eine Firma kann eine größere Bandbreite an Feedback erlangen, wenn sie von sich aus Kundeninterviews oder Kundenumfragen – besonders bei früheren Kunden – durchführt. Die Kontokorrentkunden der First Chicago Bank werden sich nicht sehr wohl fühlen, wenn sie der Bank mitteilen, sie haben das Gefühl, als Kunde nicht geschätzt zu werden, da es für sie eher beschämend wäre, darüber zu reden. Befragungen erfassen nicht die subtileren Reaktionen der Kunden. Forschungsarbeiten zeigen, daß nur die sehr unzufriedenen Kunden auf Befragungen reagieren. Wenn Sie die negativen Kundenreaktionen in einer Skala von „unzufrieden" bis zu „sehr unzufrieden" beobachten, kommt diese Forschungsarbeit zu dem Schluß, daß Befragungen nur die sehr unzufriedenen Kunden am Ende der Skala erfassen, währenddessen alle (oder fast alle) unzufriedenen Kunden nicht erfaßt werden. Wenn eine Firma akkurate Ergebnisse über Kundenfeedback wünscht, versagen herkömmliche Methoden. Unter anderem siehe: Alan Andreason, „A Taxonomy of Customer Satisfaction/Dissatisfaction Measures", Journal of Consumer Affairs 11 (Winter 1977), S. 11–24.
28. Tom Hayes, „Using Customer Satisfaction Research to Get Closer to the Customers", Marketing News 27, Nr. 1 (January 4, 1993), S. 22–24.
29. Ron Zemke und Chip Bell, „Information Access", Training: The Magazine of Human Resources Development (July 1990), S. 42.
30. Gerald D. Stephens, „Please, No More Complaints", Best's Review, Property-Casualty Insurance Edition (January 1991), S. 61.
31. Ibid.
32. Andrew Pierce und Tom Thodes, „Finger-Pointers Swap Blame for Debacle of QE2 Cruise", San Francisco Examiner (December 24, 1994), A3.
33. Für eine spezifische Studie dieser Kategorie siehe Marsha L. Richins, „Negative Word-of-Mouth by Dissatisfied Customers: A Pilot Study", Journal of Marketing 47 (Winter 1983), S. 68–78.
34. Siehe Jerry R. Wilson, Word-of-Mouth Marketing (New York, John Wiley & Sons, Inc., 1994), Section I.

Kapitel 3:
Wie unzufriedene Kunden sprechen, handeln, und was sie erwarten

1. Technical Assistance Research Programs, Inc. (TARP), Consumer Complaint-Handling in America: Final Report, White House Office of Consumer Affairs, 1980.
2. Aufgelistet in Alan R. Andreasen, „Consumer Compliants and Redress: What We Know and What We Don't Know", The Frontier of Research in the Consumer Interest, ed. E. Scott Maynes, et al., (Columbia, Mo., American Council on Consumer Interests, 1988), S. 708.
3. Ibid.
4. Alan R. Andreasen und Arthur Best, „Consumers Complain, Does Business Respond?" Harvard Business Review (July–August 1977), S. 98–100.
5. Siehe Ron Ruggless, „Taking a Trip Down Foodservice's Information Highway", Nation's Restaurant News 28, Nr. 23 (June 6, 1994), S. 11–12.
6. Panasonic wurde hier genannt, da dieser Name über das Internet publiziert wurde.
7. Zusammenstellung aus drei Briefen an CompuServe, January 31, 1995.
8. Eric Lundquist, „Take a Lesson from Intel: Listen to Internet Gripes", PC Week 11, Nr. 50 (December 19, 1994), S. 55.
9. Harper's Magazine, March 1986, S. 77.
10. Chris Lee, „1-800 Training", Training: The Magazine of Human Resources Development (August 1990), S. 39.
11. TARP, Consumer Complaint-Handling in America.
12. Kursivsetzung durch Autoren. Zitiert nach Jeff Wenstein, „Delivering What You Promise", Restaurants & Institutions 103, Nr. 2 (January 15, 1993), S. 113–114.
13. Jagdip Singh, „A Typology of Consumer Dissatisfaction Response Styles", Journal of Retailing 66, Nr. 1 (Spring 1990), S. 57–99.
14. Beth Kobliner, „How to Complain on the Road", Money Magazine 21, Nr. 12 (December 1992), S. 169–170.
15. R. L. Day, et al., „The Hidden Agenda of Consumer Complaining", Journal of Retailing 57 (1981), S. 86–104.
16. Beispiel siehe Andreason & Best, „Consumers Complian", S. 96.

17. Ron Zemke und Christian Anderson, Delivering Knock Your Socks Off Service (New York, Amacom, 1992).
18. Suzanne Hamlin, „In the End, the Customer is Always Right, Right?" The New York Times (Wednesday, June 14, 1995), B1, B2; und John Filnn, „Customer Steams at Starbucks Chain", San Francisco Examiner (Wednesday, May 31, 1995), B1–B2.
19. „Death of Some Salesmen: British Financial Regulation", The Economist 326, Nr. 7800 (February 17, 1993), S. 82.
20. Eleanor Yap, „Toward a More United Front", Motor Age 113, Nr. 2 (February 1994), S. 66.
21. Singh, „A Typology of Consumer Dissatisfaction", S. 93.
22. Mary C. Gilly, „Postcomplaint Processes: From Organizational Response to Repurchase Behavior", The Journal of Consumer Affairs 21, Nr. 2 (Winter 1987), S. 297.
23. Ibid., S. 293–313.
24. Steven Austin Stovall, „Customer Service Doesn't Necessitate a Free Lunch", Nation's Restaurant News 28, Nr. 21 (May 23, 1994), S. 22.
25. Siehe Mary Jo Bitner, „Evaluating Service Encounters: The Effects of Physical Surroundings and Employee Responses", Journal of Marketing 54 (April 1990), S. 69–82.
26. Mary C. Gilly, William B. Stevenson, und Laura J. Yale, „Dynamics of Complaint Management in the Service Organization", Journal of Consumer Affairs 25, Nr. 2 (Winter 1991), S. 295–323.
27. Richard E. Walton und John M. Dutton, „The Management of Interdepartmental Conflict: A Model and Review", Administrative Science Quarterly 14 (1969), S. 73–84.

Kapitel 4:
Warum sich die meisten Kunden nicht beschweren

1. Claes Fornell und Robert A. Westbrook, „The Vicious Circle of Consumer Complaints", Journal of Marketing 48 (Summer 1984), S. 68–78.
2. Alan R. Andreasen, „Consumer Complaints and Redress: What We Know and What We Don't Know", in The Frontier of Research in the Consumer Interest, ed. E. Scott Maynes, et al. (Columbia, Mo., American Council on Consumer Interests, 1988), S. 675–722.
3. Fred Jandt, The Customer is Usually Wrong! (Indianapolis, Ind., Park Avenue Publishing, 1995), S. 130.

4. Fornell und Westbrook, „The Vicious Circle“, S. 68–78.
5. Christopher Hart, Extraordinary Guarantees (New York, Amacom, 1993), S. 3–4.
6. Carl Sewell und Paul B. Brown, Customers For Life (New York, Pocket Books, 1990), S. 59.
7. Grace Wagner, „Satisfaction Guarantee“, Lodging Hospitality 50, Nr. 6 (June 1994), S. 46–48.
8. Jeff Wenstein, „Delivering What You Promise“, Restaurants and Institutions 103, Nr. 2 (January 15, 1993), S. 113–115.
9. Ibid.
10. Hart, Extraordinary Guarantees, S. 22.
11. Brief an Ann Landers, San Francisco Examiner (Tuesday, February 21, 1995), C 7.
12. Siehe Carl W. Nelson und Jane Niederberger, „Patient Satisfaction Surveys: An Opportunity for Total Quality Improvement“, Hospital and Health Services Administration (Herbst 1990), S. 409; siehe Kjell Grøhaug und Johan Arndt, „Consumer Dissatisfaction and Complaint Behavior as Feedback: A Comparative Analysis of Public and Private Delivery Systems“, in Advances in Consumer Research, Vol 7, ed. Jerry C. Olson (Ann Arbor, Mich., Association for Consumer Research, 1980), S. 324–328; siehe John A. Quelch und Stephen B. Ash, „Consumer Satisfaction with Professional Services“, in Marketing of Services, ed. James H. Donnelly und William George (Chicago, American Marketing Association, 1981), S. 82–85.
13. Nach einem Interview in USA Today (Thursday, December 9, 1993), 10 C.

Kapitel 5:
Die Verbindungsglieder zwischen beschwerdeführenden Kunden, Serviceerneuerung und kontinuierlicher Verbesserung

1. David Thurston, „Moan Sharks“, Sunday Morning Post Magazine (May 15, 1994), S. 30.
2. Alan R. Andreasen und Arthur Best, „Consumers Complain, Does Business Respond?“ Harvard Business Review (July–August 1977), S. 98.
3. Siehe Alan J. Resnik und Robert R. Harmon, „Consumer Complaints and Managerial Response: A Holistic Approach, Journal of Marketing 47 (Winter 1983), S. 86–97.

4. Die Wissenschaftler fanden heraus, daß die Haltung des Verkaufs- oder Servicepersonals in Beziehung zu den Produkten steht, die sie verkaufen. Mit anderen Worten, der Bekleidungsverkäufer beschuldigte die Mechaniker für das Reparaturproblem, und die Automechaniker beschuldigten den Fabrikanten für die gerissenen Nähte. Valerie S. Folkes und Barbara Kotsos, „Buyers' and Sellers' Explanations for Product Failure: Who Done It?“ Journal of Marketing 50 (April 1986), S. 74–80.
5. Erörtert von Donald Hughes, Manager of the Consumer Research Division of Sears, Roebuck & Company in 1977 in Alan R. Andreasen und Arthur Best, „Consumers Complian“, S. 96.
6. Theresa D. Williams, Mary Drake und James Moran, „Complaint Behavior, Price Paid and the Store Patronized“, Internal Journal of Retail and Distribution Management 21, Nr. 5 (September–October 1993), S. 9.
7. Ron Zemke und Chip Bell, „Service Recovery: Doing It Right the Second Time“ Training, The Magazine of Human Resources Development (June 1990), S. 43.
8. Diese Feststellungen sind eine Zusammenfassung von Forschungen durch Stephanie Kendall, einer Statistikerin bei Questar Data Systems, die 10 000 Manager und Kundendienstangestellte in 75 Organisationen befragte und auswertete. Zitiert in Zemke und Bell, Ibid.
9. Murray Raphael, „Bring Them Back Alive“, Direct Marketing 53, Nr. 1 (May 1990), S. 50.
10. Kundentreue ist wahrscheinlich in Experten-Beziehungen leichter zu erzeugen, wenn die Erwartungen übertroffen werden, als in anderen Geschäftsbeziehungen. Sie ist dort auch leichter zu zerstören. Für eine vollständige Erörterung siehe Stephen W. Brown und Teresa A. Swartz, „A Grap Analysis of Professional Service Quality“, Journal of Marketing 53 (April 1989), S. 92–98.
11. Zemke und Bell, „Service Recovery“, S. 43.
12. Jeff Ferenc, „Keys to Success? For Starters, Here are 15“, Contractor 41, Nr. 11 (November 1994), S. 13.
13. Manufacturer's Agents National Association, „Selling While You're Servicing“, Agency Sales Magazine 24, Nr. 6 (June 1994), S. 41–45.
14. Marylo Bitner, Bernard H. Booms, und Mary Tetreault, „The Service Encounter: Diagnosing Favorable and Unfavorable Incidents“, Journal of Marketing 54, Nr. 1 (January 1990), S. 71.

15. Deming zitiert in: Mary Walton, The Deming Management Method (London, Mercury Books 1989), S. 66.
16. Philip B. Crosby, Let's Talk Quality, 96 Questions You Always Wanted to Ask Phil Crosby (New York, Penguin Books, 1990), S. 104.
17. Zitiert in David Webb, „The Point is to Keep the Customer", S 116.

Kapitel 6: Das Geschenk-Konzept

1. Ron Zemke und Chip Bell fanden heraus, daß sich durchschnittlich 48 Prozent der Firmen für ihre Irrtümer entschuldigen. Siehe Ron Zemke und Chip Bell, „Service Recovery", S. 43.
2. Beispielsweise hat Motorola ein Fünf-Schritte-Programm, um verzwickte Situationen zu retten. Der erste Schritt ist die Entschuldigung. „Serviceerneuerung verlangt nach einem Serviceversagen das sofortige Eingeständnis des Fehlers", wie es Motorola ausdrückt. Joan Koob Cannie rät, sich sobald wie möglich zu entschuldigen. Entschuldigungen sind ihr erster Schritt in einem Fünf-Sterne-Ansatz für Serviceerneuerung. Joan Koob Cannie, Turning Lost Customers into Gold (New York, Amacom, 1994), S. 100.
3. Experten für Personalfragen raten, daß die Öffnung in der Kommunikation zwischen den gegnerischen Parteien sowie eine Entschuldigung (ohne Schuldeingeständnis) bei der anderen Partei Wunder wirken kann zur Vermeidung eines rechtlichen Verfahrens. Lee Minkel, „How to Avoid Employment Litigation", Employment Relations Today 19, Nr. 4 (Winter 1992), S. 405–411.
4. Oren Harari, „The Lab Test: A Tale of Quality", Management Review 82, Nr. 3 (February 1993), S. 55–59.
5. Der Satz „Bestrafen Sie Ihr Verfahren und nicht Ihre Leute" stammt von Kent V. Rondeau, „Getting a Second Chance to Make a First Impression", Medical Lanoratory Observer 26, Nr. 1 (January 1994), S. 22–26.
6. Norma Gutierrez, zitiert in Charlotte Klopp und John Sterlicchi, „Customer Satisfaction Just Catching on in Europe", Marketing News 24, Nr. 11 (May 28, 1990), S. 5.
7. Marcia Macleod, „Never Say Sorry", Airline Business (April 1994), S. 50.

Kapitel 7:
Fünf Prinzipien, um einen aggressionsbereiten Kunden in einen Partner zu verwandeln

1. Elisabeth Kübler-Ross beschreibt fünf emotionale Stufen bei sterbenden Patienten: Ablehnung, Zorn, Handeln, Depression und Akzeptanz. Nicht alle Patienten gehen durch alle fünf Stufen, und nicht notwendigerweise mit Erfolg. Siehe Elisabeth Kübler-Ross, Death: The Final Stage of Growth (Englwood Cliffs, Prentice-Hall, 1975) und Questions and Answers on Death and Dying (New York, Macmillan, 1974).
2. Edward T. Hall, Beyond Culture (New York, Anchor Books, 1977), S. 141.
3. Im Sprachgebrauch der transaktionalen Psychologie wird das rationale Gehirn als das „Tonband für das Erwachsensein“ (Adult tape) bezeichnet. Für eine vollständige Erörterung, auf welche Weise Fragen auf den erwachsenen Teil unserer Persönlichkeit einwirken, ziehen Sie eines der Werke über die klassische transaktionale Analyse zu Rate, wie Muriel James und Dorothy Jongeward, Born to Win (New York, Addison-Wesley, 1971), S. 243–244.

Kapitel 8:
Wie man auf schriftliche Beschwerden reagiert

1. Es handelt sich hier um eine enorme Bandbreite der Reaktionsrate und basiert auf Daten aus den siebziger Jahren. Soweit die Autoren das ermitteln konnten, wurden seit den frühen US-Studien keine tiefgreifenden systematischen Studien der Reaktionsbandbreite gemacht. In den siebziger Jahren tendierte die Forschung dazu, tatsächlich Beschwerdebriefe (reale oder fiktive) zu versenden, um zu sehen, welche Art von Reaktion man erzielte. Heutzutage legt die Forschung mehr Wert auf ethische Überlegungen. Dies bedeutet, daß die Forschung vermeiden möchte, bei den Firmen den Eindruck zu hinterlassen, es gäbe ein Problem – daher müsse eine Forschungsstudie gemacht werden. Um dieses Problem zu umgehen, werden entweder Leute befragt, die reale Beschwerdebriefe geschrieben haben, oder man simuliert die Situation nach den Regeln eines Rollenspiels. Für eine Zusammenfassung dieser Forschung siehe Mary C. Gilly, „Postcomplaint Processes: From Organizational Response to Repurchase Behavior“, The Journal of Consumer Affairs 21, Nr. 2 (Winter 1987), S. 295.

2. William E. Fulmer und Jack S. Goodwin, „So You Want to be a Superior Service Provider? Start by Answering Your Mail“, Business Horizons 37, Nr. 6 (November–December 1994), S. 23–27.
3. In einer ähnlichen Studie zu Beschwerdebriefen, fanden die Wissenschaftler eine 82prozentige Reaktionsrate auf Lobesbriefe und eine 86prozentige Reaktionsrate auf Beschwerden. Die durchschnittliche Reaktionszeit betrug 17 Tage. Etwa 7 Prozent der Briefeschreiber meldeten, sie hätten das Gefühl, daß die Firmen ihre Beschwerdebriefe positiv aufgenommen hätten; trotzdem verbliebe der Eindruck, daß Lobesbriefe bei den Herstellern besser ankämen. Siehe Denis T. Smart und Charles Martin, „Manufacturer Responsiveness to Consumer Correspondence: An Empirical Investigation of Consumer Perceptions“, Journal of Consumer Affairs 26, Nr. 1 (Summer, 1992), S. 104–129.
4. TARP, An Update Study, S. 81.
5. Patricia H. Westheimer und Jim Mastro, How to Write Complaint Letters That Work! (Indianapolis, Ind., Park Avenue Publications, 1994).
6. TARP, Technical Assistance Research Programs, Consumer Compliant Handling in America, An Update Study (Washington, D.C., U.S. Office of Consumer Affairs, 1986), S. 81.
7. Smart und Martin, „Manufacturer Responsiveness“, S. 104–129.
8. Ibid., S. 126.
9. Ibid.
10. Ibid., S. 120. Smart und Martin berichten, daß nur zwei Prozent ihres Studienkollegiums meinten, die Hersteller hätten eine Refundierung oder Rabattgutscheine mit einbeziehen sollen.

Kapitel 9: „Au! Das tut weh!“ – Wie man mit persönlicher Kritik umgeht

1. Siehe Muriel James und Dorothy Jongeward, Born to Win (New York, Addison-Wesley, 1971), S. 189–195.
2. Aaron Lazare, M. D., „Go Ahead, Say You're Sorry“, Psychology Today (January/February 1995), S. 43.
3. Randall Poe, „Can We Talk?“ Across the Board 31, Nr. 5 (May 1994), S. 16–23.
4. Ibid.

Kapitel 10:
Die Förderung weiterer Beschwerden: Gebührenfreie Telefonnummern und andere Strategien

1. Dies wird immer wieder durch die Forschung bestätigt. Siehe die Zusammenfassung von D. Granbois, J. O. Summers, und G. Frazier, „Correlates of Consumer Expectations und Complaining Behavior“, in Consumer Satisfaction, Dissatisfaction and Complaining Behavior, ed. R. L. Day (Bloomington, Indiana University, School of Business, 1977), S. 18–25; siehe auch Jagdip Singh, „Voice, Exit, and Negative Word-of-Mouth Behaviors: An Investigation Across Three Service Categories“, Journal of the Academy of Marketing Science 18, Nr. 1 (Winter 1990), S. 1–15.
2. Siehe Michael D. Kennedy und Samarjit Marwaha, „Optimizing Network Computing in a Customer Service Environment“, Telecommunications 28, Nr. 8 (August 1994), S. 43–47.
3. Daniel M. Rosen, „Expanding Your Sales Operation? Just Dial 1-800…“, Sales and Marketing Management 142 (July 1990), S. 82.
4. Jeanne Luckas zitiert in Carl Quintanilla und Richard Gibson, „‚Do Call Us‘ More Companies Install 1-800 Phone Lines“, The Wall Street Journal (April 20, 1994), B 1.
5. Ibid.
6. Für eine vollständige Erörterung der gegenwärtig verfügbaren Technologien, siehe Richard Sewell, „Reengineering the Call Center“, Business Communications Review 24, Nr. 11 (November 1994), S. 33–38.
7. Ibid.
8. Chris Lee, „1-800-Training“, Training: The Magazine of Human Resources Development (August 1990), S. 39.
9. Daniel S. Levine, „Companies Getting Message About Voice Mail Complaints, „Telecommunications (January 20–26 1995), S. 3–4 A.
10. Bill Agnew, Manager für Vertrieb und Marketing bei Armstrong Furniture, zitiert in „Retailers Tout Benefits of Vendor 800 Numbers“, Discount Store News 29, Nr. 11 (June 4, 1990), S. 4.
11. Daniel Rosen, „Expanding Your Sales Operation“, S. 84.
12. Quintanilla & Gibson, „‚Do Call Us‘“, B 1.
13. Stan McKay, Direktor der WordPerfect PC Kundenunterstützung zitiert in Daniel Rosen, „Expanding Your Sales Operation“, S. 84.

14. Bib Filipczek, „Customer Education“, Training 28, Nr. 12 (December 1991), S. 31–36.
15. William H. LaMaire, „A New Trend: On Pack 800 Numbers“, Food Engenieering 62, Nr. 4 (April 1990), S. 60.
16. Ibid.
17. Susan Greco, „Real-World Customer Service“, Inc. 16, Nr. 10 (October 1994), S. 36–43.
18. Ibid.
19. Tim Triplett, „Satisfaction is Nothing They Take for Granite“, Marketing News 28, Nr. 10 (May 9, 1994), S. 6–7. Granite Rock ist eine weitere Firma, die die Erfahrung gemacht hat, daß eine Beschwerde ein Geschenk ist. Durch Anhörung der Kunden und Verschiebung ihrer Fokussierung hat sich der Marktanteil um 88 Prozent vergrößert, trotz eines 43 Prozent Niedergangs der Baubranche in Kalifornien in den mittleren neunziger Jahren. Granite Rock verbesserte auch seinen zeitgerechten Auslieferungsstandard von 68 Prozent auf 95 Prozent. Die Sicherheit am Arbeitsplatz bei Granite Rock verdoppelte sich gegenüber anderen Baufirmen in alifornien. Die Produktivität ist 30 Prozent höher als der Industriedurchschnitt.
20. Ibid.
21. Ibid.
22. Malcolm Brown, „Thames Valley: Automobile Association“, Management Today (June 1994), S. 102.
23. Rahul Jacob, „Why Some Customers are More Equal than Others“, Fortune (September 19, 1994), S. 216.
24. Ibid.
25. Ibid., S. 222.

Kapitel 11: Wie man eine beschwerdefreundliche Politik entwirft

1. Virginia Regan Rosselli, et al., „Improved Customer Service Boosts Bottom Line“, Healthcare Financial Management (December 1989), S. 20.
2. Patricia Sellers, „What Customers Really Want“, Fortune (June 4, 1990), S. 59.
3. Oren Harari, „The Lab Test: A Tale of Quality“, Management Review 82, Nr. 2 (February 1993), S. 55–59.

4. Zitiert in Business Week, 1984.
5. Sellers, „What Customers Really Want", S. 62.
6. In dieser bahnbrechenden Arbeit beschreiben die Autoren die fehlende Kommunikation über Kundenbeschwerden zwischen dem Frontlinien-Personal und dem Management als einen der wichtigsten Gründe, warum die Firmen nicht wissen, was die Kunden erwarten. Valarie A. Zeithaml, A. Parasuraman, und Leonard L. Berry, Delivering Quality Service, Balancing Customer Perceptions and Expectations (New York, The Free Press, 1990), S. 63–65.
7. Rick Crandall, „We Need More Customer Compliants", Executive Edge (April 1992), S. 11.
8. Stephen Koepp, „Make that Sale, Mr. Sam", Time Magazine (May 18, 1987), S. 54–55.

Kapitel 12:
Wie man eine beschwerdefreundliche Kultur entwickelt

1. Edgar H. Schein, Organizational Culture and Leadership (San Francisco, Jossey-Bass, 1992), S. 12.
2. Ibid., S. 227.
3. Für einen Überblick über diese Forschungszweige siehe Mary Gilly, William Stevenson, und Laura Yale, „Dynamics of Complaint Management in the Service Organization", Journal of Consumer Affairs 25, Nr. 2 (Winter 1991), S. 295–323.
4. Für eine vollständige Erörterung dieses Gegenstandes siehe Laura Koss „New Rules Guide Luxury Segment", Hotel & Motel Management 208, Nr. 13 (July 26, 1993), S. 1–3.
5. Ruhal Jacob, „Why Some Customers are More Equal Than Others", Fortune (September 19, 1994), S. 224.
6. Thomas V. Bonoma, „Making Your Strategy Work", Harvard Business Review (March–April 1984), S. 76.
7. Joseph P. Cavaness und G. H. Manoochehri, „Building Quality Into Services", SAM Advanced Management Journal 58, Nr. 1 (Winter 1993), S. 4–10.
8. Christopher W. L. Hart, Extraordinary Guarantees (New York, Amacom, 1993), S. 156.
9. Ronald Henkoff, „Service is Everybody's Business", Fortune (June 17, 1994), S. 50.

10. Jeanne C. Meister, „Disney Approach Typifies Quality Service“, Marketing News (January 8, 1990), S. 38.
11. Bob Filipszak, „Customer Education (Some Assembly Required)“, Training 28, Nr. 12 (December 1991), S. 32.
12. Jackie Sloane, „Seeking Satisfaction: Marine Customers Left Wanting“, Boating Industry (October 1994), S. 42–45.
13. Ibid., S. 58.
14. Ibid., S. 60.
15. Ein gutes Beispiel, was geschehen kann, wenn die Mitarbeiter-Ressourcen außer acht gelassen werden, ist Metropolitan Property and Casualty Insurance Co., die anfänglich bei ihrem Restrukturierungsprozeß das Arbeitskräftepotential nicht berücksichtigte, weil sie der Meinung war, das Problem wäre rein technologischer Natur. Erst als man das Arbeitskräftepotential berücksichtigte, konnten signifikante Veränderungen erzielt werden. Siehe Mike Miller, „Customer Service Drives Reengineering Effort“, Personnel Journal 73, Nr. 1 (November 1994), S. 87–92.
16. Marshall Loeb, „Where Leaders Come From“, S. 242.

Kapitel 13: Wie man ein beschwerdefreundliches Umfeld für interne Kunden schafft

1. Annähernd 7000 Totschlagdelikte ereignen sich jährlich an US-Arbeitsstätten – meist im Zusammenhang mit Raubüberfällen. Jonathan A. Segal, „When Charles Manson Comes to the Workplace“, Human Resources Magazine 39, Nr. 6 (June 1994), S. 33–39.
2. Marshall Loeb, „Where Leaders Come From“, Fortune (September 19, 1994), S. 241.
3. „24-Hour Hotline Helps Employees Cope: Alden's Offers Confidentiality for On-the-Job and Personal Problems“, Chain Store Age Executive 66, Nr. 11 (November 1990), S. 157.
4. Ibid.
5. Hal. F. Rosenbluth und Diane McFerrin Peters, The Customer Comes Second (New York, William Morrow, 1992), S. 177–179.
6. Hal. F. Rosenbluth, interviewt in „Many Happy Returns“, Inc. 12, Nr. 10 (October 1990), S. 30–39.

7. William Bridges, Managing Transitions (New York, Addison-Wesley, 1993), S. 42.
8. Stratford Sherman, „Leaders Learn to Heed to Voice Within", Fortune (August, 11, 1994), S. 96.
9 David Nitkin, „Corporate Ombudsman Programs", Canadian Public Administration 34, Nr. 1 (Spring 1991), S. 177–184.
10. Ibid.

Index

Über die Autoren

Dr. phil. Janelle Barlow

sammelte über zwanzig Jahre Feedback aus Kritiken, die sie von ihren Reden und Seminaren für Managementgruppen erhielt. Ihre Fähigkeit, die Zuhörerschaft zu einer signifikanten Verhaltensänderung zu bewegen, wurde zum Teil in Asien geformt, wo sie drei Jahre lebte und ein sicheres Gespür für mannigfaltige Ideen und Denkanstöße über das Managementwesen entwickelte. Während der siebziger Jahre veranstaltete sie Konferenzen zu der Frage Arbeitskräftepotential an der gesamten Westküste der USA. 1981 stieß sie zu TMI (früher Time Management International), der in Europa beheimateten Managementtrainings- und Consulting-Firma, und arbeitete hier als ein International Learning Consultant. Derzeit hält sie Vorträge vor TMI-Klienten in den Vereinigten Staaten, Europa und Asien. Sie war maßgebend beteiligt am Aufbau von TMI-Depandancen in den USA, Hongkong, Taiwan und auf den Philippinen.

Ihr Buch, The Stress Manager, wird in den TMI-Kursen unter dem gleichen Titel verwendet. Sie entwickelte auch das Management-Trainings-Programm *„Unbind Your Mind: The Freedom to be Creative“*, das Geschäftsleute lehrt, wie sie ihre Kreativität steigern können. Es beinhaltet 365 Aufbau-Übungen unter dem Titel „Bewußtseinstraining“. Sie ist Mitglied der National Speaker's Association und wurde mit der Ernennung zum Certified Speaking Professional ausgezeichnet. Sie absolvierte das Doktoratstudium an der Universität von California, Berkeley, wo sie Politische Wissenschaften und Pädagogik studierte. Sie erhielt den Master's Degree in Internationalem Recht von der Universität von Pittsburgh und ihren zweiten Master's Degree in Psychologie von der Sonoma State Universität. Janelle ist mit Dr. phil. Jeffrey Mishlove verheiratet und hat einen Sohn namens Lewis Barlow.

Claus Møller

ist ein dänischer Betriebswirt und studierte in Kopenhagen Volkswirtschaftslehre und Betriebswirtschaftslehre. Er arbeitete bis 1975 als Topmanager auf den Gebieten Arbeitsprozeß und Marketing bei einer internationalen Dienstleistungsfirma. Damals gründete er TMI, dem er nun als Chairman vorsteht. Zusätzlich zu seiner Tätigkeit als Berater verschiedener Regierungen und Firmen übt Claus den Beruf eines internationalen Vortragsreisenden aus.

Ferner entwickelte er 1975 das Time Manager Planungsinstrument und ist Bestsellerautor verschiedener von TMI publizierter Werke einschließlich *Putting People First, Personal Quality, My Life Tree* und *Employeeship*. Die BBC produzierte ein populäres TV-Programm über Claus, das seit den Dreharbeiten 1987 mehrmals ausgestrahlt wurde. 1991 wurde er vom britischen Ministerium für Handel und Industrie zum „European Quality Guru“ vorgeschlagen. Claus lebt in Dänemark und ist mit Viveca Møller verheiratet. Sie haben einen Sohn, Caspar, und eine Tochter namens My.

TMI hat sich zu einer der größten Management-Training-Education-Firmen entwickelt, die in 38 Ländern Niederlassungen hat. Mehr als 150 Expert Trainer präsentieren das TMI-Konzept in 24 Sprachen. Nach dem Training von 14 000 EEC-Bediensteten in einem Kurs mit dem Titel „Management for Everyone“ wurde TMI 1988 vom European Service Industries Forum zur Premier Training Organization in Europa vorgeschlagen. Jedes Jahr nehmen mehr als

250 000 Leute von großen und kleinen Organisationen an den TMI-Programmen teil, um zu lernen, wie man Zeit, Menschen und Leistungen besser managt; wie man außerordentliche Dienstleistung und Qualität anbietet; wie man eine Änderung der Kultur managt und Beschwerden als Geschenke behandelt.